AF357479

ICONOGRAPHIE

CHRÉTIENNE.

ICONOGRAPHIE CHRÉTIENNE

OU

ÉTUDE DES SCULPTURES, PEINTURES, ETC.,

QU'ON RENCONTRE SUR LES MONUMENTS RELIGIEUX DU MOYEN-AGE,

Par M. l'abbé CROSNIER,

Chanoine de Nevers, curé de Donzy, inspecteur des monuments de
la Nièvre, membre correspondant des comités historiques
et de plusieurs Sociétés savantes.

(Extrait du Bulletin monumental publié par M. de Caumont.)

A PARIS,

CHEZ DERACHE, LIBRAIRE, RUE DU BOULOY, 7;

ET CHEZ VICTOR DIDRON, PLACE St.-ANDRÉ-DES-ARTS, 30.

CAEN, TYP. DE A. HARDEL, RUE FROIDE, 2.

1848.

À Monseigneur Dominique-Augustin Dufêtre,
évêque de Nevers.

Monseigneur,

Vous avez bien voulu diriger, dans la carrière archéologique, mes pas encore incertains, et sourire à mes premiers efforts ; c'est sous vos auspices, c'est pour répondre à vos désirs que je me suis hasardé à faire paraître les éléments d'archéologie.

Depuis cette époque, le vaste champ de cette science s'est développé devant moi ; et, grâce à vous, Monseigneur, j'ai pu en parcourir une des parties les plus fécondes.

Puissent les quelques fleurs que j'y ai cueillies vous être agréables ! Je m'empresse de vous offrir ce nouveau tribut de ma reconnaissance et l'hommage du profond respect avec lequel j'ai l'honneur d'être,

De votre Grandeur,

Le très-humble et très-obéissant serviteur,

CROSNIER.

ICONOGRAPHIE CHRÉTIENNE

OU

ÉTUDE DES SCULPTURES, PEINTURES, ETC.,

QU'ON RENCONTRE SUR LES MONUMENTS RELIGIEUX DU MOYEN-AGE;

Par M. l'abbé CROSNIER,

Chanoine de Nevers, curé de Donzy, inspecteur des monuments de
la Nièvre, membre correspondant des comités historiques
et de plusieurs Sociétés savantes.

PRÉFACE.

Peu d'années se sont écoulées depuis le moment où l'archéologie était encore enveloppée des langes de l'enfance ; quelques hommes entouraient son modeste berceau, et après avoir médité en silence, et considéré avec respect les traits de celle qu'ils regardaient comme leur pupille, ils élevèrent la voix et annoncèrent sa grandeur future (1).

Leurs prévisions se réalisèrent au-delà même de leurs espérances, les forces vitales de cette enfant se développèrent ; elle a grandi avec une incroyable rapidité. Maintenant elle siége en reine sur le trône de la science, et tous les jours

(1) En 1830, M. de Caumont disait, en faisant le résumé du Cours d'antiquités qu'il professait à Caen : « Tel est, Messieurs, l'enseigne-« ment qui a fait l'objet de nos conférences, *enseignement nouveau* « *que nous avons essayé de créer pour la France, et qui tôt ou tard,* « *je l'espère, y prendra racine.* »

"

nous voyons de nouveaux vassaux lui offrir leurs hommages et se ranger avec bonheur sous ses pacifiques bannières.

Comme les autres sciences, l'archéologie a ses principes rudimentaires solidement établis ; il reste encore, il est vrai, quelques doutes à dissiper, et ceux qui se sont voués à cette étude n'ont pas la prétention d'avoir résolu toutes les difficultés ; ce qu'on peut appeler les principes secondaires de l'archéologie n'ont pas tous été aussi nettement définis. N'en soyons pas étonnés, toute science a ses problèmes.

Si cependant on met à part ce qui regarde l'origine de l'ogive et ses développements, sa marche plus ou moins ferme dans certaines régions, l'établissement des écoles architectoniques et leur circonscription, et peut-être quelques autres points de moindre importance, on est forcé d'avouer que l'archéologie a établi ses principes avec une précision mathématique.

Quel homme, un peu versé dans les études solides qui distinguent notre siècle, ignore les caractères particuliers propres aux trois époques de la période romano-byzantine et les types variés de l'architecture ogivale ? Notre jeunesse studieuse, en visitant nos basiliques, car c'est là la véritable école archéologique (1), ne peut-elle pas à la seule inspection des piliers, des chapiteaux, des portails, des fenêtres, des voûtes et même des simples murailles, indiquer leur âge précis et appuyer son jugement sur des raisons inébranlables ? Le clergé, eh pourquoi ne le dirions-nous pas ? le clergé a puissamment contribué à propager ce goût des études fortes et sérieuses : nos illustres prélats ont compris qu'ils devaient se-

(1) Les anciens châteaux ne sont plus ; ils étaient naturellement dans les guerres le point de mire du canon ; ils ne présentent pour la plupart que des ruines. Ceux qui sont encore debout sont rares, et un grand nombre ont changé de physionomie sous leur accoutrement moderne.

conder de tous leurs efforts ce mouvement providentiel ; non
contents de favoriser l'établissement de Sociétés archéologiques
dans leurs diocèses et de les honorer de leur présence, ils
créèrent dans leurs séminaires des chaires d'archéologie, et
les conférences ecclésiastiques devinrent de petits Congrès
scientifiques, dans lesquels chaque prêtre vint déposer le résultat de ses études et de ses observations. La Théologie, la
Philosophie, l'Ecriture-Sainte, l'Histoire ecclésiastique, la
Liturgie, l'Archéologie et les sciences naturelles, eurent leur
place dans le programme des conférences.

La lampe mystérieuse du sanctuaire a déjà projeté au loin
ses rayons lumineux ; et malgré certaines préventions injustes,
le monde entier est enfin convaincu que la piété et la science
sont deux sœurs faites pour vivre sous le même toit (1).

Cependant ce ne serait pas assez d'être initié aux secrets de
l'archéologie proprement dite, et de connaître en détail tout ce
qui constitue la structure de nos monuments. Nous ne devons
pas ignorer que les animaux dispersés dans cet autre paradis
terrestre, ont un nom en rapport avec leurs mœurs et tiré de
leur nature même, et que les fleurs variées qui y croissent mêlent
leurs suaves parfums à ceux de l'encens qui brûle dans le sanctuaire. Nos magnifiques vitraux avec leurs myriades d'Anges
et de saints personnages ne sont pas seulement des voiles
diaphanes, qui laissent parvenir dans le lieu de la prière la lumière céleste adoucie par la pourpre et l'azur, nous devons
y reconnaître les images de nos protecteurs et de nos modèles.
Ces figurines accolées aux voussures des portails, ces bas-
reliefs qui ornent les tympans, ces médaillons accrochés aux
soubassements, ces sentinelles de pierre qui veillent jour et
nuit autour du Temple saint, les unes aux portes, les autres

(1) Les noms de MM. les abbés Bourassé, Devoucoux, Tridon,
Greppo, Texier, etc., sont connus dans le monde savant.

sur les murailles, ne doivent pas être pour nous autant de sphinx dont nous ne saurions expliquer les énigmes.

Hâtons-nous donc de le dire, l'archéologie sans l'iconographie est un corps sans âme, une lampe d'or dont la lumière est éteinte. Elle peut bien nous montrer des pierres rangées avec ordre et symétrie, mais de ces pierres elle ne saurait en faire des enfants d'Abraham (1).

Nos temples saints nous rappellent en tout temps le silence respectueux qui régnait autour du sépulcre du Sauveur ; mais l'iconographie seule nous les montre comme cette nouvelle Jérusalem descendue du ciel, et dont les places et les rues retentissent sans cesse de l'éternel *alleluia* (2). Les pierres sont animées (3), et lorsque les enfants de la grande famille des chrétiens cessent leurs pieux concerts, elles continuent à répéter avec une indicible harmonie : gloire au Fils de David, *hosanna Filio David*. Leur langage serait-il donc pour nous une langue étrangère qui ne produirait que d'inintelligibles sons, et notre âme, après avoir considéré dans les plans et les ornements de nos églises, des lignes plus ou moins régulières, des détails plus ou moins parfaits, n'aurait-elle pas le pouvoir de dissiper le nuage mystérieux qui remplit l'édifice ? L'étude de l'iconographie nous investira de ce pouvoir ; non seulement nous verrons la ville sainte, non seulement nous contemplerons la nouvelle Jérusalem parée comme une épouse qui veut plaire à son époux, mais encore nous entendrons d'une manière plus distincte la grande voix qui sort du trône de Dieu (4).

---

(1) Potens est Deus de lapidibus istis suscitare filios Abrahæ, Luc 3-8.

(2) Per vicos ejus alleluia cantabitur. Tob. 13-22.

(3) Lapides clamabunt. Luc 19-40.

(4 Vidi sanctam civitatem, Jerusalem novam, descendentem de cœlo, à Deo paratam, sicut sponsam ornatam viro suo, et audivi vocem magnam de throno. Apocal. cap. 24.

Déjà les intéressants ouvrages publiés par M. Didron et les précieux mémoires imprimés dans le Bulletin monumental, nous avaient fait comprendre tout ce que les études iconographiques ont d'attrayant, quand nous eûmes le bonheur d'accompagner Mgr. Dufêtre, évêque de Nevers, dans le midi de la France, et de visiter une partie des plus riches monuments de cette contrée, dès-lors nous avons conçu le projet de composer un manuel d'iconographie chrétienne.

Nous regardons comme un devoir de témoigner ici hautement à notre honorable et savant ami, M. l'abbé Bourassé, toute notre reconnaissance ; plus d'une fois nous avons été heureux de pouvoir mettre à profit les judicieuses observations qu'il a bien voulu nous adresser.

Présenter sur l'iconographie un ensemble aussi complet que pouvait le comporter un manuel, aplanir les difficultés de cette science en posant des principes généraux faciles à appliquer et appuyés d'ailleurs sur des exemples nombreux, tel a été le but que nous nous sommes proposé. Notre plan était tout tracé ; en étudiant nos monuments religieux et en nous pénétrant des pensées de foi qui guidaient nos artistes dans l'ornementation de nos vieilles basiliques, nous crûmes y reconnaître un vaste livre continuellement ouvert sous les yeux des savants et des ignorants. Ce livre présentait à tous des notions claires et précises, sur les vérités qu'ils devaient croire, sur les devoirs qu'ils avaient à remplir et sur les récompenses qui leur étaient promises ; quoique le temps et les révolutions aient déchiré des pages bien précieuses de ce livre, il en reste encore assez pour que nous puissions à notre tour en faire l'objet de nos méditations. Nous y rencontrons tout ce qui peut nous intéresser le plus ; notre origine, la nature de notre âme, notre fin, les moyens de parvenir à cette fin, les sacrifices que l'Homme-Dieu s'est imposés pour nous y conduire, l'établissement de son église, les nombreux héros qu'elle a enfantés, la lutte du mal contre le bien, les champions des deux armées, les vertus et les vices, enfin le terme de cette lutte quand le souverain juge, qui déjà comme rédempteur est venu porter les premiers coups au génie du mal, viendra de nouveau à la fin des siècles pour anéantir son empire.

Saint Paulin, disciple de saint Ambroise, nous a conservé en partie les détails des peintures qui couvraient les parois des portiques et tout l'intérieur des temples chrétiens : « Partout, nous dit-il, on rencontre les différents traits rapportés dans les cinq livres de Moïse et les actions de celui qui porta le nom du Sauveur (Jésus ; Josué (1).) Si vous me demandez pourquoi nous sommes dans l'habitude de couvrir de peintures nos temples saints, je vous répondrai : Vous savez la foule qu'attirent en ce lieu la gloire et les miracles de saint Félix ; le plus grand nombre de ces individus sont ignorants ; ils ne savent point lire ; mais en fixant leurs regards sur ces représentations, ils se sentent portés à imiter les faits qui frappent leurs yeux. Ils considèrent les combats et les triomphes des martyrs de tout âge et de tout sexe ; ils sont témoins des épreuves de Tobie et des tentations de Job ; et les faibles femmes elles-mêmes peuvent sentir leur cœur s'enflammer d'ardeur en contemplant le courage de Judith et la gloire de la pieuse Esther (2).

« Que les peintres, dit saint Nile, s'appliquent à retracer sur les murailles de nos églises l'histoire des deux alliances, qu'ils nous racontent les belles actions de ceux qui ont été fidèles à Dieu, afin que les ignorants puissent devenir les imitateurs de ceux dont ils contempleront les vertus (3). »

(1) Quæ senior scripsit per quinque volumina Moses,
    Quæ gessit Domini signatus nomine Jesus.

                        (*Poëmat. 24. de sancto Felice* .

(2) *id.* (3) *Lib. IV. epist.* 61.

Toutes ces images contribuaient à donner plus d'intérêt aux instructions des pasteurs, car ces instructions n'étaient que le développement des sujets qui ornaient le temple saint; la foi pénétrait donc dans les cœurs et par les yeux, et par les oreilles. Saint Augustin fixe les regards de ses auditeurs sur des peintures qui représentaient saint Étienne lapidé, tandis que Saul gardait les vêtements des bourreaux; et en même temps, le saint docteur leur parle de la charité du martyr et des admirables effets de la grâce de Dieu. « Comme « ce double tableau, s'écrie-t-il, remplit l'ame de douces « émotions; l'un était un tendre agneau, l'autre un loup « ravissant: maintenant ce sont deux agneaux (1). »

Nous ne devons plus être étonnés d'entendre le pape saint Grégoire blâmer sévèrement Sérénus, évêque de Marseille, de ce qu'il avait privé son peuple de ce moyen d'instruction. Ce prélat, n'écoutant qu'un zèle peu éclairé, sous prétexte que les peuples rendaient aux images qui couvraient les murailles de son église un culte presqu'idolâtrique, fit détruire ces images. « La peinture, lui écrit saint Grégoire, est le « livre des ignorants, il ne faut pas leur enlever le moyen le « plus efficace peut-être, pour les amener à la connaissance « de nos vérités (2). »

On voit que tous les témoignages sont unanimes pour nous présenter les images et les sculptures, comme autant de points dogmatiques ou moraux offerts à la méditation des peuples.

L'ouvrage que nous livrons au public ne sera donc pas seulement un livre scientifique; tout en éclairant l'esprit, il

______

(1) Dulcissima pictura est hæc, ubi videtis sanctum Stephanum lapidari. Videtis Saulum lapidantium vestimenta servantem... Ille tunc agnus erat, ille autem lupus : modo autem ambo agni sunt. *Serm* 316 *de Steph. mart.*

(2) Quod legentibus scriptura, hoc idiotis præstat pictura cernentibus. Saint Grég. lib. IX epis. cap. 9.

le remplira de douces et saintes pensées. On comprendra que nous devions avant tout étudier l'iconographie latine, c'est celle qui nous intéresse le plus, c'est celle qui, à chaque pas que nous faisons, nous découvre ses trésors. Cependant nous ne pouvions pas laisser entièrement de côté l'iconographie grecque.

L'orient et l'occident ont rempli les mêmes cadres avec les mêmes sujets; dans les deux contrées on rencontre les scènes bibliques, évangéliques et apocalyptiques, calquées en quelque sorte les unes sur les autres, les légendes même reproduites avec les mêmes traits ; il existe néanmoins des variétés qu'il est important de signaler. L'artiste grec, à toutes les époques, s'applique à rendre, avec une sorte de servilité, l'Écriture, les Pères et la Théologie ; il est attaché à la tradition comme nos serfs du moyen-âge étaient attachés à la glèbe, sans même penser à l'indépendance. On reconnaît qu'il appartient à la terre classique de la poésie, non à ses productions nouvelles, mais aux teintes chaudes qu'il sait donner à ses tableaux. L'artiste latin au contraire ne veut pas être gêné; sans s'écarter des dogmes chrétiens et de la morale de l'évangile, il sait agir avec plus de liberté. L'un suit la lettre et l'autre le sens.

Nous indiquerons, dans le cours de l'ouvrage, les variétés principales qui distinguent les œuvres des deux écoles latine et grecque.

Avant d'entrer en matière, nous devons répondre à une question qu'on pourrait nous faire et qu'on nous fera indubitablement : pourquoi avoir choisi nos exemples dans le midi et dans le centre de la France, tandis que nos grandes cathédrales plus rapprochées du nord, Chartres, Paris, Amiens, etc., nous offrent un cours complet d'iconographie chrétienne, et réunissent tout ce que l'art fécondé par la foi a produit en ce genre de plus parfait ? ce reproche de prime-abord parait fondé et nous force à donner quelques explications.

Aux provinces du Nord la gloire était réservée d'enfanter les merveilleux détails de l'architecture ogivale , de notre architecture nationale ; elles ont projeté sur le midi les rayons de leur gloire , c'était justice et reconnaissance , car elles avaient auparavant reçu du midi les richesses romano-bizantines et les précieux germes de notre iconographie sacrée ; le centre de la France était le canal ouvert à ce fraternel échange.

Le Midi fut le berceau de l'iconographie dans notre contrée ; le symbolisme oriental s'était naturalisé dans le pays des Troubadours , et le soleil méridional , après avoir échauffé l'imagination des artistes , répandit sur leurs œuvres une teinte de feu qu'on chercherait en vain en se rapprochant du Nord. Nous admirons autant que qui que ce soit le degré de perfection que les artistes du Nord ont su donner à leurs travaux ; mais comme nous ne trouvons que des copies sous le rapport iconographique ; malgré leur fini, nous préférons les originaux ; ils sont peut-être moins purs de dessin , mais ils sont plus riches de couleurs. C'est dans le climat qui lui convient, qu'il faut considérer une plante, si on veut en reconnaître toutes les propriétés ; transplantée sous un autre ciel, soumise à une culture assidue , elle peut bien développer à nos yeux des fleurs plus multipliées , produire de curieuses variétés , elle aura perdu de ses grâces naturelles et de ses vertus. Le lion paisible de nos jardins publics, habitué à la voix de l'homme et à son regard, nous donnerait une imparfaite idée de ce roi du désert à l'aspect terrible , à la crinière hérissée.

Nous ne pouvions point cependant oublier nos grandes églises du Nord ; elles ont une beauté incontestable et des détails qu'on ne trouve point dans le Midi ; ce n'est plus un abrégé , mais un cours complet , car , tout en adoptant les mêmes sujets , elles les ont développés , leur ont donné une grâce nouvelle, et ont groupé de nouveaux personnages autour des anciens. L'histoire de l'iconographie eût été incomplète, si nous eussions passé ces développements sous silence, aussi nous n'avons pas balancé à les admettre, mais nous devions éviter d'en faire autant de monographies particulières ; ces églises, d'ailleurs, ont été étudiées avec soin et décrites plusieurs fois. Il n'en est pas de même des monuments du Midi et de ceux du Centre ; ils ont été, à peu d'exceptions près, ou complètement oubliés, ou trop rapidement esquissés, et quelquefois mal compris. Nous avons cru la circonstance favorable pour remplir ce vide, tout en donnant à notre travail l'intérêt de la nouveauté.

CHAPITRE 1ᵉʳ.

L'Iconographie. — Sa Définition. — Ses Divisions. — Son Origine. — Ses Progrès — Sa Décadence.

L'iconographie (eicon, *image*, grapho, *j'écris*) est la science des images ; elle peut être considérée sous un double rapport : 1°. comme science pratique ; 2°. comme science théorique.

Comme science pratique, l'iconographie est l'art exercé par les imagiers de tous les siècles, tantôt exprimant par la sculpture, la ciselure et la peinture des figures ou des faits réels ; tantôt se servant de symboles, d'emblêmes, d'allégories, pour représenter par des formes sensibles des êtres abstraits et incorporels.

Il n'entre pas dans notre plan de traiter l'iconographie en tant que science pratique ; le cadre serait par trop étendu, et nous ne nous sentirions pas la force de le remplir. Nous aurions à faire l'histoire de la peinture à fresque, sur verre, sur bois, sur toile, de la sculpture, de la plastique, de la

mosaïque ; les miniaturistes et les émailleurs viendraient à
leur tour prendre place à côté des orfèvres et des ciseleurs ;
et cependant cet ouvrage demeurerait incomplet, si nous
n'exposions pas les différents procédés employés par chacun
de ces artistes. Nous devons donc nous contenter , pour
remplir la tâche que nous nous sommes imposée , de considérer l'iconographie comme science théorique. Nous jette-
rons néanmoins un coup-d'œil rapide sur ces différentes
branches de l'art chrétien et sur les parties de nos édifices
que l'iconographie a spécialement enrichis de ses trésors.

Comme science théorique , l'iconographie est la connaissance de ce langage naturel ou mystérieux que nos pères
ont confiés aux monuments et que ces monuments nous
transmettent. Cette science nous donne les notions à l'aide
desquelles nous pouvons expliquer les figures qui ornent
nos anciens édifices ; elle dissipe le nuage qui les enveloppe
et nous découvre les pensées intimes de nos pères , leurs
mœurs, leur foi , leurs progrès dans les arts, et enfin la
marche de la Société à ses différents âges.

C'est donc l'histoire du monde , non plus écrite sur le
papyrus et le parchemin , mais profondément gravée sur la
pierre , le marbre et le bronze , ou reproduite par de vives
couleurs. Ici , cette histoire est claire et précise , ailleurs les
faits sont cachés par un voile qui excite davantage la curio-
sité. C'est pourquoi cette science se divise en iconographie
naturelle , lorsque les images représentent les personnes ou
les faits sans symboles ni allégories ; et en iconographie mystique ou symbolique , lorsqu'on est obligé pour les expliquer,
de soulever le voile qui les couvre.

Souvent les détails iconographiques sont tout à la fois historiques et figuratifs ; tels sont la plupart des traits de
l'ancien Testament.

En même temps que les premiers historiens faisaient passer

à la postérité les belles actions des bienfaiteurs de l'humanité
et les hauts faits des héros, la sculpture et la peinture con-
sacraient, l'une son ciseau et l'autre ses pinceaux à conserver
leurs traits vénérés et à retracer leur vie. Les ruines de
Ninive, celles de Pompéïa et d'Herculanum, les frises des
anciens édifices de Rome et d'Athènes nous répètent que, dans
les temps les plus reculés, l'iconographie marchait de front
avec l'histoire.

Cependant Dieu avait interdit aux Juifs la représentation
d'aucune image ; il craignait que le peuple privilégié ne
tombât dans les désordres qui régnaient chez les autres nations. En effet, on sait que les hommes avaient fini par confondre, dans un même culte, l'image avec l'être représenté
par cette image et par rendre à des idoles de pierre, de
bois et de métal, des adorations qui n'étaient dues qu'à Dieu.

Ezéchias ne fut-il pas obligé de briser le serpent d'airain
élevé par Moïse dans le désert, parce que les enfants d'Israël
brûlaient en son honneur un encens idolâtrique (1).

L'iconographie est la partie poétique de l'archéologie, de
même que le langage ordinaire est souvent impuissant pour
rendre certains sentiments de l'ame qui est alors obligée de
recourir aux harmonieuses expressions de la poésie, de même
aussi l'homme a besoin de la sculpture et de la peinture
pour exprimer ce qu'aucune langue humaine ne saurait dire,
ce que nombre d'individus ne sauraient comprendre sans ce
puissant secours. Il y a long-temps qu'on a dit que l'iconographie et la poésie sont deux sœurs habituées à suivre
la même route, sachant l'une et l'autre écarter toute en-
trave (2).

(1) Confregit serpentem æneum quem fecerat Moyses ; si quidem
usque ad illud tempus filii Israël adolebant ei incensum. Reg. 48-4.

(2) . . . . Pictoribus atque poetis.
    Quid libet audendi semper fuit æqua potestas.

(Hor. ars. poet.).

L'iconographie religieuse, à quelqu'époque que nous la considérions, doit nous offrir, à nous catholiques, un intérêt tout particulier. Elle est exactement l'histoire complète du monde. Si nous portons nos regards sur l'iconographie païenne; à la vue des monstrueuses erreurs qui captivaient la terre ; à la vue des mille dieux auxquels l'homme aveugle offrait son encens, et en considérant les autels dressés en l'honneur des héros et des hommes les plus vils, des astres et des animaux les plus immondes, des vertus et des vices, nous comprenons le cri de douleur et d'espérance du prophète : « Abaissez les cieux et descendez au milieu de « nous » (1). Nous nous écrions avec Bossuet : « Tout était « Dieu, excepté Dieu lui-même, et l'univers qu'il avait créé « pour manifester sa gloire n'était plus qu'un temple d'idoles. » Bientôt la reconnaissance nous porte à bénir celui qui est venu éclairer le monde de sa divine lumière.

Nous voilà donc préparés, par la considération même des abominations païennes, à étudier avec plus de fruit notre iconographie chrétienne.

C'est bien, en effet, dans nos temples que se déroule toute la suite de nos destinées sociales. Nous y trouvons les traditions des vérités catholiques, l'abrégé des dogmes et de la morale évangéliques. Les premières pages de ce livre mystérieux furent écrites dans les catacombes, et chaque siècle en ajouta de nouvelles que nous allons parcourir sommairement avant de les étudier en détail.

Lorsque le christianisme était encore au berceau, dans un siècle de ferveur et de continuels sacrifices, il n'était pas nécessaire d'agiter par la crainte des cœurs brûlants d'amour : aussi on ne trouve dans les catacombes que des scènes de tendresse ; l'œil se repose avec bonheur sur les portraits vé-

______

(1) Inclina cœlos tuos et descende. Psalm. 143.

vénérés du Sauveur et de sa sainte Mère , et sur ceux des apôtres Pierre et Paul , puis se reportent sur des tableaux qui rappellent l'immense charité de Jésus pour les hommes.

La naissance du Messie, l'adoration des Mages , la fuite en Egypte , Jésus-Christ au milieu des docteurs , la guérison du paralytique, la résurrection de Lazare , la multiplication des pains , le bon Pasteur tantôt paissant ses brebis , tantôt ramenant au bercail celle qui s'était égarée , tels sont les traits qu'on rencontre souvent mêlés aux scènes bibliques.

Les tableaux de l'Ancien Testament sont choisis , presque tous, parmi ceux qui pouvaient encourager les premiers chrétiens au milieu des combats qu'ils avaient à livrer et de leurs dures épreuves. C'est Noé dans l'arche du salut, s'élevant au-dessus des flots qui couvrent la terre ; c'est Abraham prêt à immoler son fils Isaac ; Moïse frappant le rocher aride pour en faire jaillir des sources abondantes , ou recevant les tables de la loi ; c'est Jonas sortant sain et sauf des entrailles de la baleine ; Daniel dans la fosse aux lions ; David , etc.

Il est facile de comprendre combien tous ces sujets devaient être chers à nos pères ; ces hommes si cruellement éprouvés méditaient, en les contemplant, sur cette aimable providence qui sait, quand il lui plaît, changer les foudres en pluie féconde (1).

On trouve aussi dans les catacombes des signes mystérieux qui rappellent au chrétien les combats de ses frères et leurs triomphes, les devoirs qu'il a lui-même à remplir et ses immortelles espérances.

Il est à remarquer qu'un sujet biblique ou évangélique une fois admis, était reproduit de siècle en siècle ; on ajoutait bien de nouveaux sujets , mais en général on conservait les anciens.

(1) Fulgura in pluviam fecit. Psalm. 134-7.

Nous ne prétendons pas que tous les tableaux que nous venons d'indiquer, aient existé pendant les fureurs des persécutions ; il est plus probable que la plupart sont d'une époque postérieure.

Lorsque la paix fut rendue à l'église, la dévotion des fidèles les porta à orner ces mystérieux asiles.

L'art chrétien s'appliqua d'abord à enrichir de fresques les parois des catacombes, et à sculpter au trait quelques signes symboliques sur les tombeaux ; puis on garnit de bas-reliefs les côtés de ces tombeaux, qui devaient au besoin servir d'autel (1).

A peine délivrée des persécutions, l'église fut ravagée par les hérésies ; alors on rencontre plus souvent Jésus-Christ entre les apôtres Pierre et Paul, l'un qui doit confirmer ses frères dans la Foi, dont la mission est de paître les agneaux et les brebis ; l'autre dont la science doit être pour l'église comme un flambeau toujours allumé. Ce sujet est plusieurs fois reproduit sur les tombeaux de St.-Maximin en Provence ; on y voit Jésus-Christ donnant ses instructions à Pierre, et lui remettant les clefs, puis présentant un livre au chef de l'église et un volumen à l'Apôtre des nations.

Nous arrivons à une époque à laquelle les ornements deviennent plus nombreux ; outre les fresques qui ont été conservées et qu'on retrouve à tous les âges, outre les traits gravés sur les couvercles des sarcophages et les bas-reliefs dont nous avons parlé ; les vases sacrés se couvrent d'images, ou peintes ou ciselées (2) ; et, pendant que la sculpture multi-

____

(1) On reconnaît ici l'origine des ornements dont on a garni depuis la partie antérieure des autels.

(2) Tertullien ne nous dit pas comment était exécutée la figure du bon Pasteur, qui, déjà de son temps, ornait les calices.

plie les bas-reliefs, la statuaire et la plastique s'exercent sur des sujets religieux (1) ; on commence à orner les baptistaires.

La religion s'était créé à elle-même un cercle d'images, mais elle ne répudia pas entièrement les types du paganisme : elle en admit plusieurs, se les appropria et en fit des allégories après les avoir purifiés de toute idée profane. Non seulement dans l'agencement de ses personnages, elle conserva les costumes des Grecs et des Romains, les vêtements furent largement drappés, les plis multipliés à la manière antique ; mais leurs histoires et leurs emblêmes trouvèrent place dans la composition des tableaux chrétiens.

Dans les catacombes on voit Orphée et des divinités fluviales, des satyres et des scènes bachiques, des sirènes et des centaures, etc. Constantin converti porte sur ses monnaies le labarum orné du chrisme au milieu de symboles païens, et les monnaies de Constance nous montrent ce prince portant aussi le labarum, et couronné par une victoire.

Ne nous étonnons plus de voir sur les magnifiques tombeaux de St.-Maximin, des chevaux marins, des centaures, des dauphins, et de rencontrer, jusqu'au XIIe. siècle et plus tard, des sirènes, des monstres de toute espèce, des formes humaines unies aux formes purement animales comme au temps du paganisme ; le christianisme, en détruisant ce qui pouvait entretenir un culte idolâtrique, usa de sages tempéraments et conserva ces allégories en les expliquant. Cette imitation de l'antique diminua quand l'art ogival se posa comme créateur.

Jusqu'au Ve. siècle on n'avait pas encore osé représenter le Sauveur en croix ; on s'était contenté de l'image de son

(1) Nous parlerons plus tard des statues du bon Pasteur et de Daniel, que Constantin fit élever sur la place publique.

supplice sous différentes formes, soit comme symbole, soit comme attribut; on y avait ajouté, mais rarement, quelques traits de la passion. A cette époque, on vit pour la première fois l'image du Sauveur, revêtu de sa robe sans couture et suspendu à l'arbre de la croix ; mais ce ne fut qu'au VIIe. siècle ou au VIIIe. , que les scènes de la passion se multiplièrent: jusques-là, Jésus-Christ en croix n'était qu'une exception.

Aux genres d'ornement dont nous avons parlé, la première époque de la période romano-byzantine ajouta les mosaïques qui, déjà sans doute, avaient été mises en usage dans les basiliques constantiniennes (1). On remplaça souvent par ces mosaïques les fresques primitives, on en couvrit non seulement les parois des murailles et la coquille absidale, mais l'aire elle-même des églises.

Cette marqueterie de marbre était disposée de manière à former des arabesques et souvent des figures et des traits historiques. A l'époque Mérovingienne, un grand nombre de nos églises de France étaient remarquables par ce genre d'ornementation ; on lit dans la vie de saint Pallade, qui monta sur le siége épiscopal d'Auxerre en 622, qu'il fit élever à Vergers, près de Donzy, maintenant diocèse de Nevers, une magnifique église en l'honneur de saint Germain; elle était remarquable surtout par ses mosaïques qui égalaient en beauté celles dont le saint évêque avait orné la basilique de saint Eusèbe d'Auxerre. Toutes ces mosaïques n'étaient pas uniquement composées de pièces de marbre varié; plusieurs étaient formées de fragments de verres de différentes couleurs. Nous en retrouvons encore au XIe. siècle ; l'autel de

---

(1) On sait que les Romains ont souvent employé les mosaïques comme ornement dans leurs édifices; il est donc probable qu'elles ne furent pas oubliées dans les anciennes basiliques.

St.-Guillem-du-Désert, donné par le pape saint Grégoire VII,
est en marbre blanc encadré dans des moulures de marbre
noir ; il réunit tout à la fois la sculpture au trait et la mosaïque ; les intervalles des arabesques et des figures sont garnies
de verres de couleurs variées. Au XIIe. siècle (1) , la prunelle
des statues fut souvent formée de marbre, de verre, ou
d'émail (2), dont on ornait aussi la circonférence des nimbes ;
des trous y étaient pratiqués à dessein.

Les mosaïques historiques s'employaient toujours au XIIe.
siècle, dans l'ornementation de l'aire des grandes basiliques. On
sait que saint Bernard, parmi les reproches qu'il adresse aux
moines de Cluny sur l'excessive somptuosité de leurs églises,
se plaint qu'on est souvent forcé de cracher dans la bouche
d'un ange, et de mettre le pied sur la face d'un saint (3).

A partir du VIIIe. siècle jusqu'au XIe., les études iconographiques sont nulles ou à peu près ; l'hérésie des iconoclastes, appuyée sur le double système des Juifs et des
Sarrazins, avait juré la destruction des images ; son souffle
empesté, après avoir paralysé le génie oriental, répandit
sur l'Occident ses funestes influences.

Les premiers chrétiens durent faire paraître une grande
réserve dans le respect extérieur rendu aux images ; ils avaient
à craindre d'entretenir les nouveaux convertis dans des pra-
tiques idolâtriques ; d'un autre côté, ils ne voulaient pas que
les païens, trompés par les apparences, pussent leur reprocher les erreurs qu'ils cherchaient à détruire. Ces images ne

(1) Entre autres exemples, nous pourrions citer les bas-reliefs de la
Charité-sur-Loire.

(2) Au lieu de marbre, de verre ou d'émail, on se contentait quelquefois d'y couler du plomb.

(3) Sæpe spuitur in ore angeli, sæpe alicujus sanctorum facies cal-
cibus funditur transeuntium. St.-Bern. apol. de vita et moribus relig.
cap. XI.

faisaient donc pas partie du culte, seulement elles venaient en aide aux prédicateurs ; c'était, nous le répétons, le livre des ignorants, continuellement ouvert sous les yeux du peuple, et offrant à son admiration les belles actions inspirées par la morale évangélique. De l'admiration de ces belles actions, au respect et du respect au culte, il n'y a qu'un pas ; on finit donc par rendre à ces images des hommages qui se rapportaient dans l'esprit des fidèles aux saints personnages dont la vie était représentée ; mais ces hommages ne pouvaient être confondus avec le culte d'adoration qu'on ne rendait qu'à Dieu. Tel était cependant le reproche mal fondé que les iconoclastes adressaient à ceux qui vénéraient les images, en les accusant d'idolâtrie.

Malgré les protestations des catholiques et les canons du second concile de Nicée, ces hérétiques brisèrent les images partout où ils les rencontrèrent, et poursuivirent, pendant cent vingt ans, leur œuvre de destruction, c'est-à-dire, pendant le cours du VIIIᵉ. siècle et la première partie du IXᵉ.

L'Occident, quoique moins avancé dans les arts, avait aussi ses images, mais on ne leur rendait aucun culte ; elles servaient seulement à l'instruction du peuple. Nous avons vu Sérénus, évêque de Marseille, à la fin du VIᵉ. siècle, briser les images de son église sous prétexte que son peuple les honorait d'un culte superstitieux. Les pères du Concile de Francfort, tenu en 794, eurent peine à admettre les canons du second concile de Nicée, et ils ne le firent qu'avec restriction.

Quelques années plus tard, en 824, un concile de Paris, tout en admettant l'usage des images, défendait de leur rendre aucun culte. Les évêques craignaient que le peuple, peu instruit, ne se laissât trop facilement entraîner à un culte idolâtrique.

Il est facile maintenant de se rendre compte de la rareté des monuments iconographiques, pendant les VIIIᵉ. et IXᵉ. siècles.

Le Xᵉ. siècle fut peu fécond en iconographie, comme il

fut peu riche en architecture ; les terreurs qu'inspirait l'approche de l'an mil, avaient g'acé les ames et paralysé le génie.

Le XIe. siècle reproduisit en tâtonnant les traits de l'Ancien et du Nouveau Testament, dont nous avons parlé plus haut ; il y ajouta J.-C. docteur au milieu des quatre évangélistes ou de leurs animaux symboliques. L'art dégénéré semble reprendre une nouvelle vie, mais avec cette nouvelle vie il se revêt des langes de l'enfance. On peut déjà admirer un certain talent dans les ornements empruntés au règne végétal, dans les réseaux et les arabesques, et même dans les oiseaux. Il n'en est pas de même des quadrupèdes et des formes humaines. Les artistes ne les attaquent qu'avec un ciseau incertain. Cependant la sculpture s'exerce après les chapiteaux, les tympans, les autels et les cuves baptismales, et quelquefois la peinture polychrôme vient couvrir les œuvres de la sculpture, comme pour en dissimuler les défauts.

A la fin de ce siècle, et pendant le cours du suivant surtout, l'iconographie fait de nouveaux progrès ; les archivoltes et le tympan du portail, les chapiteaux des colonnes, les stylobates et les piédestaux, les calices et les ciboires, les encensoirs et les châsses, les crosses épiscopales ou abbatiales et les évangéliaires, en un mot, tout ce qui, dans les églises, peut être enrichi de quelqu'ornement, exerce le talent des iconographes ; bientôt les émaux et les peintures sur verre viendront offrir de nouvelles ressources à la fécondité de leur imagination (1).

____

(1) Les émaux étaient connus des Egyptiens, des Babyloniens et des Phéniciens ; les Grecs, les Etrusques et les Romains en faisaient grand cas, et l'on conserve d'eux plusieurs ouvrages en ce genre. Les émaux employés dans notre ornementation chrétienne sont rares avant le XIIe. siècle. Si on en excepte quelques mosaïques, ce fut au XIIIe. siècle qu'on commença avec l'émail des tableaux qui le disputaient à la peinture. On sait aussi que les verres de couleur remontent à une haute

Cependant le Catéchisme monumental se complète ; ce ne sont plus quelques traits isolés, c'est toute la vie du Sauveur, c'est sa glorification, ce sont ses triomphes, l'établissement de son église, ses combats et ses victoires, la lutte détaillée du bien et du mal ; les vertus et les vices, le dernier avénement du Fils de l'Homme, enfin les espérances et les châtiments de l'autre vie.

On voit tout-à-coup des sujets effrayants succéder à des scènes de bonté et de tendresse ; on en est étonné et on se demande les motifs de ce brusque changement ; nous les indiquerons lorsque nous parlerons de Jésus-Christ Juge.

Pendant le XIIe. siècle, l'art se perfectionne, les ciselures deviennent plus délicates, les vives couleurs de l'émail viennent donner un nouvel éclat à l'or et à l'argent. D'un autre côté, la pierre et le marbre ne sont plus seulement ébauchés ; on les fouille profondément, et si la statuaire laisse encore beaucoup à désirer sous le rapport du dessin, si au premier coup-d'œil on regrette de rencontrer quelquefois ces figures osseuses, ces bustes allongés, ces membres grêles et presque décharnés, on est forcé d'admirer l'austère dignité que les artistes ont su donner à leurs sujets ; on se rappelle d'ailleurs qu'il n'entrait pas dans leur plan de s'attacher aux formes matérielles ; ils recherchaient des beautés d'un autre ordre.

Les artistes qui ont le plus contribué à accomplir, aux XIe. et XIIe. siècles, cette révolution iconographique, devaient sortir de la célèbre école de Cluny, car c'est principalement dans les églises qui dépendaient de cet ordre qu'on peut étudier avec fruit les détails et les progrès de l'iconographie

antiquité ; mais on convient généralement que la peinture sur verre est une des inventions du XIIe. siècle, du moins on ne connaît pas de vitraux peints authentiques, avant ceux dont l'abbé Suger orna l'abside de l'église de St.-Denis.

chrétienne , à la fin de la période romano-bizantine. Les
églises les plus remarquables sous ce rapport , soit au centre ,
soit dans le midi de la France, ont été construites sous leur
influence. Il nous suffirait de citer , en Bourgogne : Vézelay,
la Charité-sur-Loire , St.-Sauveur de Nevers , St.-Pierre-le-
Moutier , etc. ; puis en se rapprochant du Midi , St.-André-
Le-Bas à Vienne, et plus loin St.-Gilles , St.-Guillem-du-
Désert, les églises de Gaillac et autres, toutes dépendantes de
Cluny (1).

Ces moines artistes se mettaient à l'œuvre sans avoir
échauffé leur imagination par la considération des beautés
molles et efféminées ; leurs frères revêtus de leurs sacs de
bure, les joues creusées par les jeûnes et les macérations, le
front rembruni et ridé par les méditations des vérités éternelles, étaient leurs modèles ; ne nous étonnons pas de l'au-
stérité de leurs œuvres (2).

La période ogivale fut loin de répudier les traditions iconographiques des siècles précédents. Elle se contenta , il est
vrai , d'orner ses chapiteaux des produits du règne végétal
et de quelques légendes ; les scènes de l'Ancien et du Nouveau Testament, les allégories multipliées et les symboles
qui couvraient les chapiteaux romano-bizantins disparurent ;

(1) Constantin Copronyme , un des plus ardents destructeurs des
images, persécuta les moines, confisqua les maisons religieuses' et fit
défense à qui que ce fût d'embrasser la vie monastique. Cette conduite
semblerait indiquer que dès-lors les sculpteurs et les peintres religieux
sortaient des couvents.

(2) Il est à remarquer en général que la statuaire est plus parfaite
sous le rapport du dessin et de l'exécution dans le midi de la France,
à l'époque transitionnelle ; les églises de St.-Gilles et de St.-Trophime
d'Arles, en sont une preuve. C'est sans doute parce que les sculpteurs
avaient sous les yeux les chefs-d'œuvre que leur offraient les villes
d'Arles et de Nimes.

mais le tympan et les voussures du portail furent consacrés au développement des vérités évangéliques ; on y ajouta souvent la légende du patron et les mystères de la vie de Marie ; en même temps, les tableaux du portail se garnirent de magnifiques médaillons (1), avec des scènes bibliques, des animaux symboliques, des signes du zodiaque et des fabliaux.

Ce fut au XIIIe. siècle qu'on vit les autels surmontés de rétables ornés aussi de scènes religieuses ; avant cette époque, le trône épiscopal, dressé au fond de l'abside, s'opposait à cette disposition qui eût privé le peuple de la vue de l'évêque.

Cependant la sculpture avait atteint un nouveau degré de perfection ; la main de l'artiste était moins tremblante ; déjà il pouvait fouiller la pierre avec une hardiesse remarquable, et en même temps les formes des sujets devenaient plus gracieuses, les poses plus naturelles ; on savait allier la beauté physique à la beauté morale. Les grandes figures ne furent plus applaties contre les murailles, elles s'en détachèrent et se trouvèrent protégées par des niches gothiques surmontées de leurs dais.

Le plan magnifique que nous avons admiré à l'époque transitionnelle, se développa sur les vitraux et devint complet ; on peut y étudier la religion dans tous ses détails. Après la triste histoire de nos premiers parents, celle des patriarches et du déluge ; après Moyse et les tables de la loi, on voit la longue suite des prophètes qui ont préparé le monde à recevoir le rédempteur, et dans leurs rangs, on

____

(1) On donne le nom de tableau à l'épaisseur du mur qui forme le côté d'une baie, soit dans les portails, soit dans les fenêtres. A l'époque ogivale, les tableaux des portails sont toujours ébrasés et ornés d'arcatures, de médaillons et de statues.

commence à remarquer les sibylles assez souvent placées
auprès des évangélistes et des apôtres, pour compléter tous
les *témoignages*.

La vie de J.-C. , ses miracles, ses souffrances, sa mort
et son triomphe, y occupent une large place ; puis se déroule
un tableau que le XIIe. siècle avait déjà esquissé à grands
traits ; la synagogue répudiée, et l'église nouvelle épouse
admise à partager tout à la fois les humiliations et les victoires du Sauveur. Viennent ensuite les légendes des saints
les plus célèbres, de ceux, surtout, qui ont honoré la contrée
par leurs exemples et leurs miracles, ou sous le vocable desquels les églises sont placées.

Au XIVe. siècle et au XVe. , le domaine des imagiers
semble s'agrandir ; les tympans, les voussures, les niches
et les pinacles, plus multipliés qu'au siècle précédent, les
châsses, les vases sacrés, les livres de prières, les vitraux,
les parois de murailles, les voûtes, les chapelles absidales,
continuent à se parer des richesses iconographiques ; en
même temps les cancels, dont le XIIIe. siècle avait déjà
environné le chœur, forment une barrière plus élevée, contre
laquelle les stalles se dressent en amphithéâtre , et les jubés
étendent leurs gracieuses galeries au-dessus de la grande porte
du chœur. Les mosaïques variées ne couvrent plus, comme un
riche tapis, la surface du sol, mais les pierres tombales les
remplacent partout ; tantôt le sculpteur tumulaire se contente
de rappeler par des inscriptions le nom et les vertus du mort
dont la pierre couvre les restes , tantôt il y ajoute son image
au simple trait ou bien il l'enrichit d'incrustations.

Cependant dès la fin du XIVe. siècle les miniaturistes , les
peintres, les sculpteurs et les ciseleurs commençaient à s'éloigner des types traditionnels ; la pensée humaine voulait déjà
se substituer à la pensée divine, l'Evangile était d'une subli-
mité trop simple , les artistes entreprirent de l'enrichir des

caprices de leur imagination. Qu'on jette pour s'en convaincre un coup-d'œil sur les scènes du jugement dernier, de Sainte-Cécile d'Alby, et sur les peines des réprouvés, et qu'on les compare avec les mêmes sujets représentés à St.-Trophime d'Arles, à St.-Lazare d'Autun, et sur les grandes basiliques du XIIIe. siècle. Les artistes de Sainte-Cécile, laïcs de l'école de Giotto, avaient puisé leurs inspirations dans le Dante, tandis que les sculpteurs de St.-Trophime et de St.-Lazare, prêtres ou moines, avaient médité les Saintes Écritures.

C'est à la même époque qu'on voit cette multitude de singes et de figures grimaçantes dont il est difficile d'expliquer le motif, tantôt entablées, tantôt en culs-de-lampe et en porte-à-faux.

Le XVe. siècle, à son tour, mit une sorte de coquetterie dans ses statues et ses figurines; il ne comprit plus une beauté calme et modeste. Son ciseau et ses pinceaux voulurent bien encore s'exercer en faveur de la religion, car la foi était toujours vivace; on reproduisit donc les mêmes sujets qu'aux siècles précédents, mais on se laissa guider par le sensualisme; les saints et les saintes auraient pu paraître avec honneur dans un tournois et marcher de front avec les chevaliers et les *damoiselles*.

Le XVIe. siècle avec son dévergondage n'eut plus qu'un pas à faire pour arriver à l'art païen; il ne balança pas. C'en était fait de notre iconographie chrétienne; un épouvantable cahos succéda à l'ordre admirable que nous avons étudié; les chefs-d'œuvre du génie inspirés par la foi ne furent plus imités; on voulut se débarrasser de la foi pour ne conserver que le génie, mais le génie ne fut plus qu'un cadavre infect. La Mythologie et la Bible, l'Histoire profane et l'Histoire sacrée, l'Évangile et les superstitions populaires. Tout fut mélangé. On vit Mars auprès de saint Michel terrassant le dragon, Hercule armé de sa massue en face de la religion appuyée sur sa Croix ; la vertu symbolisée par des formes sensuelles présentait tout ce que le vice a de plus dégoûtant, et des anges charmus semblaient placés à dessein de faire rougir les petits satyres qu'on leur donnait pour voisins.

Les admirateurs de cette prétendue renaissance nous objecteront les nudités et ce qu'ils appellent les obscénités des siècles de foi ; et nous, nous leur répondrons que nos sculpteurs et nos imagiers chrétiens ne cherchaient qu'à inspirer l'horreur du vice en le montrant dans toute sa laideur, et que leurs œuvres empreintes du sceau de leur foi n'ont jamais souillé l'imagination la plus ombrageuse, tandis que les œuvres de la renaissance ne sont que l'expression trop fidèle de la corruption, qui régnait alors et dans la chaumière du pauvre et dans les palais des grands. Les uns présentaient l'image du vice pour en dégoûter, les autres pour constater son empire.

Chose remarquable : en même temps que le protestantisme attaquait l'église de Jésus-Christ avec un acharnement inconnu jusqu'alors, et qu'il essayait de saper dans ses fondements l'édifice sacré cimenté du sang d'un Dieu, la renaissance, sa sœur jumelle, inscrivait aussi le mot de *réforme* sur ses bannières (1).

La foi des peuples fut ébranlée, mais Dieu ne permit pas que le triomphe des novateurs fût complet ; ils purent bien diminuer l'ardeur du feu sacré, il ne fut pas en leur pouvoir de l'éteindre. La religion eut ses champions qui combattirent avec courage et persévérance contre cette double réforme ; tandis que d'une part on protestait contre la foi et les œuvres sublimes que la foi avait produites, l'église de son côté élevait sa voix puissante et protestait aussi en s'appuyant sur les

____

(1) Victor Hugo, dans N.-D. de Paris (Paris à vol d'oiseau) n'a pas oublié d'indiquer l'affinité qui existe entre la *renaissance* et la *réforme*: « son paganisme architectural contemporain de Luther, etc. »

antiques traditions ; du même coup elle paraissait frapper les nouveaux iconoclastes et les nouveaux iconographes.

Le Concile de Trente ne se contenta pas de condamner Luther et Calvin, il s'établit le protecteur de l'iconographie chrétienne si vigoureusement attaquée. Après avoir exposé la croyance de l'église sur le culte rendu aux saintes images, après avoir confirmé les décrets du second Concile de Nicée, le saint Concile recommande aux évêques de proclamer ; « que les peintures et les sculptures qui représentent les différents mystères de la vie du Sauveur, sont autant de moyens propres à instruire les peuples et à les confirmer dans la foi ; que les saintes images sont très-utiles, non-seulement pour rappeler aux fidèles les grâces et les bienfaits que Jésus-Christ s'est plu à répandre sur les hommes, mais encore pour mettre sous leurs yeux les miracles et les exemples des Saints, les porter par là à rendre à Dieu leurs actions de grâce et à prendre ces saints pour modèles. »

Passant ensuite aux abus qui s'étaient glissés dans l'art chrétien, les Pères condamnent les nudités et les ornements mondains dans les images et veulent qu'à l'avenir on ne puisse en placer aucune nouvelle dans les églises sans l'approbation de l'évêque diocésain (1).

Quelques années plus tard, en 1570, Jean Molan, docteur de l'Université de Louvain, fit paraître son traité des images dans lequel il indique les types traditionnels de Dieu, des Anges et des Saints ; il y flétrit avec énergie ceux qui, non contents de parler un langage païen (2), ne craignent pas de

(1) Con. trid. sess. XXV.

(2) Pierre Bembo, secrétaire de Léon X et depuis Cardinal, mettait dans la bouche du souverain pontife des expressions qui n'auraient convenu que dans celle d'un prêtre de Rome païenne ; il faisait dire au pape, annonçant sa promotion aux Rois et aux princes, qu'il avait été créé pontife par les décrets des *Dieux immortels*. Nous pour-

peupler d'idoles le temple du vrai Dieu (1).

Le XVIIe. siècle, sans s'éloigner entièrement du genre de la renaissance, se montra cependant plus réservé. On rencontre bien encore un mélange du sacré et du profane, car les Italiens continuèrent à imprimer leur cachet sur les œuvres de ce siècle ; mais en général dans les scènes religieuses les nudités furent moins révoltantes, les sujets furent plus respectés.

L'iconographie allait être privée d'une des portions les plus riches de son magnifique domaine ; la peinture sur verre, déjà réduite en grande partie à de simples grisailles, allait insensiblement disparaître. Bientôt, au lieu de ce jour mystérieux si favorable aux saintes méditations et qui ajoutait à la majesté de nos augustes cérémonies, des flots de lumières vinrent inonder de toutes parts les édifices sacrés ; à la place de ces myriades de saints qui exposaient aux yeux des fidèles, les vertus qu'ils avaient pratiquées pendant les jours de leur pélerinage, et qui montraient à leurs frères voyageurs leurs immortelles couronnes pour ranimer leur courage, les yeux fatigués ne rencontraient que le vide.

Le XVIIe. siècle avait commencé à négliger cette branche de l'art chrétien, le siècle suivant finit par ne plus s'en occuper ; l'indifférence sur ce point alla si loin qu'on oublia jusqu'aux procédés des peintres-verriers ; quelques sculptures sur bois, des fresques, des peintures à l'huile, des tapisseries, telles ont été les œuvres iconographiques du XVIIIe. siècle.

Quand on s'est engagé dans une fausse route, on ne sait

rions citer nombre d'exemples aussi inconvenants ; les Italiens surtout se plaisaient à faire revivre les anciennes formules en usage au siècle d'Auguste.

(1) De hist. St. Imag. lib. 11 cap. 57.

où on va, peut-être au précipice. La décadence de l'art fut le triste résultat de la renaissance.

Qu'on ne se persuade pas cependant que l'église ait prêté son concours à l'art devenu païen ; elle en subissait les déplorables conséquences, mais elle ne l'accepta jamais comme un fait acccompli.

Le Concile de Trente avait protesté contre toute innovation dangereuse en ce genre, Jean Molan et d'autres docteurs catholiques avaient déjà travaillé de tout leur pouvoir à maintenir les anciennes traditions iconographiques, lorsque Benoît XIV., en 1745, consulté sur certaines images de la Trinité, rappela les types traditionnels et défendit de s'en écarter.

La révolution de 1793 vint à son tour, non plus pour innover, mais pour détruire ; elle se chargea de renouveler avec un nouveau degré de fureur les sacrilèges attentats des iconoclastes et des huguenots ; une guerre à outrance fut déclarée à Dieu, à la Sainte Vierge et aux Saints. Après avoir remplacé nos dimanches et nos fêtes par les décades et les sans-culotides, après avoir substitué à nos Saints dans le calendrier républicain les légumes de nos jardins, les instruments d'agriculture, les animaux de nos basses-cours, on entreprit de détruire tout ce qui touchait à la religion.

Tandis qu'on jetait dans le creuset révolutionnaire les reliques et les vases sacrés, le marteau destructeur s'attaquait aux bas-reliefs, aux statues, aux vitraux qui décoraient nos basiliques, et la torche incendiaire réduisait en poussière les ornements sacerdotaux, les riches tapisseries, les tableaux et les manuscrits les plus précieux. Ce qui ne fut pas complètement détruit fut mutilé ou lacéré ; peu de monuments restèrent parfaitement intacts.

Le XIXe. siècle trouva le sol français jonché de ruines ; les guerres de l'Empire ne permirent pas de fouiller ces ruines pour en recueillir les vénérables débris, et nos monuments restèrent long-temps encore dans le triste état où la révolution les avait laissés.

A notre époque était réservée la gloire de rétablir les œuvres de nos pères, considérées d'abord pendant près de trois siècles avec tant d'indifférence et de mépris, et enfin traitées avec tant de barbarie. Nous comprenons ce qu'elles ont de sublime, nous les environnons de nos respects, nous replaçons avec amour les pierres que le temps et les révolutions en avaient arrachées, et nous recherchons avec empressement tout ce qui contribuait à l'ornement de nos temples sacrés.

Sur tous les points de la France se constituent des Sociétés archéologiques pour étudier nos monuments, travailler à leur conservation et en surveiller les restaurations (1). Nos architectes ne se contentent plus de reconstruire au gré de leurs caprices ou de leur goût particulier, ils s'empressent de réunir les anciens débris pour ne point s'en écarter, ils calquent les statues pour reproduire et la pose et les traits et les costumes d'une manière plus exacte ; ils vont plus loin, ils cherchent à imiter le coup de râpe antique pour conserver à ces monuments toute leur originalité.

Le gouvernement, de son côté, après avoir encouragé ce mouvement artistique et religieux, prend sous sa protection les magnifiques édifices que nous ont légués nos pères, et sait s'imposer de généreux sacrifices pour les soutenir.

(1) A la tête de toutes les Sociétés brille la Société française pour la conservation des monuments, fondée de 1830 à 1833, par M. de Caumont, et qui, siégeant successivement sur tous les points de la France, a partout dirigé et excité les recherches archéologiques et les restaurations ; cette compagnie, qui n'a pas de rivale, comme le disait M. le Cⁱ de Montalembert, a voté près de 60,000 fr. pour consolider nos édifices nationaux, et chose remarquable, ces fonds ont été produits par la faible cotisation que versent annuellement ses membres dans la caisse de la Société. L'excellente administration de la compagnie et le zèle de M. Gaugain, trésorier, ont produit ce beau résultat.

Que ceux qui consacrent leurs talents à l'iconographie pratique n'oublient jamais la règle que leur a tracée le second
Concile de Nicée « Ce n'est point leur caprice ou leur génie
« que les peintres ont pris pour guide dans la composition de
« nos scènes religieuses ; les usages de l'église catholique , les
« types que leur a laissés la tradition , le respect profond
« qu'ils avaient pour l'antiquité , telles ont été les sources
« fécondes où ils ont puisé leurs inspirations. Nos pères, en
« voyant ces images dans nos vénérables temples, les ont ad-
« mises avec empressement , et lorsqu'ils ont consacré de
« nouvelles basiliques, ils se sont fait un devoir de les y re-
« produire (1). »

CHAPITRE 2.

Le Symbolisme. — Son origine. — Sa définition.

Le symbolisme remonte à la plus haute antiquité ; la foi
des peuples lui a donné naissance (2). Il semble être de l'es-

(1) Conc. Nicen. 11 apud Labb. tom. 3, pag. 431.

(2) Nous ne disons pas assez, en avançant que le symbolisme a son
origine dans la foi des peuples. Il a son principe dans la nature même
de Dieu et dans la nature de l'homme. Dans ses éternels décrets, Dieu
avait résolu de créer le monde pour manifester sa gloire, mais il
fallait au milieu des œuvres de la création un être intelligent, capable
de comprendre la sagesse du créateur ; il créa l'homme. Cependant
cette intelligence embarrassée par les organes qui devaient la servir,
ne pouvait contempler Dieu qu'à travers le prisme de la création, il ne
pouvait le comprendre que par des symboles *videmus nunc per
speculum et in œnigmate.* Nous pouvons donc faire remonter le symbolisme au-delà du sixième jour de la création, car déjà le jour annoncait au jour la gloire et la puissance infinie du Tout-Puissant, et la
nuit l'annoncait à la nuit. Adam, en ouvrant les yeux à la lumière,

sence même de la religion , car toutes les religions ont leurs
symboles. Les cérémonies qui constituent le culte extérieur
ne sont que des symboles, expression du culte intérieur. Les
prostrations, les inclinations, les gestes, l'encens , la lumière ,
les fleurs en guirlandes et en bouquets , les bandelettes, les
ornements sacerdotaux , etc. , etc. , sont autant de symboles.

L'homme, après avoir cherché à rendre sensibles sa pensée
et ses sentiments à l'égard de son créateur , voulut aussi
rendre sensibles par des figures allégoriques les bienfaits et la
tendresse de son Dieu. Être faible et fini, il essaya de représenter par des formes l'être infini et invisible.

Déjà il avait employé la double harmonie de la poésie et
de la musique pour détacher son ame de la terre et l'élever
jusqu'au trône de l'éternel ; déjà il avait prévenu les désirs
du Prophète , et après avoir construit des temples ou simplement dressé des autels, il s'était écrié : « Abaissez les cieux
« et venez au milieu de nous. » Convaincu que Dieu condes-
cendait à ses vœux , il voulut qu'il habitât d'une manière
visible les somptueux édifices qu'il avait élevés en son honneur. Il chercha dans les œuvres de la création ce qui pouvait lui rappeler ses divins attributs. Le plus souvent il le
représenta sous la forme humaine, car l'homme était son
chef-d'œuvre , son image la plus parfaite ; il sut imprimer à
ces traits humains un caractère de grandeur , de puissance et
de majesté ; puis pour donner une idée des perfections de
Dieu , de sa providence, de sa justice , de sa sagesse , de sa
bonté, etc. , il choisit dans la nature ce qui lui parut le plus

comprit de suite ce mystérieux langage. Le firmament lui raconta
l'immensité de celui que le ciel et la terre ne peuvent contenir, le soleil
proclama sa gloire, la terre sa bonté, tout l'univers sa puissance et
sa sagesse, tout était pour lui autant de symboles qui lui servaient de
degrés pour s'élever jusqu'à Dieu.

propre à rappeler ces attributs. Bientôt on vit paraître l'aigle armé de la foudre aux pieds de l'image portant un sceptre, d'autres fois la même image portait une corne d'abondance, une balance, etc. Telle fut l'origine de toutes les figures allégoriques du paganisme et en même temps de ses erreurs ; on multiplia les Dieux en proportion des perfections divines et on finit par confondre le Créateur avec son imparfaite représentation.

Ce n'était pas assez, tous les types choisis dans la nature laissaient encore quelque chose à désirer ; l'homme en vint à créer des monstres dans son imagination. Alors parurent Janus à deux visages, la triple Hécate, une tête humaine sur un corps de lion, etc. L'Indien multiplia les membres de ses idoles pour indiquer leur puissance, il leur donna une tête de cheval ou d'éléphant, symboles de leur sagesse et de leur intelligence ; enfin on vit surgir toutes ces divinités monstrueuses qui ne firent que constater le délire et l'impuissance de l'homme.

On avait aussi compris la nécessité d'envelopper d'un voile les mystères secrets du culte qu'on voulait dérober aux yeux des profanes et que les initiés seuls pouvaient connaître. Le symbolisme vit donc son royaume s'agrandir par l'admission de certains signes, de certaines figures, de certains caractères dont tout le monde n'avait pas la clef.

Les Egyptiens avaient leurs hiéroglyphes sacrés, les Chaldéens leurs chiffres mystérieux, les quatre lettres qui exprimaient chez les Juifs le nom de Jéhovah étaient tellement environnées de respect, qu'on ne connaît même plus la prononciation de ce nom sacré ; d'un autre côté les Grecs, les Romains et les peuples du Nord avaient leurs emblêmes et leurs allégories plus connus en général, mais ils avaient aussi leurs symboles secrets.

Outre le mystère qui enveloppe le symbolisme, nous devous ajouter qu'il y a dans ce langage quelque chose qui porte l'ame à la méditation, qui lui présente un cadre à remplir, un sujet à développer ; les idées semblent s'agrandir et l'imagination est plus flattée, parce que le symbole paraît donner à son activité une force créatrice.

Les paraboles que le Sauveur employait si souvent dans ses divines instructions, n'étaient que le symbolisme du langage ; ce langage était plus approprié au génie oriental.

Avant d'aller plus loin et d'étudier le symbolisme chrétien, fixons-nous bien sur la définition du symbole.

Le symbole est un signe sensible qui exprime une idée cachée sous ce signe ; c'est une image qui ne doit point être envisagée seulement dans le sens naturel qu'elle présente, mais qui désigne un autre objet, lequel, par sa nature, ou d'après une opinion reçue, a des rapports avec cette image. Ainsi l'Agneau est le symbole de Jésus-Christ dont il indique la douceur et la patience.

On confond assez généralement le symbole, la figure, l'emblême, l'allégorie, l'attribut ; est-ce à tort, est-ce à raison ? Nous devons nous contenter d'avouer, que les nuances qu'on établit entre ces différentes expressions sont si légères, qu'il est permis de les confondre et de les désigner sous le nom général de symbole.

M. Didron, d'après M. Ampère, veut établir une différence entre ces divers mots ; selon lui, le *symbole* serait une figure consacrée et presque de *foi*, tandis que la *figure* serait laissée à *l'opinion*. Nous ne croyons pas devoir admettre ici cette distinction théologique plutôt que grammaticale ; cependant, pour faire comprendre la pensée du savant iconographe, nous donnerons un exemple.

L'Agneau pascal des Juifs *figure* l'Agneau sans tache qui a expié les péchés du monde ; mais comme Jésus-Christ a été désigné sous cet emblême par les Saintes Écritures, cet emblême devient *symbole*. Pour éviter toute incertitude , quand on a voulu symboliser Jésus-Christ sous la représentation d'un Agneau, on lui a donné le nimbe crucifère ou la croix de résurrection , ou simplement on a placé une petite croix au-dessus de sa tête , ce sont là *les attributs* qui le caractérisent.

CHAPITRE 3.

Les premiers symboles chrétiens. — Les sigles. — Les monogrammes. — Le chrisme.

Pendant le cours de sa vie mortelle , souvent le Sauveur s'était servi du langage symbolique dans l'exposition et le développement des vérités saintes. Il ne parlait qu'en paraboles , et quelquefois il se chargeait lui-même de traduire , par le langage commun, le langage mystérieux. Les apôtres et les premiers prédicateurs de l'évangile , en expliquant aux peuples la doctrine de Jésus-Christ et sa morale sublime , durent employer aussi les figures et les symboles à l'exemple de leur divin maître; en sorte que le symbolisme devint , de cette manière, le langage catholique : c'est en effet la langue qu'ont parlée les Pères.

Les premiers chrétiens, dans leurs pieuses méditations, se plaisaient à retracer, dans leur esprit, l'image du bon Pasteur rapportant au bercail, sur ses épaules, la brebis égarée , ou donnant sa vie pour sauver son troupeau. Ils se rappelaient avec amour ce roi plein de douceur , qui ordonne d'introduire dans la salle du festin les pauvres et les infirmes, ce bon père qui reçoit avec tendresse un fils ingrat et prodigue. A ces images déjà si consolantes pour eux, venaient se joindre celles sous lesquelles les prophètes et les justes de l'ancienne loi avaient entrevu le désiré des nations; le lion de la tribu de

Juda , l'agneau qui n'ouvre pas même la bouche pour se plaindre devant celui qui le tond. Toutes les figures de nos livres saints , jusque-là enveloppées d'un voile épais , leur apparaissaient à découvert ; leur foi vive et leur ardent amour avaient soulevé ce voile mystérieux.

Bientôt , afin que leur vie devint une méditation continuelle , ils se plurent à reproduire partout les signes qui pouvaient leur rappeler le souvenir de la charité de Dieu pour les hommes , et en même temps toute l'étendue que devait avoir leur reconnaissance. Ils voulurent que le ciel et la terre leur parlassent de Dieu et de ses incompréhensibles bienfaits ; ils cherchèrent dans les plus belles productions de la nature ce qui leur paraissait le plus en rapport avec les vertus qu'ils avaient à pratiquer, avec les épreuves auxquelles ils étaient soumis , avec leurs immortelles espérances. Ils se créèrent donc un alphabet , dont seuls ils connaissaient les caractères sacrés, en sorte que, sans crainte de se compromettre, ils gravaient leurs pensées les plus intimes contre les murs de leurs maisons , sur les modestes ornements que les bienséances les autorisaient à porter , et dans les sombres souterrains où la fureur des persécutions les forçait à se réfugier. Partout , leurs yeux rencontraient de consolantes images et leur cœur palpitait d'un amour toujours croissant. L'A et l'Ω leur rappelaient le souvenir de celui qui a dit : Je suis le commencement et la fin ; le raisin et l'épi de blé étaient les symboles de la céleste nourriture où ils puisaient leurs forces ; et le pélican , s'entrouvrant les flancs pour nourrir ses petits, n'était à leurs yeux qu'une faible image de celui qui , tous les jours , les nourrissait de son sang.

Le poisson est un des symboles le plus souvent reproduit sur les monuments chrétiens , ainsi que son nom grec ΙΧΘΥΣ. Par une heureuse combinaison , les cinq lettres qui

le composent expriment le nom et les titres du Sauveur indiqués par les initiales : ΙΗΣΟΥΣ ΧΡΙΣΤΟΣ ΘΕΟΥ ΥΙΟΣ ΣΩΤΗΡ.
Jésus-Christ, fils de Dieu Sauveur.

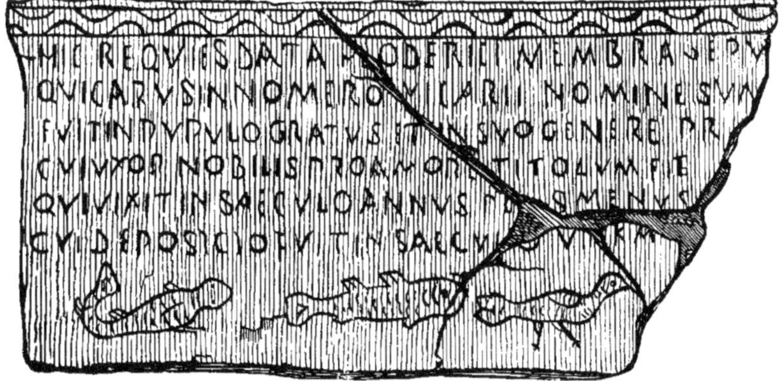

Tertulien faisant allusion à ce symbole dit : « Nous sommes
« de petits poissons en Jésus-Christ, véritable poisson qui
« nous a donné la vie. Nous naissons dans l'eau et nous
« ne pouvons être sauvés qu'en demeurant dans cette
« eau (1).

« Le poisson, dit saint Augustin, est le symbole du Christ
« qui est descendu vivant dans l'abîme de cette vie mortelle,
« comme dans la profondeur des eaux, et qui y est demeuré
« sans péché (2). »

On conçoit, après ces explications, le respect que les fidèles portaient à ce symbole ; non seulement il était pour eux
comme un abrégé de la vie du Sauveur, mais encore il leur

____

(1) Tertull. lib. de Bap. cap. 1.
(2) Div. Aug. de civitat. Dei.

retraçait les obligations qu'ils avaient contractées par le baptême et la vie pure qui devait en être la suite.

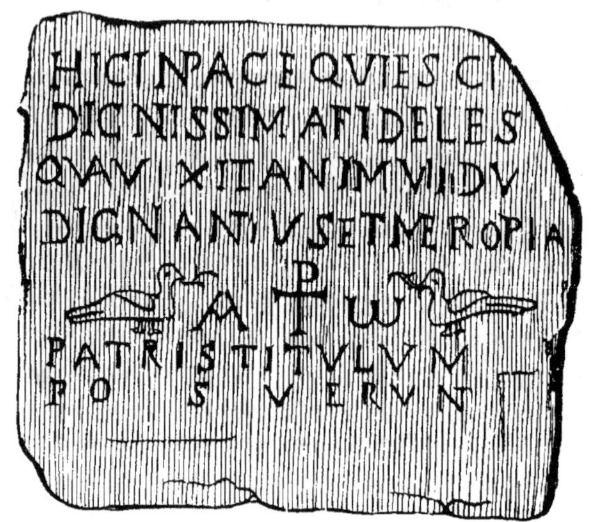

C'était principa'ement sur les modestes tombeaux de leurs frères que les premiers chrétiens se plaisaient à multiplier les emblêmes et les symboles ; outre les instruments qui avaient servi à leurs supplices, glorieux témoignages de leur constance dans la foi, ils y gravaient une palme, une branche de laurier, une couronne ; c'est ainsi qu'ils ranimaient leurs espérances par le souvenir des combats de leurs frères, de leurs victoires et de l'immortalité qui en est la récompense.

Ils savaient bien que la mort avait perdu son aiguillon, et qu'en se promenant dans leurs rangs, elle ne pouvait détruire le germe d'immortalité qui était dans leur ame. Le Phénix qui trouve dans la mort même une nouvelle vie ; le paon qui ne se dépouille de ses plumes que pour en reprendre de plus brillantes ; l'aigle qui sait retrouver dans sa vieillesse

toute la force et la vigueur de sa jeunesse (1) pour s'élever
encore vers les cieux, étaient pour eux de consolantes images.

La colombe faisait naître
aussi dans leur esprit de
saintes pensées ; n'est-elle
pas, en effet, l'emblême de
la douceur et de l'innocence
dont ils devaient donner
l'exemple ? Le Sauveur ne
leur avait-il pas recom-
mandé de joindre la pru-
dence du serpent à la simplicité de la colombe ? n'est-
ce pas elle qui a annoncé
à Noé la fin du déluge et

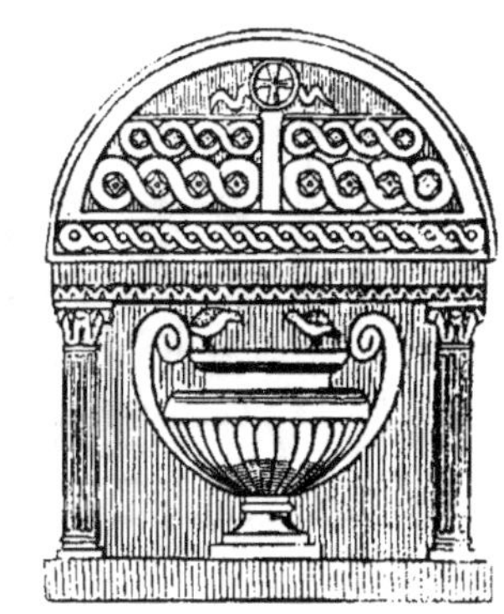

le moment où il pourrait jouir, en toute liberté, de la
lumière des cieux ?

Souvent l'aigle, le paon et la colombe becquettent des
grappes de raisin ; c'est pour apprendre aux fidèles que l'Eucharistie est le gage de l'éternelle félicité et la source des
vertus.

D'autres fois, on voit un cerf se désaltérant à une fontaine.
Il est impossible de ne pas reconnaître ici la pensée· du prophète David : « Comme un cerf altéré soupire après l'eau
« des fontaines, de même, ô mon Dieu, mon ame soupire
« après vous (2). Oh ! qu'ils devaient être ardents les désirs
des premiers chrétiens ! La terre n'était pour eux qu'un lieu
de pélerinage et d'exil ; leur amour pour Dieu, leurs épreuves,
leurs dangers, tout devait enflammer en eux le désir de voir
leur prison de boue tomber en dissolution.

(1) Renovabitur ut aquilæ juventus tua. Psal. 102-5.
(2) Psalm. 41.

Quand la paix fut rendue à l'église, cet emblème sacré fut conservé ; on le plaçait souvent dans les baptistères en présence des cathécumènes qui soupiraient avec tant d'ardeur après les eaux du baptême.

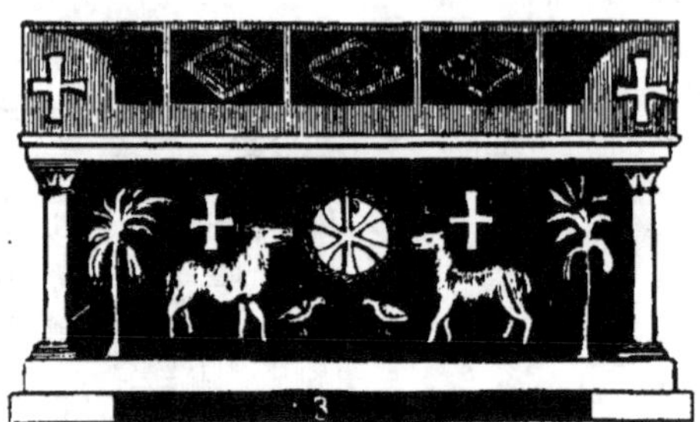

On trouve aussi dans les catacombes l'olivier, symbole de la paix ; le lis de la pureté, qu'on plaçait sur le tombeau des vierges chrétiennes ; la rose, emblème de la générosité et du courage ; l'ancre, signe d'espérance et de salut ; la lyre, qui semblait élever l'ame jusque dans les cieux et qui lui faisait entendre, par avance, les divins accords de la céleste Jérusalem et les chants de triomphe des martyrs.

Quelle nouvelle source féconde de méditations et de suaves pensées dans ce navire gravé sur la pierre, ou peint contre la muraille souterraine ! C'est l'arche de Noé, qui n'a rien à craindre du déluge et qui s'élève au-dessus des flots avec les heureux habitants que Dieu a trouvés dignes d'y entrer ; c'est la barque de Pierre, elle peut bien être balottée par la tempête, battue par les flots, elle ne sera jamais engloutie dans l'abîme ; c'est la vie du chrétien, dont l'ame vogue vers le port de l'éternité à travers le souffle de l'erreur et le vent impétueux des passions.

Nous verrons les symboles se multiplier, soit lorsque les sculpteurs et les *imaigiers* voudront représenter les deux

Testaments , l'Église et la Synagogue , soit , lorsqu'ils développeront l'histoire des vertus et des vices.

Nous croyons devoir ajouter ici quelques mots sur les principaux sigles et les monogrammes employés sur les monuments chrétiens.

Le sigle (singulæ litteræ) est une lettre unique représentant un mot ou au moins une syllabe ; ainsi le mot ΙΧΘΥΣ dont nous avons parlé plus haut serait composé de sigles dans le sens que nou avons exposé , puisque chacune de ses lettres remplacerait un mot.

Le monogramme est une espèce de chiffre réunissant les différentes lettres d'un nom. On donne aussi le nom de monogramme aux sigles réunis et enlacés tels que ΧΙ avec *Maria;* puis on s'est servi de la même expression pour désigner certaines abréviations dans les noms , admises par l'usage et regardées comme traditionnelles , tel est le monogramme XPC Christos.

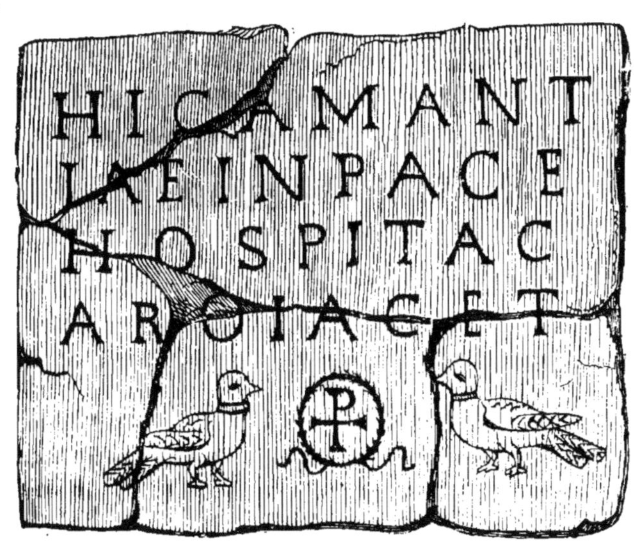

Le chrisme auquel on donne quelquefois , à tort , le nom
de Labarum , est un monogramme composé des deux premières lettres du nom du Christ en caractères grecs enlacés
✕ et croisés. C'est ce chiffre que Constantin, après sa conversion , fit placer sur les étendards romains. Le labarum est
l'étendard marqué de ce chiffre sacré et non le chiffre seul.
Quelquefois le X , au lieu de conserver sa position ordinaire,
est placé en croix droite surmontée d'un P ☧. Souvent encore
ces lettres sont accompagnées de l'A et de l'Ω et circonscrites
dans un cercle. On trouve ces variétés du chrisme dans les
catacombes et sur plusieurs de nos monnaies de la première
race.

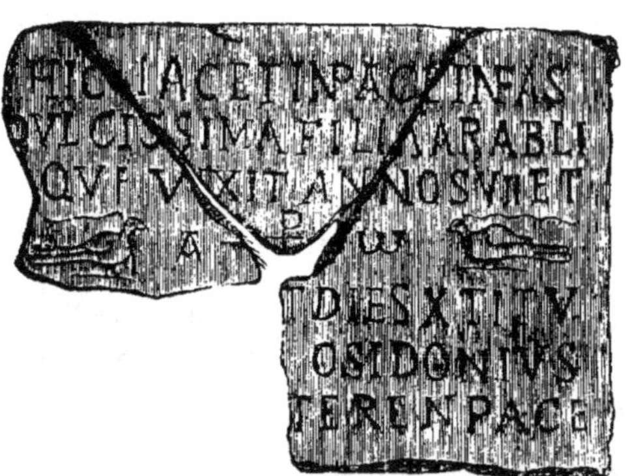

Le chrisme fut conservé pendant toute la période romano-
byzantine ; l'église de St.-Caprais, d'Agen , et celle de Lescure , auprès d'Alby , le reproduisent au XIIe. siècle , et le
XIIIe. siècle même l'a quelquefois placé sur la partie antérieure des autels.

Les deux premières lettres grecques du nom de Jésus III.
et les deux autres lettres X.Θ. Χριστος Θεος , le Christ Dieu ,

se trouvent aussi quelquefois sur les anciens monuments ; et souvent l'image de la croix est placée entre les deux abréviations X̄P✝N̄I le Christ vainqueur.

Dès le commencement du XII°. siècle , on trouve le chrisme ou ancien monogramme remplacé par les trois lettres XPC , qui sont les deux premières et la dernière lettre du nom du Christ en grec. Louis VI les fit graver sur ses monnaies, et elles ont été conservées sur nos monnaies françaises jusqu'au moment où la renaissance entreprit de rompre avec toutes nos anciennes traditions. François I⁰ʳ. fut le dernier de nos rois qui admit le nom grec abrégé , ses successeurs lui substituèrent le nom latin.

Il nous reste à parler du fameux monogramme IHS qu'on a voulu traduire par *Jesu humilis societas* ; c'était aux yeux de quelques personnes un signe séditieux, c'était une invention jésuitique ; et l'ignorance et la passion de répéter à l'envi cet anachronisme archéologique. Comme l'ignorance ne connaît pas et que la passion ne veut pas connaître , nous dirons bien haut, à l'une et à l'autre , que ce monogramme était connu long-temps avant qu'il y eût des Jésuites dans le monde ; il est composé des deux premières lettres de Jésus en caractères grecs et de la dernière lettre ; on le trouve sur les monnaies d'or des derniers empereurs de Constantinople IHS. XPS. NIKA. Jésus-Christ a vaincu. Dans les derniers siècles , on a conservé ce monogramme ou plutôt ces sigles , en adoptant les caractères latins qu'ils représentent , et on les traduit par *Jesus hominum salvator.* Jésus , Sauveur des hommes.

Il est encore d'autres sigles qu'on rencontre sur les premiers tombeaux chrétiens , et qui pourraient les faire confondre avec les tombeaux des païens. Ce sont les initiales DM sur les uns, elles signifient *Diis manibus.* et sur les autres *Deo magno* ou *maximo* , comme Scipion Maffei l'a lu en toutes lettres sur un sarcophage chrétien.

Ce sujet semblerait devoir plutôt convenir à un traité de paléographie qu'à un traité d'iconographie. Cependant, comme ces différents caractères sont souvent reproduits par nos peintres et nos sculpteurs du moyen-âge, nous avons pensé qu'on nous saurait gré d'entrer dans ces détails.

CHAPITRE 4.

Symbolisme des nombres.

Celui qui veut se livrer à l'étude de l'iconographie chrétienne, ne saurait être complètement étranger à la science des nombres qui, si souvent, pendant le cours du moyen-âge, a développé ses principes sur nos monuments religieux.

Que tous les peuples de l'antiquité aient eu, pour certains nombres qu'ils regardaient comme sacrés, une vénération toute particulière, qu'ils aient attribué aux combinaisons des nombres une vertu secrète dont ils ne pouvaient souvent se rendre compte, parce que le temps en avait altéré ou détruit les motifs, qu'ils aient établi certains rapports entre les idées dominantes et les nombres; c'est ce que doit reconnaître tout homme qui s'est adonné à l'étude de l'histoire. On dirait que le monde entier avait entendu cette parole de nos Saintes Écritures : « *Dieu a tout disposé avec mesure, nombre et poids* (1). »

On a donc cherché à se rendre compte des nombres le plus souvent répétés, et avec leurs caractères on a établi une espèce d'alphabet hiéroglyphique.

_____

(1) Omnia in mensurâ et numero et pondere disposuisti. Sap. xi, 21.

Les Egyptiens trouvaient dans le nom du Nil, écrit en caractères grecs, la période solaire de 365.

$$
\begin{array}{ll}
\text{N} & 50 \\
\text{E} & 5 \\
\text{I} & 10 \\
\Lambda & 30 \\
\Lambda & 70 \\
\Sigma & 200 \\
\hline
& 365
\end{array}
$$

Les Mithriaques retrouvaient le même nombre dans le nom de Mithras.

$$
\begin{array}{ll}
\text{M} & 40 \\
\text{E} & 5 \\
\text{I} & 10 \\
\Theta & 9 \\
\text{R} & 100 \\
\Lambda & 1 \\
\Sigma & 200 \\
\hline
& 365
\end{array}
$$

Pythagore faisait du carré le symbole de la terre dont il voyait les quatre points cardinaux dans les quatre angles ; et le cercle dont tous les points correspondent au centre par les rayons était à ses yeux l'image du ciel qui environne notre globe.

Les Juifs surtout ne pouvaient méconnaître, dans certaines mesures et dans certains nombres, un dessein marqué de la providence ; c'était pour eux des monuments commémoratifs ou des prophéties mathématiques. Ils professaient pour ces nombres un respect d'autant plus grand que le sens leur en était plus caché ; il ne devait, en effet, être dévoilé que par l'accomplissement des promesses ; c'était seulement en rapprochant la figure de la réalité qu'on pouvait en découvrir les rapports.

Les mesures que Dieu lui-même avait indiquées pour la confection du tabernacle et du temple, les ornements qui devaient être employés à leur décoration, le nombre de ces ornements variés, tout était pour les Juifs autant de mystères. Les chrétiens seuls purent en donner l'explication, c'est ce que fait Eusèbe, en nous exposant le plan d'une église bâtie par Constantin, et dans laquelle ce prince avait cherché à reproduire les différentes dispositions du temple de Jérusalem (1).

La science des nombres dut donc faire de nouveaux progrès à mesure que les chrétiens méditèrent les Saintes Ecritures, et en découvraient le sens caché. Ils trouvaient dans l'Evangile un motif qui les portait à cette étude ; Jésus-Christ, en rapprochant les nombres de la loi nouvelle de ceux de la loi ancienne, semblait indiquer aux fidèles que tout était figure chez les Juifs. « De même que Jonas fut trois jours et trois nuits dans le ventre de la baleine, de même aussi le fils de l'homme restera trois jours et trois nuits dans le sein de la terre (2). Nous ne devons pas être étonnés de l'importance que les Pères attachèrent à l'étude et au développement de cette science. Tertulien, saint Cyprien, Origène emploient souvent la raison des nombres ; saint Augustin surtout et saint Ambroise font voir, à chaque page de leurs œuvres, les rapports qui existent entre les nombres consacrés par la loi nouvelle et ceux de la loi ancienne ; et saint Bernard établit en partie sur les nombres la division de ses sermons et de ses explications ascétiques (3).

« Nous ne saurions douter, dit saint Augustin, et notre conviction est basée sur des fondements solides, que l'Ecri-

---

(1) Euseb. historia. Eccles. lib. 10, cap. 4.
(2) Math. 12-40.
(3) Nous pourrions citer un plus grand nombre d'autres docteurs.

ture contient des nombres sacrés et pleins de mystères, nous pouvons nous en convaincre par ceux dont nous avons déjà découvert le sens (1). »

Avant saint Augustin, Tertulien avait reconnu la même vérité : selon lui les douze sources et les soixante-dix palmiers que les Israélites rencontrèrent à Elim, dans le désert, étaient la figure des douze apôtres et des soixante-dix disciples ; il trouve la même figure reproduite par les douze pierres précieuses que portait le grand prêtre sur sa poitrine, et par les douze pierres que Josué retira du Jourdain, pour dresser son autel commémoratif (2).

Saint Ambroise expliquant, comme Tertulien, les sources d'Elim, ajoute que le double symbole de l'eau et des palmiers convient bien à la vie des apôtres.

Prédicateurs de la loi nouvelle, ils purifient leur langue avec cette eau salutaire en attendant que les palmes du martyre soient entre leurs mains. Ils sont dans le Ciel avec ces palmes qu'ils ont méritées par leurs généreux sacrifices pour le salut de leurs frères ; c'est un souvenir de la victoire qu'ils ont remportée sur le démon (3).

Saint Augustin et saint Ambroise (4), en donnant des explications sur les nombres dans la plupart de leurs ouvrages, semblent parler une langue familière à leur siècle ; et en attribuant à un nombre une idée, ils paraissent n'être que les échos de ceux qui les ont précédés ; cependant le saint évêque

____

(1) In scripturis esse sacratissimos et mysteriorum plenissimos ut quibusdam quos indè nosse potuimus dignissimè credimus. Saint Aug. quæst. in Genes. lib. 1, quæst. 152.

(2) Adv. Marcionem, lib. IV.

(3) D. Amb. serm. 24 et 25.

(4) Saint Ambroise, dans sa 39e. lettre, donne des explications curieuses sur le symbolisme des nombres.

d'Hippone se plaint de ce que la science des nombres n'est pas plus connue.

« Nous rencontrons, dit-il, des hommes qui méprisent les nombres tout en estimant la sagesse ; c'est qu'il est plus facile de compter que de suivre les leçons que nous donne la sagesse..... Ne les voit-on pas préférer l'or à la lumière? Le mendiant, en effet, peut se procurer la lumière, tandis que l'or ne se trouve qu'entre les mains du plus petit nombre. Qu'on ne pense pas que je veuille placer ici la sagesse au-dessus du nombre, car ces deux choses se confondent et n'en font qu'une (1).

« La vérité des nombres est éternelle ; je ne sais pas jusqu'à quand le ciel et la terre subsisteront, mais je sais que toujours 3 et 7 ont produit 10, et que jamais et nulle part ce résultat ne changera (2).

« Regardez le ciel, la terre, la mer et tout ce qu'ils renferment ; leur beauté vient des nombres qui les composent ; retranchez ces nombres et ils retombent dans le néant, leur existence dépend de celui qui est le principe des nombres. Tous les arts que les hommes exercent consistent dans la disposition des nombres ; l'artiste imprime à son œuvre les nombres qu'il a combinés dans sa pensée, et ce sont encore les nombres qui mettent en mouvement ses membres pour exécuter ce qu'il a conçu dans son esprit. C'est le nombre qui plaît dans la danse ; la beauté des formes n'est qu'une heureuse combinaison des nombres ; la beauté des mouvements est produite par la cadence régulière des nombres (3). »

Ecoutons maintenant le grand docteur nous développer la théorie et la raison des nombres (4).

(1) De lib. arb. lib. xi. cap. ii. n°. 2.
(2) Id. id. cap. viii. n°. 2.
(3) Id. id. cap. xvi. n°. 2.
(4) Id. id. cap. xi. n°. 2.

« 1. L'*unité principe* ne peut se rencontrer dans les corps,
« car ceux-ci étant composés de parties et par conséquent
« divisibles, ne sauraient nous donner l'idée de cette unité ;
« cependant nous pouvons, à l'aide même des corps, par-
« venir à la connaissance de cette unité , parce que nous
« savons pourquoi les corps ne la possèdent pas (1).

« L'unité est donc le principe, le nombre générateur ; en
« partant de cette unité , nous arrivons à dix pour revenir à
« l'unité et compter jusqu'à cent par dixaines, en suivant les
« mêmes nombres, et à mille par centaines, et jusqu'à l'in-
« fini, toujours guidés par les mêmes règles.

« 2. Tout nombre, pour être parfait , doit être composé de
trois termes : le principe, le moyen et la fin. Deux ne sauraient
posséder ces trois termes ; c'est l'unité répétée, il faut donc
qu'il soit principe comme l'unité qui le complète.

« 3. *Trois* est un nombre parfait , car les trois termes de
la perfection s'y rencontrent, et si on veut l'analyser, on voit
qu'on ne peut le diviser en deux parties égales, on est réduit
à constater son principe qui est l'unité ; son moyen , qui est
l'unité ; et sa fin qui est l'unité ; et on trouve toujours égalité
parfaite.

« Le second *principe* est engendré par l'unité génératrice.
Le premier engendre tous les autres par le moyen du second,
et le troisième est l'union des deux unités, c'est un uni à deux.

« Ces trois nombres n'ont pas besoin des autres ; ils sont
indépendants, tandis que les autres sont produits par eux :
on ne peut concevoir quatre sans ajouter un à trois, cinq
sans ajouter deux à trois (2).

« Trois est donc le nombre divin, mais il est aussi le
nombre de l'ame créée à l'image de Dieu. Aussi, l'homme

(1) De lib. arb. lib. xi. cap. viii.
(2) Liber de musicâ, cap. xi et xii passim.

doit-il être uni à son créateur d'une triple manière, en l'aimant de toute son ame, de tout son esprit, de toutes ses forces (1). »

4. *Quatre* est le nombre terrestre ; tout ce qui regarde la créature matérielle reproduit ce nombre ; les quatre points cardinaux, le Nord, le Midi, l'Orient et l'Occident ; les quatre vents ; les quatre saisons ; les quatre qualités principales des corps, le sec, l'humide, le froid, le chaud ; les quatre éléments, le feu, l'air, la terre et l'eau (2).

« Adam, dit saint Cyprien, fut formé de la terre prise aux quatre extrémités du globe. Le saint docteur s'appuie sur ces paroles de la Genèse : « J'ai formé l'homme de *tout* le limon « de la terre (3). » Aussi, ajoute-t-il, dans le nom d'Adam, Dieu semble perpétuer le souvenir de cette origine ; il plaça une étoile à chacun des quatre points cardinaux ; à l'Orient, celle qui est appelée *Anatolé*, *Dusis* à l'Occident, *Arctos* au Nord et *Mézembris* au Midi. En réunissant les premières lettres de ces quatre étoiles, on trouve le nom d'*Adam*, et si on leur donne leur valeur numérique, on aura le nombre 46.

$$
\begin{array}{ll}
\text{A} & 1 \\
\text{Δ} & 4 \\
\text{A} & 1 \\
\text{M} & 40 \\
\hline
& 46
\end{array}
$$

(1) Div. Aug. Enarratio in psalm. vi.

(2) Saint Augustin, saint Cyprien, saint Ambroise, saint Bazile, etc.

(3) La Vulgate dit seulement *limo* et non *omni limo*, comme on le trouve dans saint Cyprien. L'explication de saint Cyprien rappellerait un autre symbole ; car, en prenant de la terre aux quatre points cardinaux, Dieu aurait imprimé à la terre le signe de la croix : la miséricorde aurait donc été au-devant de la justice, et se serait déjà étendue sur les œuvres de la création : *miserationes ejus super omnia opera ejus.* Ps. 144.

Or, dans 46, on trouve le nombre de la pénitence et de l'expiation 40, auquel est joint 6, nombre de la perfection (1). Ce nombre devait être prophétique, car Jésus-Christ seul pouvait unir la *perfection* à *l'expiation.*

Quatre n'est pas seulement le nombre terrestre, il devient par le nouvel *Adam* le nombre évangélique. C'est le nombre des fleuves du paradis terrestre, figures mystérieuses de ces quatre sources divines qui devaient répandre dans le monde les eaux salutaires de la grâce. La grande nappe liée par les quatre coins que saint Pierre aperçut en vision, annonçait que l'Évangile devait être prêché dans toutes les parties du monde et que tous les hommes étaient appelés à être régénérés par le baptême au nom du Père, et du Fils et du Saint-Esprit. C'est pour cela, ajoute saint Cyprien, que cette nappe s'abaissa à trois fois différentes (2). Les quatre colonnes, placées à l'entrée du tabernacle, désignaient aussi la loi évangélique.

5. Cinq, d'après la tradition, serait le nombre judaïque, le caractère de la synagogue; il rappelle les cinq livres de Moïse, les cinq portiques qui contenaient les malades, les cinq pains distribués aux cinq mille hommes dans le désert. Le Sauveur n'a pas choisi sans raison dix, nombre de la loi dans la parabole des Vierges, pour diviser ensuite ce nombre; les cinq Vierges sages ont pratiqué la continence en exerçant la vigilance sur leurs cinq sens, et ont mérité par là d'être admises en présence de l'époux; les cinq Vierges folles, au contraire, comme la synagogue, ont été repoussées par suite de leur imprévoyance (3).

---

(1) Sanct. Cyprian. de Mont. Sion et Sina. Voir ce que nous disons du nombre *six* et du nombre *quarante.*

(2) Sanct. Cyprianus, passim.

(3) Saint Augustin, passim.

6. Six est le nombre de la perfection et de la création, c'est Dieu se manifestant par ses œuvres, trois reproduit. Ce fut à la sixième heure du jour que Jésus-Christ commença le sacrifice d'expiation qui devait réparer le mal que le péché avait fait au monde en détruisant la perfection (1).

7. Sept est le nombre du repos, du pardon, de la charité et de la grâce. Que ce nombre soit simple, dit saint Cyprien, ou qu'il soit multiple, il fait naître dans l'esprit des idées sans lesquelles il est difficile d'expliquer les Saintes Ecritures. C'est Dieu lui-même qui l'a consacré. Il est composé de quatre, nombre de la créature; et de trois, nombre du créateur ; c'est le nombre du Saint-Esprit qui procède du Père et du Fils et qui vient sanctifier la créature en l'unissant au créateur par les liens de l'amour (2).

Aucun nombre ne se rencontre aussi souvent dans nos Saintes Ecritures; outre le septième jour de la semaine, les Israélites sanctifiaient la septième année, et après ces sept années sept fois répétées, arrivait l'année de leur grand jubilé. C'est au son des sept trompettes que s'écroulèrent les murs de Jéricho, quand on en eut fait sept fois le tour. Les Azymes se mangeaient pendant sept jours. Salomon mit sept ans à bâtir le temple; on en fit la dédicace pendant sept jours ; dans le temple on retrouve le nombre sept; le chandelier d'or était à sept branches, portant sept lumières. La fête des tabernacles se célébrait le septième jour du septième mois et durait sept jours. Dans la fête de l'expiation qui se célébrait le dixième jour du septième mois, le Grand-Prêtre, après avoir immolé un veau, faisait sept fois avec son sang l'aspersion devant le propitiatoire. Ensuite, il immolait un bouc et faisait aussi avec son sang sept fois l'aspersion devant l'oracle, puis mélangeant le

---

(1) D. Ambros, comment. Luca, lib. V, cap. V.
(2) Sanctus Cyprianus, opera Christ. de Spiritu Sancto.

sang du bouc et de l'agneau, il aspergeait sept fois l'autel. David offrait à Dieu sa prière sept fois le jour.

Si Elisée , dit Tertulien , ordonna à Naaman de se laver sept fois dans le Jourdain , c'est pour marquer que les nations figurées par Naaman devaient être purifiées par Jésus-Christ , des sept péchés capitaux qui les souillaient : l'idolâtrie , le blasphême, l'homicide, l'adultère , la fornication , le faux témoignage et la fraude (1).

Si nous jetons un coup-d'œil sur le temps qui a précédé la loi écrite, nous retrouvons encore le nombre sept employé dans un sens mystérieux. Celui qui aurait tué Caïn eût été puni sept fois, et le meurtrier de Lamech soixante-dix fois sept fois. Le déluge ne commença que sept jours après l'entrée de Noé dans l'Arche, le dix-septième jour du deuxième mois ; l'Arche s'arrêta le vingt-septième jour du septième mois ; et le vingt-septième jour du deuxième mois la terre fut sèche.

Jacob s'engageait de 7 ans en 7 ans au service de Laban ; ses noces se célébrèrent pendant 7 jours , et quand il mourut, on le pleura aussi pendant 7 jours.

Les 7 épis et les 7 vaches du songe de Pharaon annonçaient 7 années de disette et d'abondance. On offrit 7 sacrifices pour les amis de Job.

Ne croyons point que les Juifs seuls fissent usage de ce nombre sacré. La tradition primitive s'est perpétuée chez tous les peuples , et tous divisèrent leur semaine en 7 jours. En Chine , on offrait au Chang-Ti un sacrifice tous les 7 jours. Les Egyptiens pleuraient leurs morts pendant 70 jours. A Rome , les pompes funèbres des empereurs duraient 7 jours.

____

(1) Tertull. adv. Marcionem , lib. 4.

Le Christianisme vint imprimer au nombre 7 une nouvelle consécration , en dévoilant les mystères qu'il renferme. Ce nombre , nous dit saint Augustin , réunit trois, nombre du Créateur , à quatre, nombre terrestre , les trois Vertus théologales aux quatre Vertus cardinales (1).

Écoutons un instant saint Grégoire expliquant le passage de Job où il est dit : « Pouvez-vous joindre ensemble les brillantes étoiles des Pléïades , ou disperser celles qui sont autour de l'Ours ? » La constellation de l'Ours, dit ce saint Docteur , ne se couche jamais ; elle luit dans l'obscurité de la nuit , et par ses continuelles évolutions autour du Pôle , elle est la figure de l'église qui souffre de grandes peines sans cependant se laisser abattre. Elle est comme dans un cercle de continuels travaux sans que le temps puisse jamais la faire périr...

« Cette constellation est composée de 7 étoiles qui tournent sans cesse. Tantôt elle en élève trois en haut et en abaisse quatre , tantôt elle en élève quatre et en abaisse trois. Quand la sainte Eglise annonce , tantôt aux infidèles la connaissance de la Sainte-Trinité , tantôt aux fidèles les quatre Vertus cardinales, qui sont la prudence , la force , la tempérance et la justice , elle change en quelque sorte la face de son état présent dans cette évolution... Ainsi que la constellation de l'Ours qui tourne sans cesse, elle sait diversifier la prédication de la vérité (2).

Le nombre 7 rappelle le mystère de la Rédemption ; le ciel s'abaisse et s'unit à la terre. C'est pourquoi saint Augustin l'appelle le nombre de la loi de grâce (3). On y reconnaît encore les 7 dons de cet esprit qui devait renou-

(1) Div. Aug. enarr. in psalm. 78.
(2) S. Grég. moral. lib. xxix. cap. 19.
(3) In psal. 150.

veler la face du monde, et les 7 sacrements figurés par les 7 colonnes qu'employa la sagesse dans la construction de la maison qu'elle se préparait (1).

Jésus-Christ nous apprend à adresser à Dieu 7 demandes, et du haut de la croix, il fit entendre 7 paroles d'amour.

Il nous suffirait d'ouvrir l'Apocalypse pour nous convaincre que le nombre 7 renferme un sens mystérieux, nous y trouvons les 7 églises, les 7 chandeliers, les 7 étoiles, les 7 lampes, les 7 anges, les 7 sceaux, les 7 yeux, les 7 cornes, les 7 fioles, les 7 plaies, le dragon à 7 têtes avec ses 7 diadêmes. Nous ne pouvons douter que les Apôtres, en établissant les 7 Diacres, n'aient agi par des raisons mystérieuses.

Nous verrons que les composés de sept renferment aussi des mystères.

8. Nombre de la Résurrection (2) : c'est la reproduction de quatre. C'est le jour du repos des chrétiens, qui leur rappelle le jour du véritable repos, comme la Circoncision figurait les moyens nécessaires pour y parvenir. Les huit personnes sauvées du déluge, et échappant à la mort qui frappait le reste des hommes, étaient une figure de la Résurrection ; l'Arche fut comme leur tombeau, et elles en sortirent pleines de vie.

8, dit Tertulien, est le nombre de l'homme, il a cinq sens et son ame trois facultés principales (3).

9. Nombre angélique, carré de trois, nombre générateur. Les Anges sont continuellement en union avec Dieu, et par la prière l'homme se rapproche de l'Ange et se met aussi en union avec Dieu. Le centurion Corneille était en

(1) Prov. 9-1.
(2) Div. Aug. ad inquisit. Januarii. lib. II, ep. LV.
(3) Tertull. de Caïn et Abel, lib. II.

prière à la neuvième heure , dit saint Cyprien , lorsque l'Ange
se tint à ses côtés. Pierre et Jean montèrent au temple à
l'heure de la prière, c'est-à-dire à 9 heures. Ce fut à cette
heure que Jésus sur la Croix nous unit à Dieu par son
sang (1) , c'est pourquoi les Pères appellent aussi ce nombre,
le nombre de la prière.

10. Nombre de la loi de crainte (2), source de la perfection
et de la justice. C'est un second générateur qui doit entrer dans
la combinaison de tous les autres nombres qui le suivent.

Les 10 colonnes qui ornaient le parvis du tabernacle à
l'Occident et les 10 chandeliers d'or étaient les symboles de
la loi. Le psaltérion à 10 cordes de David est encore un
symbole de la loi et indique que si nous voulons que nos
chants soient agréables à Dieu , nous devons en même temps
lui prouver notre amour par notre fidélité à observer sa loi (3).
Saint Augustin fait remarquer les rapports qui existent entre
les 10 préceptes et les 10 plaies d'Egypte qui indiquent la
violation de ces préceptes (4).

C'est avec ces 10 termes de la science des nombres que
les Pères de l'Eglise composèrent des phrases , toujours en
prenant les Saintes Écritures pour guide. La combinaison de
ces nombres leur dévoilait à chaque instant de nouveaux
secrets; bientôt s'aidant de la valeur numérique des lettres de
l'alphabet , nos artistes du moyen-âge , dans les dimensions
qu'ils donnèrent à nos basiliques, inscrivirent avec leur règle
géométrique des noms sacrés , des expressions de foi, d'espérance, de repentir et d'amour.

M. l'abbé Devoucoux , dans un travail des plus remarquables sur la cathédrale d'Autun , fait voir que toutes les

(1 D. Cyp., De oratione dominicâ.
(2) Div. Aug. in psalm. 150.
(3) Div. Aug. sermo. x.
(4) Div. Aug. sermo vii.

dimensions de cette église sont établies d'après ces principes.

Ainsi le nom de Dieu, EL, est indiqué par la largeur qui se trouve entre les arcs doubleaux de la coupole ; la largeur totale de l'église exprime celui d'Adonaï, et la largeur de la grande nef, celui de Jéhova : le savant archéologue Autunois a fait les mêmes observations dans un grand nombre d'autres églises.

En visitant les principales églises du midi de la France, nous avons trouvé aussi des inscriptions mystérieuses dans leurs dimensions. L'église de St.-Sernin dont la longueur est de

$$321 \quad \text{pieds ,}$$

et la largeur de 169

$$\overline{490}$$

nous a rappelé le nombre des sacrifices, les 70 semaines d'années de Daniel , les 490 ans après lesquels le Christ devait être mis à mort.

Dans l'église de St.-Gilles, diocèse de Nîmes, nous avons aussi retrouvé les mesures symboliques et parfaitement en rapport avec les sujets du portail ; nous les expliquerons plus tard.

On comprend que nous ne pouvons entrer dans tous les détails des nombres, nous devons nous contenter d'indiquer ceux qui se reproduisent le plus fréquemment , et dont les Pères nous ont donné l'explication.

11, d'après saint Augustin, est le nombre du péché , la transgression de la loi dix. Ce nombre est un des facteurs de soixante-dix-sept , nombre de rémission. C'est la malice du péché multipliée par les grâces que la créature a reçues. Onze par sept.

12. Nombre apostolique. Jésus-Christ, voulant retracer l'image de Dieu dans le cœur des hommes, choisit 12 apôtres pour remplir cette mission : Allez, leur a-t-il dit , enseignez toutes les nations, et baptisez-les au nom du Père et du Fils

et du St.-Esprit. 12 produit de 3, nombre du créateur, par 4, nombre de la créature, indique le règne de Dieu sur la terre. Il est impossible de ne pas reconnaître les douze Apôtres dans les 12 colonnes, les 12 fondements, les 12 portes dont il est parlé dans l'Apocalypse (1). Saint Cyprien commentant ce passage, dit ; j'ai vu la nouvelle Jérusalem descendant du ciel ; la ville est carrée et indique les quatre évangiles ; elle a 12 fondements, c'est-à-dire les Prophètes et 12 colonnes qui sont les Apôtres (2).

Il semble que Dieu ait voulu, dans le cours des astres, nous donner une figure de l'admirable économie qu'il devait manifester dans l'établissement de son église. C'est Jésus-Christ, véritable Soleil de justice, splendeur du Père, qui dirige le monde par ces 12 astres dont il est le centre : *Per duodena regit mundi sol aureus astra* (Enéide).

Nous n'avons rien trouvé dans les Pères sur le nombre treize. Cependant nous nous sommes demandé comment et pourquoi les peuples l'ont toujours considéré avec effroi ; quelle fatalité pouvait être attachée à ce nombre. Il faut nous reporter à ce que nous avons dit, d'après saint Augustin, de 11, transgression de la loi ; treize n'aurait-il pas été pris pour la transgression de la loi nouvelle prêchée par les apôtres, transgression plus coupable parce qu'elle viole la loi d'amour. Aux yeux du peuple, c'est le nombre de la perfidie, le nombre de Judas ; et il faut avouer que cette idée a bien quelques raisons qui militent en sa faveur. Judas a été remplacé sans doute, car, dit saint Augustin, il fallait que le nombre sacré demeurât intact ; mais quoique remplacé, il n'a pas perdu son caractère d'apôtre, c'est donc un treizième apôtre exclu de la société des autres et qui dans les enfers endure les

(1) Apocal. 21-13.
(2) D. Cypr. de montibus Sion et Sinæ.

tourments dus à son détestable crime. Treize, dans ce sens, peut être regardé comme un nombre malheureux.

14. Saint Grégoire appelle 14 le nombre de la perfection : la loi ancienne 10, unie à la loi nouvelle 4. Il ajoute : si on multiplie 14 par 10, on arrive au comble de la perfection 140, qui est la vie de l'église. Aussi quoique saint Paul ait écrit 15 Epitres, l'église n'en reconnaît que 14 pour indiquer que cet apôtre avait pénétré les secrets les plus cachés de la Loi et de l'Evangile (1).

15. Accord des deux Testaments, composé de 7, nombre du sabbat, et de 8, nombre de la résurrection. C'est pourquoi le temple a 15 degrés et que les eaux du déluge se sont élevées de 15 coudées au-dessus des montagnes (2). Dans l'Ecclésiaste, pour marquer l'union des deux Testaments, il est dit : *Da illis septem, et illis octo* (3).

16. Nombre sacré, propagation de l'Evangile, *quatre* multiplié par *quatre* ou *six* ajouté à *dix*, perfection de la Loi.

17. La Loi 10, accomplie par la grâce 7. Nombre heureux, gage de la résurrection.

Jacob habita 17 ans en Egypte ; l'Egypte est la figure du monde, et le juste peut y accomplir la Loi avec le secours de la grâce.

Si on ajoute les uns aux autres, chacun des membres qui précèdent dix-sept en y joignant ce dernier nombre, on aura cent cinquante-trois, nombre des élus. 1 et 2, 3 et 3, 6 et 4, 10 et 5, 15 et 6, 21 et 7, 28 et 8, 36 et 9, 45 et 10, 55 et 11, 66 et 12, 78 et 13, 91 et 14, 105 et 15, 120 et 16, 136 et 17. 153 (4).

(1) Moral. lib. XXXV, cap. XIII.
(2 St. August. in psalm. 89.
(3) Ad inquisit. Januarii, lib. II, Epist. LV.
(4) St. August. in psalm. 50.

18. La triple perfection de la nature six, de la loi de crainte dix, de la loi de grâce six (1).

20. La loi sanctifiée par l'Evangile, cinq par quatre (2).

25. Le carré de cinq, nombre de la synagogue.

26. Valeur numérique du nom de Jéhovah.

30. La synagogue et la perfection cinq par six (3). Prix du Sauveur trente pièces d'argent que reçut Judas.

31. Valeur numérique du nom de Dieu EL.

40. Nombre d'expiation de combats et de souffrances.

La pluie du déluge qui devait purifier la terre, tomba pendant 40 jours, et Noé, après que les eaux furent retirées, demeura encore 40 jours dans l'arche, en attendant que le limon qui couvrait la terre eût séché. Elie jeûna pendant 40 jours ; Moïse demeura 40 jours sur la montagne quand Dieu lui donna sa loi. Les femmes qui avaient mis au monde un garçon, devaient, d'après la loi de Moïse, rester 40 jours sans sortir de leur maison, et 80 jours, c'est-à-dire deux fois 40, si elles avaient enfanté une fille. J.-C. sanctifia le nombre d'expiation par les 40 jours de jeûne (4).

40, d'après saint Augustin, indique l'église militante obligée pendant qu'elle est sur la terre d'accomplir la loi de Dieu au milieu des combats. 40 est le nombre de la loi 10, multiplié par le nombre terrestre 4.

50. Nombre de la vie éternelle, l'église triomphante vient après l'église militante ; si vous ajoutez, dit saint Augustin, à 40, nombre de la pénitence et du travail, le dernier de l'Evangile, vous aurez la récompense du travail (5). C'est

(1) D. August. in judic. lib. VII.
(2) Id. in Gen. lib. 1, quæst 152.
(3) Id. Joan. Ev. cap. 6. tract. 25.
(4) Ad inquisit. Januarii, lib. II. ep. LV.
(5) Le dernier était ainsi appelé, parce qu'il était timbré du chiffre X.

la fin de la journée, c'est donc le nombre de la béatitude et du repos, la véritable Pentecôte des juifs et surtout des chrétiens, temps heureux où l'esprit de consolation leur fera oublier toutes leurs peines ; les 7 semaines d'années produisant 49 seront écoulées, et la grande année du jubilé éternel commencera. C'est pour cela que pendant le temps pascal, temps de la résurrection, l'églies chante continuellement l'alleluia.

65. Valeur numérique d'Adonaï.

70. Résultat de 10, nombre de la Loi, multiplié par 7, nombre de la grâce et de l'amour. C'est le nombre de la Rédemption annoncé par Daniel ; multiplié encore par 7, il produit 490, autre nombre de la Rédemption.

77. Nombre de rémission. Depuis Adam jusqu'à Jésus-Christ, qui devait apporter la paix au monde et assurer aux hommes leur pardon, on compte 77 générations ; c'est le résultat de 11, nombre du péché, par 7, nombre de la grâce. Jésus-Christ veut que saint Pierre pardonne 70 fois 7 fois.

100. Nombre de la plénitude. La Loi dix multipliée par elle-même (1).

140. Vie de l'église, qui, au milieu des épreuves et des tribulations, *quarante,* accomplit la loi dans toute sa plénitude.

144. Propagation de l'Evangile. Douze multiplié par douze (2) ; ce nombre, nous dit saint Jean, est tout à la fois la mesure de l'ange et la mesure de l'homme (3). En effet, quand l'Evangile sera répandu par toute la terre, commencera le règne des élus qui seront comme les anges de

1) D. Aug. ad inquisit. Januarii, lib. 11, ep. LV.
2) D. Aug. de Doct. Christ. lib. III, cap. 25.
3) Apocal. 21-17.

Dieu (1). Le nombre de ceux qui portent sur leur front le nom de l'Agneau et celui de son Père est de cent quarante-quatre mille (2).

150. Société des élus dans le Ciel. Ce nombre est le résultat de 10 , nombre de la Loi par 15 , réunion des deux Testaments.

C'est encore le résultat de 50 , nombre de la Résurrection par 3 , nombre divin. Si à ce résultat on joint le nombre divin , on aura 153 qui indique l'éternelle union des élus avec Dieu ; saint Augustin ajoute après ces explications, que ce nombre est marqué par les 153 poissons pris après la résurrection du Sauveur (3).

300. Nombre de la Rédemption. Valeur numérique de la lettre T, figure de la Croix. Ce nombre est le résultat de 50 , nombre de la Résurrection et de la béatitude par 6 , nombre de la perfection. C'est encore le nombre de la plénitude de la loi cent, multiplié par trois, nombre divin.

Ce nombre de 300 étant contenu dans la lettre T , figure de la Croix , dit saint Grégoire , rappelle les 300 hommes qui suivirent Gédéon et qui représentaient ceux dont il est dit dans l'Evangile : Si quelqu'un veut venir après moi , qu'il se renonce lui-même et qu'il porte sa Croix. Ce caractère T, qui marquait les soldats de Gédéon, signifiait que c'est avec la Croix de Jésus-Christ que nous pouvons briser les armes des ennemis de Dieu (4).

Saint Augustin ajoute à ces explications : ce n'est pas sur le nombre des combattants que nous devons compter pour

(1) Erunt sicut Angeli Dei. Math. 22-30.

(2) Apocal. 14-1.

(3) D. Aug. in psalm. 50.

(4) D. Greg. moral. lib. xxx, cap. 17.

vaincre nos ennemis, mais sur la Croix de Jésus-Christ (1).
Le Seigneur, dans Ezéchiel, ordonne d'imprimer le T sur le
front de ceux qui gémissent et qui sont dans la douleur, et
il veut qu'ils soient ainsi à l'abri de la mort qui doit frapper
tous les autres (2). Ne semble-t-il pas indiquer par là que la
Croix, après avoir été notre consolation et notre espérance,
doit être pour nous un gage de salut et de bonheur.

318. C'est le nombre des serviteurs d'Abraham, quand il
marcha pour combattre les 5 rois des environs de Sodôme.
Baronius fait remarquer que les Pères du concile de Nicée
étaient aussi au nombre de 318 (3). Il s'agissait des deux côtés
de défendre les droits de Dieu. D'un côté, nous voyons le père
des croyants à la tête de sa troupe; et de l'autre, Jésus-
Christ assistant, d'une manière invisible, les défenseurs de sa
foi.

365. Période solaire que retrouvaient les Egyptiens
dans la valeur numérique du nombre du Nil, écrit en
caractères grecs, et les Mithriaques dans celui de Mithras.
On trouvait le même nombre dans le nom mystérieux
d'Abracas qu'on regarde comme le Mithras des Perses.

666. Valeur numérique du nom de la bête, dont il est parlé
dans l'Apocalypse et qui doit être le nom de l'Antéchrist (4).

490. Nombre d'expiation et de rémission, indiqué par les 70
semaines d'années de Daniel, qui font 490 ans, après lesquels
devait mourir le Christ. 10, nombre de la Loi, est multiplié par
7, nombre de la grâce, et le résultat est de nouveau multiplié
par 7. C'est la grâce et la miséricorde dans toute leur étendue.
Le Sauveur a voulu nous servir d'exemple ; il exige que la cha-

---

(1) D. Aug. sermo XXXVI.
(2) Ezech. IX. v. 4 et 6.
(3) Annal. eccl. ann. 325.
(4) Numerus ejus sexcenti sexaginta sex. Apoc. cap. XIII, 18.

rité que nous devons avoir pour nos frères ait la même étendue que la sienne, et comme il a multiplié sa charité par sa charité même, nous devons aussi multiplier la nôtre. Quand Pierre lui demanda s'il doit pardonner jusqu'à 7 fois, le Sauveur ne veut point de ce pardon si limité, ce n'est pas même assez que ce pardon soit multiplié par la Loi de crainte, 7, par 10-70, il veut que la Loi de l'amour l'étende jusqu'à ses dernières limites, jusqu'où lui-même il a été, jusqu'à 70 fois 7 fois, 490.

Jésus-Christ, nous dit saint Cyprien, n'a voulu venir sur la terre qu'à la 77e. génération pour abolir, par la Loi de la charité, l'anathème porté contre celui qui aurait tué Lamech et qui devait être puni 70 fois 7 (1). Toujours le chiffre 490 quand il s'agit de rémission.

888. Valeur numérique du nom du Sauveur en caractères grecs, c'est le nombre qui est indiqué au 8e. livre des oracles sibyllins.

Ι	10
Η	
Σ	200
Ο	70
Υ	400
Σ	200
	888

Nous terminons ce qui regarde le symbolisme en indiquant sommairement les règles qui doivent nous guider sur ce point. Gardons-nous, en iconographie religieuse, de nous laisser aller au principe protestant ; mettons de côté notre sentiment particulier, et toutes les fois que le symbole ne présente pas par sa nature même une explication évidente, consultons l'Écriture commentée par la tradition.

(1) D. Cyprianus de Spiritu sancto.

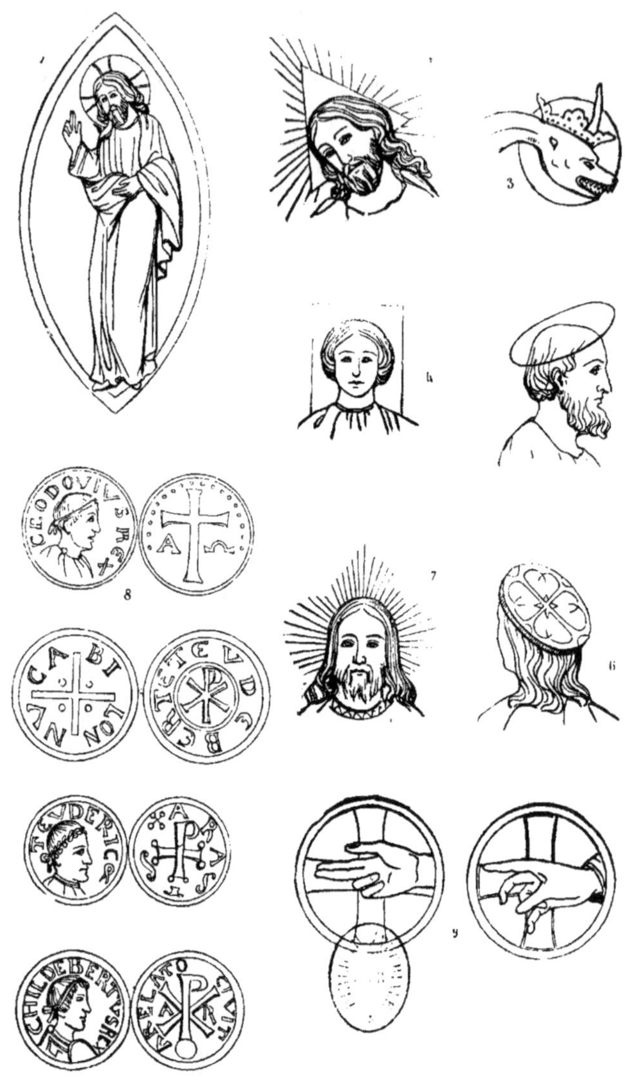

N°. 1, à la page 65, à ces mots : *L'auréole ne convient qu'à Dieu.*
N°. 2, à la page 67, à ces mots : *le nimbe triangulaire.*
N°. 3, à la page 68, à ces mots : *en Orient cet ornement était accordé a toute personne exerçant...*
N°. 4, à la page 69, à ces mots : *le cercle est le symbole du ciel...*
N°. 5, à la page 70, à ces mots : *avant le XII°. siècle il est diaphane.*
N°. 6, à la page 70, à ces mots : *au XV°. siècle on le défigure.*
N°. 7, à la page 70, à ces mots : *au portail de saint Gilles.*
N°. 8, à la page 42, avant ces mots : *le chrisme fut conservé pendant la période romano-byzantine.*
N°. 9, à la page 86, à la fin du chapitre 7.

CHAPITRE 5.

La gloire. — L'auréole. — Le nimbe, — Variétés du nimbe. — Chronologie du nimbe. — Le nimbe, signe caractéristique en Iconographie. — Autres signes caractéristiques.

La gloire est un ornement imitant ou représentant la lumière, que les peintres et les sculpteurs mettent soit autour de la tête, soit autour du corps d'un personnage. Quand cet ornement n'environne que la tête, on lui donne le nom de nimbe; quand il s'applique au corps, on le nomme auréole.

Ces attributs sont tout-à-fait caractéristiques en iconographie, et il est important de bien étudier leurs variétés pour ne point s'exposer à tomber dans de grossières erreurs; de confondre, par exemple, le Créateur avec les créatures, les vivants avec les morts.

L'auréole ne convient qu'à Dieu et aux Saints; encore est-il à remarquer que le plus souvent, si toutefois on en excepte la Mère de Dieu qui partage la gloire de son fils, les Saints ne portent que le nimbe. Au XIIIe., au XIVe., et surtout aux XVe. et XVIe. siècles, dit M. Didron, les traditions se perdirent et on fit servir l'auréole à l'apothéose des Saints. Il est cependant à remarquer qu'assez communément au XIIe., on représente, dans une auréole elliptique, l'ame du pauvre Lazare, sujet souvent reproduit à cette époque; c'est ainsi que son ame glorieuse est portée dans les cieux par son bon ange et à la Magdelaine de Vézelay et à St.-Sernin de Toulouse. Ici, il n'y a ni erreur, ni oubli des anciennes traditions : les artistes avaient présentes à la pensée les

5

paroles du Sauveur ; « le service que vous rendez à un de ces petits, c'est à moi-même que vous le rendez. » Jésus-Christ s'était donc identifié avec le pauvre, et le pauvre qui sait supporter la misère avec patience et résignation comme Lazare, s'identifie avec Jésus-Christ. Plus il aura été humilié sur la terre, plus il sera glorifié dans le ciel, il partagera la *gloire* de Dieu lui-même.

Cette magnifique idée se trouve encore reproduite d'une manière plus frappante au même portail de St.-Sernin de Toulouse; c'est lorsque Lazare se présente à la porte du mauvais riche; il tient un bâton à la main, il est couvert d'ulcères, les chiens de la maison l'environnent, et le mauvais riche à table ne le regarde même pas; mais déjà les mérites du pauvre sont à leur comble; et le nimbe crucifère réservé seulement à Dieu, comme nous le dirons bientôt, orne sa tête; déjà même, sur la terre, il paraît déifié.

L'auréole est tantôt circulaire, tantôt à quatre lobes, comme à la magnifique fresque des cryptes de St.-Etienne d'Auxerre; le plus souvent sa forme est elliptique, et quelquefois cette auréole est divisée par un arc-en-ciel qui sert de trône au Sauveur comme à St.-Trophimes, d'Arles, et à St.-Gilles. On rencontre encore l'auréole garnie de lobes à sa circonférence. Il n'est pas rare de voir le personnage environné de l'auréole porter en outre le nimbe sur la tête : c'est le complément de la gloire.

Le nimbe, comme l'auréole, est l'attribut de la divinité, *soli Deo honor et gloria.* Cependant on a donné le nimbe aux créatures qui participaient ou à la gloire ou à la sainteté, ou à la puissance de Dieu ; par conséquent aux Anges, aux Saints, et quelquefois aux Rois et à d'autres personnages élevés en dignité.

Le nimbe prend différentes formes, il est triangulaire, bi-triangulaire, circulaire, carré-long, carré parfait, losangé. Il est diaphane ou opaque ; ses bords sont simples ou orlés, avec ou sans festons ; son disque est lisse, ou strié, ou brodé, ou crucifère. Nous allons expliquer ces différentes variétés du nimbe et en faire l'application.

Le nimbe triangulaire ou bi-triangulaire ne convient qu'à Dieu, et exprime les trois personnes de la Sainte-Trinité, sans en désigner une en particulier. Il n'y a que depuis le XVe. siècle qu'on a, à tort, employé quelquefois cet ornement pour désigner Dieu le père, mais il faut ajouter que le nimbe triangulaire est rare en France ; il se rencontre fréquemment en Italie : le bi-triangulaire est particulier aux Grecs.

Quelquefois le triangle est renfermé dans un nimbe circulaire ; c'est toujours le même symbole auquel on a joint l'emblême de l'éternité, c'est, *Deus unus, Trinus, æternus.*

Le nimbe circulaire convient à Dieu, aux Anges et aux Saints ; cependant quand il environne la tête d'une des personnes divines, il est marqué d'une croix et il prend alors le nom de nimbe crucifère, ou bien trois gerbes de rayons forment les croisillons et se projettent au-delà du disque lumineux. On rencontre aussi ces gerbes de rayons seules et sans cercle de gloire. Il est rare au moyen-âge de trouver l'image du Sauveur avec un simple disque, non marqué de la croix, cependant on a des exemples de cette particularité, qui est très-rare pendant les deux dernières époques de la période Romano-Byzantine. Quand le nimbe crucifère porte de petites croix dans les croisillons, on le nomme nimbe crucifère recroisé. On ne s'est pas contenté de donner ce nimbe à l'image réelle du Sauveur, lorsqu'on l'a représenté sous le symbole du lion, *vicit leo de tribu Judà*, ou sous celui de l'Agneau, *ecce Agnus Dei*. On a environné du nimbe crucifère la tête de ces animaux symboliques. On a agi de même à l'égard de la première personne de la Sainte-Trinité, indiquée par une main qui bénit, et de la troisième personne indiquée par une colombe ; cette main et cette colombe portent le nimbe crucifère, d'où il est facile de conclure que cet attribut n'est pas réservé au fils exclusivement, mais qu'il s'applique indistinctement aux personnes divines.

Les Grecs ont souvent placé, soit dans le nimbe circulaire, soit dans le nimbe triangulaire les deux mots de leur langue: ο ων, *celui qui est.*

Les Anges et les Saints portent aussi le nimbe circulaire, mais sans croix ni gerbes de lumières croisées; les noms des Anges et des Saints sont quelquefois inscrits sur la circonférence du nimbe ou dans le champ du disque en toutes lettres comme à St.-Gilles, d'autres fois les artistes se sont contenté de les indiquer par les lettres initiales. Si les Evangélistes sont représentés par leurs animaux symboliques, on donne assez souvent le nimbe à ces animaux.

Quant aux Saints de l'Ancien Testament, ils portent communément le nimbe en Orient ; mais en Occident il est rare qu'on le leur accorde (1).

Par extension, comme on le voit à la cathédrale de Strasbourg, on a gratifié du nimbe les Empereurs, les Rois ainsi que les Papes, parce qu'ils sont les dépositaires de la puissance divine. En Orient, cet ornement était accordé à toute personne *exerçant* la puissance ; le démon lui-même était nimbé, cette idée toute byzantine a été adoptée par quelques-

---

(1) Au portail de la cathédrale d'Angers, les saints de l'Ancien Testament qui garnissent les tableaux sont nimbés ; les ornements du nimbe, les broderies et l'agencement des vêtements, tout annonce une influence byzantine, qu'on remarque encore ailleurs dans l'ouest de la France.

uns de nos artistes ainsi que celle de donner un nimbe à Judas ; son caractère d'Apôtre subsistait malgré sa perfidie. A Reims, les vierges folles sont nimbées comme les vierges sages, c'est leur chasteté qui est glorifiée.

On donne aussi le nimbe aux vertus personnifiées par des allégories.

Avant de nous occuper du nimbe carré ou losangé, nous devons parler des différents modes d'ornementation du nimbe, car ces ornements s'appliquaient au nimbe circulaire.

Le nimbe circulaire peut être *double*, c'est-à-dire ayant un double cercle à sa circonférence.

Orlé, lorsque la ligne de la circonférence est saillante ;

Perlé, c'est-à-dire garni d'un ou de deux rangs de perles ;

Festonné, quand la circonférence est formée d'une bandelette enrichie de broderies ou de festons ;

Polylobé, quand la circonférence est garnie de lobes ; quelquefois ces lobes se prolongent jusqu'au centre du disque ;

Rayonnant, lorsque le disque est environné de rayons lumineux droits, ou flamboyants ou alternés.

Le disque est le plus souvent lisse, cependant on en trouve dont le champ est strié tantôt en zigzags, tantôt en ondulations, ou bien orné de légères broderies. Le disque est transparent quand il est seulement indiqué par des traits ; il est opaque quand il forme saillie.

Le cercle est le symbole du ciel, le carré au contraire symbolise la terre. C'est pourquoi les artistes du moyen-âge donnent le nimbe circulaire aux personnes qui ont déjà quitté la terre ; quant aux personnes vivantes, quelle que soit leur dignité, elles n'ont que le nimbe carré. Il est fréquent en Italie, mais on ne le rencontre pas en France. Quelquefois ce nimbe s'allonge et ressemble à un volumen ou à un cartouche un peu large.

Les Italiens ont aussi donné à Dieu le nimbe carré, mais dans ce cas ils l'ont placé en losange, c'est-à-dire un angle en haut.

Le nimbe était connu des peuples anciens ; on sait que les Romains environnaient de cet ornement la tête de leurs dieux et de leurs empereurs : il suffit pour s'en convaincre de jeter un coup-d'œil sur leurs monuments et sur leurs médailles. C'est peut-être par scrupule, et pour ne point adopter un ornement que le paganisme avait profané, que les premiers chrétiens répugnèrent à l'admettre. Quoi qu'il en soit, on prétend que pendant les quatre premiers siècles de l'église il fut inconnu, et il est à croire que les sarcophages, qui le représentent, ne sont que du Ve. ou du VIe. siècle. Pendant la première époque de la période romano-byzantine, il n'est pas constant et il semble être admis à volonté ; à partir du XIe. siècle et pendant toute la période ogivale, il devient en quelque sorte un attribut obligé pour Dieu, la St[e].-Vierge, les Anges et les Saints : les exceptions sont rares.

Avant le XIIe. siècle, il est diaphane, c'est-à-dire, il ne présente pas la figure d'un corps solide. Au XIIIe. et au XIVe., il devient opaque ; après le XIVe., le disque se rétrécit, il devient plus épais ; au XVe. siècle, on le défigure, on en fait une espèce de toque qu'on incline souvent sur l'oreille ; enfin, à l'époque de la renaissance, on fait disparaître la circonférence du nimbe qu'on remplace par des rayons égaux ou inégaux. Au portail de St.-Gilles, le Sauveur porte un nimbe sans disque à rayons droits et flabelliformes alternés ; cette forme, au XIIe. siècle, est très-rare. Enfin, préférant le *lambere flamma comas* de Virgile au *gloria et honore coronasti eum* de David, on s'est contenté quelquefois de placer une langue de feu sur la tête du Sauveur et sur celle de ses anges déguisés en génies.

Le nimbe, d'après ce que nous avons dit, est donc un

signe caractéristique auquel on peut reconnaître la dignité de
ceux qui en sont ornés. Il est un autre caractère qu'il ne
faut pas oublier, c'est la nudité des pieds. Dans les premiers
siècles de l'église, on trouve bien sur les sarcophages chrétiens Jésus-Christ et les Apôtres avec des sandales; mais
depuis cette époque, les trois personnes divines, les anges,
les évangélistes, les apôtres et saint Jean-Baptiste, sont tou-

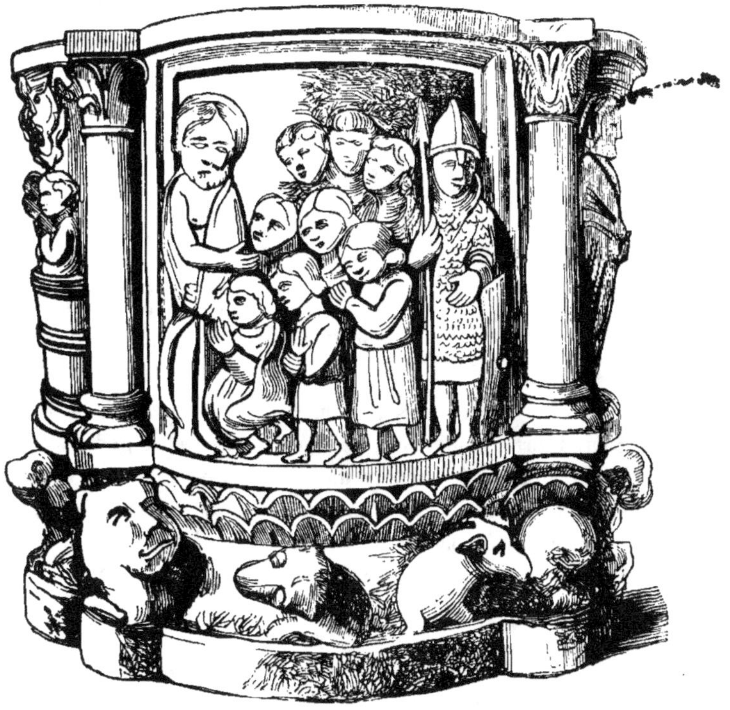

jours déchaussés, c'est le contraire pour les autres saints

personnages, et pour Marie elle-même. Les exceptions à cette règle sont extrêmement rares (1).

Cependant, on rencontre quelquefois les prophètes avec les pieds nus. Si donc on trouve un personnage déchaussé ; il faut examiner s'il porte le nimbe crucifère, dans ce cas, c'est une des personnes divines ; si le nimbe n'a pas cette marque, c'est ou un Ange ou un Apôtre, mais il est facile de distinguer les apôtres des anges qui sont ailés.

Les Grecs donnent aussi des ailes à saint Jean-Baptiste, et comme il a les pieds nus, on pourrait le confondre avec les anges, si la barbe qu'il porte et son vêtement de poils de chameau ne le distinguaient des esprits célestes.

CHAPITRE 6.

LA TRINITÉ.

Symboles Trinitaires. — Eglise de Paray-le-Monial. — Monastère de St.-Riquier. — Images de la Trinité.

Un seul Dieu en trois personnes dictinctes, Père, Fils et Saint-Esprit, toutes les trois égales en perfection ; tel est le grand et ineffable mystère du Christianisme ; tel est le fondement de toute la religion. Il y en a trois, dit saint Jean, qui rendent témoignage dans le Ciel, le Père, le Verbe et l'Esprit-Saint, et ces trois ne font qu'un (2). C'est au nom de ces trois adorables personnes que le chrétien reçoit dans

(1) Quand on remarque parmi les prophètes un personnage ayant les pieds nus, tandis que les autres sont chaussés, c'est Isaïe. *Vadens nudus et discalceatus.* Isaïe, xx. 2.

(2) Tres sunt qui testimonium dant in cœlo, Pater, Verbum et Spiritus sanctus et hi tres unum sunt. Joan. ep. 1, cap. 5-7.

le baptême le caractère d'enfant de Dieu et qu'il acquiert des droits au céleste héritage (1).

Par impuissance ou par respect pour cet auguste mystère, les premiers chrétiens n'eurent pas recours aux symboles iconographiques pour le représenter. En effet, on trouve bien dans les catacombes chacune des personnes divines exprimée par des symboles ; le Père par une main bénissante ou présentant une couronne ; le Fils sous la figure d'un agneau, d'un lion, d'un poisson, etc., ou bien remplacé par le signe de la Rédemption, quand on ne lui donnait pas la forme humaine ; et le Saint-Esprit sous la figure de la colombe : on retrouve bien la main du Père qui bénit le Fils, ou bien la colombe divine qui repose sur lui ; mais on ne voit pas les trois personnes groupées ou même réunies.

Ce n'est qu'au IVe. siècle que paraissent d'une manière claire et distincte les symboles trinitaires, soit dans la disposition des églises, soit dans leur ornementation. Au commencement du Ve. siècle, saint Paulin, évêque de Nole, expliquant des peintures qui ornaient les murailles de l'église de saint Pierre, dit que la Trinité tout entière y est représentée ; le Fils est dans le fleuve, le Père fait entendre sa voix et le St.-Esprit, sous la forme d'une colombe, descend sur Jésus-Christ (2).

Quand la paix fut rendue à l'église, les chrétiens, au sortir des catacombes, se réunirent pour prier dans les basiliques que les Empereurs leur avaient concédées. Ils adoptèrent le plan de ces basiliques dans les nouvelles églises qu'ils avaient à construire ; mais ils donnèrent à ce plan, par une légère modification, une disposition cruciale en prolongeant les côtés

(1) Euntes docete omnes gentes, baptisantes eos in nomine Patris et Filii et Spiritûs sancti. Math. XXVIII, 19.

(2) Stat Christus in amne : vox patris cœlo tonat : et per columbam Spiritus Sanctus fluit.

du transept. Cependant, non content d'avoir marqué leurs

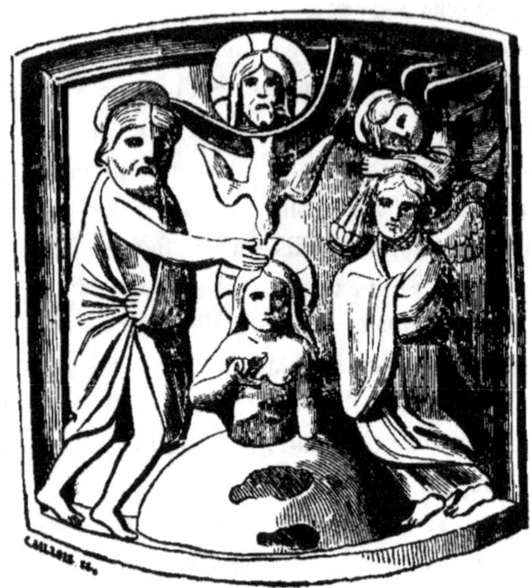

églises du signe de la Rédemption , ils voulurent que le grand
mystère de la Trinité y fût exprimé. Il convenait que le tabernacle que Dieu s'était choisi pour habiter au milieu des
hommes , semblât continuellement retentir , même dans les
moments d'un mystérieux silence , du divin trisagion que les
Séraphins répètent sans cesse devant le trône éternel : Saint,
Saint, Saint (1).

Chaque église eut ses trois absides ; plus tard ces absides
eurent chacune leur autel , et chaque autel fut éclairé par
trois fenêtres. L'époque de transition a pu quelquefois, comme
à la Charité-sur-Loire, augmenter le nombre des chapelles
absidales ; mais le nombre trinitaire des fenêtres a toujours
été considéré comme sacré , et les rares exceptions qu'on
pourrait rencontrer , devraient être regardées , pendant la

(1) Seraphim clamabant Sanctus , Sanctus , Sanctus. *Isaïæ* , 6-3.

période romano-bysantine , comme nécessitées par quelques circonstances impérieuses. Il nous serait facile de citer grand nombre de monuments à l'appui de ce principe. Les architectes de l'école de Cluny reproduisirent les trois fenêtres symboliques dans toutes nos églises de Bourgogne , de la période romano-bysantine ; la crypte et la chapelle de Sainte-Julitte , à la cathédrale de Nevers , les chapelles absidales de l'ancienne église de St.-Sauveur et de St.-Etienne de la même ville , celles de la Charité-sur-Loire (1) , de St.-Révérien , diocèse de Nevers, celle de Paray-le-Monial , diocèse d'Autun, ont toutes leurs trois fenêtres ; si maintenant nous nous avançons vers le Midi , nous trouvons constamment la même disposition , à St.-André-le-Bas à Vienne, à St.-Guillem-du-Désert (IXe. siècle), au diocèse de Montpellier, à St.-Michel-de-Gaillac , à St.-Caprais d'Agen , à Maguelonne , à St.-Sernin de Toulouse , etc. , etc.

Nous insistons sur ce point, parce que nous avons vu avec peine plusieurs églises nouvellement construites dans le style du XIIe. siècle , qui s'éloignent de cette disposition traditionnelle. Nous eussions désiré rencontrer les fenêtres trinitaires , dans l'abside de la magnifique église de St.-Paul de Nîmes ; ce monument, d'une exécution parfaite, fait honneur à l'architecte habile qui en a conçu les plans et qui en a surveillé l'exécution ; qu'il couronne son œuvre en réduisant ses fenêtres absidales au nombre symbolique. Le même oubli des traditions se fait remarquer dans la jolie église d'Ecully près de Lyon ; cette irrégularité , jointe aux défauts

(1) On trouve dans les chapelles absidales de la Charité cinq fenêtres ; ce fait ne contredit en rien le principe que nous soutenons ; chaque chapelle est composée de deux parties ; une travée et la demi-calotte ; la travée a ses deux fenêtres , mais les trois fenêtres symboliques éclairent la partie absidale.

des voûtes (1), frappe de suite les yeux d'un observateur un peu versé dans les principes archéologiques.

Ceux qui sont chargés de la construction de nos édifices religieux ou de la surveillance de semblables travaux, doivent faire une étude sérieuse de ces principes consacrés par nos pères.

Assez souvent on rencontre des absides dont les voûtes sont considérablement plus basses que celles de la région voisine, comme à St.-Jean de Lyon, à St.-Guillem-du-Désert, à Paray-le-Monial, etc. ; dans ce cas la nudité du mur qui s'élève d'aplomb d'une voûte à l'autre, est palliée par de nouvelles fenêtres trinitaires ; magnifique idée de placer au-dessus de la région primitivement réservée à l'autel, le symbole des trois adorables personnes divines. A Lyon, une belle rosace rayonne entre deux fenêtres à lancettes ; à St.-Guillem, une fenêtre cruciforme est placée entre deux *oculus*.

On ne se contenta pas d'ouvrir les fenêtres trinitaires dans la région absidale ; souvent les portails, les façades des transepts répétèrent le nombre sacré, et le nom de *triforium* qu'on a donné aux galeries intérieures indique encore qu'à chaque travée elles se trouvaient ornées de trois arcades *tres fores*.

Le XIIIe. siècle, du moins dans ses commencements, nous présente aussi dans ses absides octogonales les mêmes dispositions. L'église abbatiale de l'Epeau, près Donzy, et celle de Pougny (diocèse de Nevers) ont les trois fenêtres symboliques dans la région absidale ; on les retrouve aussi aux absides à angle droit, à la fin du XIIe. et au commencement du XIIIe. siècle, à St.-Verain, à Menou, à Tannay (diocèse de Nevers) et à Fontmorigny (diocèse de Bourges).

(1) L'architecte a eu la malheureuse idée de tirer ses jours aux dépens d'une partie des voûtes faites en berceau ; ce qui forme de distance en distance des segments de voûtes d'arêtes du plus disgracieux effet ; une semblable disposition nuit à la régularité de la nouvelle église de St.-Rambert, vis-à-vis l'Ile-Barbe, à Lyon.

L'époque ogivale ne tarda pas à multiplier ses angles, chaque pan eut sa fenêtre et l'ancienne tradition trinitaire disparut.

Ce n'était pas assez d'imprimer le symbole de la Trinité à quelques parties du plan général ; on alla jusqu'à faire reproduire le nombre sacré par chacune des parties, en sorte que la majesté du Très-Haut semblait remplir l'édifice, *majestas Domini implevit domum* (Paral. 27). L'église de Paray-le-Monial présente partout le nombre 3 ; cette église, en forme de croix latine, mais se rapprochant de la croix grecque, est divisée en trois nefs : chaque nef est composée de trois travées ; les croisillons du transept sont de même divisés en trois travées, chaque travée a une arcature aveugle, formée de trois arcs et surmontée de trois fenêtres ; le portail occidental, les pignons des croisillons ont aussi leurs trois arcs obscurs et leurs trois fenêtres, les trois chapelles absidales sont éclairées chacune par trois ouvertures. La voûte du chevet est plus basse que la voûte de la région voisine, et l'espace qui les sépare est orné de trois fenêtres, une baie longue en plein cintre entre deux *oculus ;* enfin, le sanctuaire est environné de neuf arcades, surmontées de neuf fenêtres ; 9 est le carré de 3, c'est le nombre générateur qui produit, c'est aussi le nombre angélique ; l'autel, trône de l'Agneau, est placé au milieu des 9 chœurs des Anges. Si nous venons à considérer l'extérieur de cette église, nos regards habitués au nombre 3 si multiplié à l'intérieur, sont frappés de la vue des 3 clochers dont les voix d'airain proclament la gloire du Dieu trois fois saint. Il est impossible de ne pas reconnaître un plan arrêté par une pensée de foi, dans ce nombre 3 si souvent répété.

Nos Bénédictins du XII⁰. siècle n'étaient en cela que les fidèles imitateurs de leurs devanciers. Déjà, au commencement du IX⁰. siècle, saint Angilbert avait fait construire sur un plan triangulaire le célèbre monastère de St.-Riquier ; à chaque angle se trouvait une église avec trois chapelles absidales et trois autels, un dans chaque abside. Trois portes donnaient entrée dans le monastère ; trois chapelles, une à chaque porte , étaient dédiées aux trois archanges , saint Michel, saint Gabriel, saint Raphaël ; le personnel même du monastère était divisé en trois chœurs ; tout rappelait le nombre trinitaire (1).

Vers la fin du même siècle, Fleury, aujourd'hui Saint-Benoist-sur-Loire, présentait les mêmes dispositions avec le même symbolisme.

Nous avons dit que , jusqu'au IVe. siècle, l'iconographie chrétienne n'avait point encore réuni les trois personnes divines , du IVe. siècle au IXe., on les trouve réunies, mais non encore groupées, tantôt verticalement, tantôt horizontalement ; le Fils et le St.-Esprit sont souvent alors représentés par leurs symboles, et une main nimbée , rappelant la puissance du père, sort des nuages.

Vers le Xe. siècle on commence , mais timidement, à grouper les trois personnes et en même temps on se hasarde déjà à représenter le Père sous la forme humaine du même âge que le Fils, et quelquefois le St.-Esprit sous la même forme, mais plus jeune. On ne répudia cependant pas pour cela les anciens symboles. Ces dispositions furent les mêmes jusqu'à la fin de la période romano-bysantine. Nous devons ici faire mention d'un chapiteau de l'église de St.-Révérien , diocèse de Nevers, XIIe. siècle ; un édicule sculpté sur ce chapiteau est surmonté de trois tours, celle du milieu porte une croix à son sommet ; dans l'intérieur on voit deux personnes assises et se contemplant , ou conversant ensemble ; au-dessus de ces deux personnes paraît une tête de telle manière , que les trois têtes sont disposées en triangle ; comme le même chapiteau rappelle sur ses autres faces

____

(1) Acta ss. ord. Bened. de 800 à 8 ss.

la résurrection des corps, le jugement, l'enfer, il est évident que cette quatrième face représente le paradis et les trois personnes de la St^e-Trinité. Cependant on ne voit ni nimbe, ni gloire; mais le ciel entier est rempli de la gloire de Dieu, il n'est pas nécessaire de la circonscrire entre des lignes.

A la fin du XIIe. siècle, on rencontre un sujet qui fut largement exploité au XVe. et au XVIe. ; le Père tient devant lui le fils en croix, et le St.-Esprit en colombe plane ou se repose au haut de la croix.

Le XIIIe. siècle environne souvent d'une même auréole les trois personnes divines, ou les remplace par trois cercles égaux enlacés les uns dans les autres.

Au XIVe. siècle, on conserve les mêmes types ou on enveloppe d'un même manteau les trois personnes divines, en leur donnant un attribut distinctif. Le Père porte la boule du monde, le Fils sa croix et le St.-Esprit le livre de la sagesse (1). On voit aussi quelquefois le Père tenant un triangle auquel le Fils et le St.-Esprit, en homme, portent la main. Ce motif ne paraît guère avant la fin du XVe. siècle ou le commencement du XVIe.

Le XVe. siècle et le XVIe. , tout en copiant les siècles précédents, imprimèrent aux mêmes sujets un cachet particulier, un genre de faire qui leur est propre. On se passionna surtout pour les figures trinitaires à trois bouches, trois nez; type que l'église a toujours réprouvé, parce qu'il ne peut être justifié ni par l'écriture ni par la tradition.

Cette manière de représenter la Trinité remonte au com-

____

(1) Ce n'était pas seulement dans les églises qu'on se plaisait, à cette époque, à reproduire le nombre trinitaire; on le retrouvait dans les actions les plus ordinaires et les plus communes; on lit dans une ancienne vie de Duguesclin, qu'avant de s'avancer contre les Anglais pour leur livrer bataille, il absorba trois soupes au vin en l'honneur des trois personnes de la St^e.-Trinité.

mencement du XIIe. siècle ; Abailard paraît en être l'auteur.

Nous lisons dans les Annales des Bénédictins que le trop fameux docteur de l'école de Paris , voulant donner à ses élèves une idée de la Trinité , avait fait tailler un bloc de pierre représentant trois corps adossés avec trois figures tout-à-fait semblables. Le premier portait pour inscription : *Filius meus es tu* , vous êtes mon Fils. Le second *: Pater meus es tu* , vous êtes mon Père, et le troisième , *ego utriusque spiraculum* , je suis le souffle de l'un et de l'autre (1).

Depuis cette époque cette triple figure se retrouva souvent ; un chapiteau du XIIIe siècle de Notre-Dame de Châlons-sur-Marne , nous l'a conservé , et les anciens missels manuscrits ne l'ont pas oubliée à la fête de la Trinité.

Saint Antonin réclama avec énergie contre cet abus : « Qu'ils sont coupables, s'écrie le saint archevêque de Florence , ces hommes qui, sans respect pour la foi, représentent la Trinité sous la forme d'un homme à trois têtes ; c'est une monstruosité (2). » Vers le même temps le chancelier Gerson prêchait publiquement contre la hardiesse de certains artistes qui , sans pudeur, entrouvraient les chastes flancs de Marie pour y montrer la présence des trois personnes divines. « Ces images, dit-il , ne sont ni belles ni édifiantes ; elles peuvent induire le peuple en erreur et affaiblir les sentiments religieux (3). »

On alla si loin et on donna si peu de majesté à ces images qu'en 1628 le pape Urbain VIII défendit de semblables représentations de la Trinité et ordonna de brûler celles qui avaient été faites par le passé.

En 1745 Benoist XIV confirma la décision d'Urbain VIII.

Enfin on s'arrêta au mode suivi encore aujourd'hui , on

(1) Ann. Bened. , tom. 6, pag. 81.
(2) Anton. parte III , tit. VIII , cap. 4.
(3) Gerson , in sermone de Nativitate.

représenta la Trinité par une gloire triangulaire , ou bien on
fit planer la colombe symbolique entre le Père portant le
globe et le Fils accompagné de sa croix.

CHAPITRE 7.

Dieu le Père représenté d'abord par des symboles. — Sous la forme humaine. —
La providence payenne et la providence chrétienne. — Bénédiction latine
et bénédiction grecque.

Quoique dans le chapitre précédent , en étudiant l'iconographie de la Trinité , nous ayons dit quelques mots de chacune des trois personnes divines , nous devons encore les
considérer prises séparément sous le rapport iconographique
pour le complément de notre travail.

Comment essayer de représenter Dieu le père ? comment
ne pas craindre de rappeler les erreurs du paganisme en
circonscrivant l'infini dans des lignes bornées , en donnant à
l'invisible , à celui qui est la source de toutes les perfections,
les formes grossières d'une créature imparfaite ? comment nos
pères auraient-ils combattu le culte des idoles , si les idolâtres,
dont l'ignorance ne pouvait comprendre que le culte des
images remontait plus haut , et que ces figures sensibles
n'étaient qu'un moyen pour fixer l'imagination et ne point
laisser divaguer la pensée , eussent été en droit de leur
reprocher les mêmes aberrations ?

Tels sont les principaux motifs qui arrêtèrent les chrétiens
pendant les huit premiers siècles de l'église et qui les empê-
chèrent de donner la forme humaine à Dieu le père.

Ils se contentèrent d'indiquer sa providence et sa bonté
par une main sortant des nuages et bénissant. Cette main
divine , d'abord sans nimbe , puis ensuite avec le nimbe lisse
ou crucifère , se trouve sur les anciens sarcophages chrétiens,

6

soit lorsque Dieu donne sa loi à Moïse, soit lorsqu'il bénit la grande victime du salut.

Plus tard cette main mystérieuse exprime la providence d'une manière plus formelle ; lorsqu'à demi-fermée elle contient les ames des justes représentées sous la forme de petits êtres humains. *Justorum animæ in manu Dei sunt et non tanget illos tormentum mortis* (1).

Au VIIIe. siècle, lorsque l'hérésie des iconoclastes entreprit de détruire le culte qu'on rendait dans l'église aux images du Sauveur et des Saints, on ne voit point encore Dieu le père sous la forme humaine, car les nouveaux hérétiques n'eussent pas manqué d'invoquer un semblable fait pour combattre leurs adversaires ; et si le second Concile de Nicée, assemblé en 787, pour condamner les erreurs des iconoclastes, déclare qu'on peut honorer les images du Sauveur, de la Sainte-Vierge, des Anges et des Saints, sans parler des représentations de Dieu le père, il faut conclure que ces représentations n'existaient pas encore.

Cependant la pensée de l'église avait été définie dans ce Concile, et par suite on n'avait plus à craindre de fausses interprétations sur le culte des images ; les Pères y avaient déclaré formellement « qu'on pouvait placer des croix et des « images dans les églises, dans les maisons, même sur les « chemins ; savoir : les images du Sauveur, de la Vierge « immaculée, mère de Dieu, des Anges, des Saints, même « celles des hommes illustres par leurs vertus et qui n'étaient « pas encore considérés comme saints ; ces. représentations, « disent les Pères, servent à conserver leur mémoire et à « faire naître le désir de les imiter. Le Concile ajoute qu'on « peut baiser et vénérer ces images, mais non pas les adorer « d'une adoration véritable qui n'est due qu'à Dieu, parce

____

(1) Sap. 3-1.

« que l'honneur qu'on leur rend passe à l'objet qu'elles re-
« présentent (1). »

Après une définition si expresse sur le culte rendu aux
images, on ne pouvait plus accuser l'église d'idolâtrie ; le
IXe. siècle crut donc pouvoir tenter l'essai de donner à Dieu
la forme humaine. Il est facile de reconnaître une sorte d'indécision ; d'abord c'est sa tête seulement ou son buste sortant
des nuages, puis on va plus loin, le Père céleste prend la
figure et la forme de son Fils. On y était autorisé par Jésus-
Christ lui-même qui avait dit : celui qui me voit voit mon
père qui m'a envoyé (2). Au reste, et c'est la pensée de
Benoist XIV, on pouvait bien le représenter ainsi ; « Adam
« avait entendu sa voix dans le paradis terrestre, Jacob
« l'avait aperçu au haut de l'échelle mystérieuse, et Moïse
« dans le buisson ardent. Il avait apparu à Isaïe comme un
« roi assis sur un trône, et à Daniel sous la figure d'un
« beau vieillard revêtu de vêtements blancs. »

Au XIIe. et au XIIIe. siècles, il est aussi jeune que son
fils, et il n'a pas encore cette figure ridée, cette démarche
presque décrépite ; ces cheveux et cette barbe grise qu'on lui
voit plus tard ; au XVe. siècle était réservé de jeter l'iconographie dans une sorte d'hérésie.

Les artistes du XIe., du XIIe. et du XIIIe. siècle se plurent
à donner au Père tous les traits de Jésus-Christ. Cependant,
comme nous l'avons déjà fait observer, ils ne refusèrent pas
de conserver la main providentielle et bénissante qu'on retrouve encore après eux.

Au XIe. siècle, on voit à Notre-Dame-du-Port, de Cler-
mont, Dieu le père chassant Adam du Paradis terrestre et le
poussant d'un poing vigoureux.

(1) Concil. Lab. tom. 7.
(2) Qui videt me, videt patrem qui misit me. Joann. 8-9.

Au XIIe. siècle, déjà on le trouve tenant la croix où son fils
est attaché , type que les XVe. et XVIe. siècles ont adopté.

En Italie, on en a fait quelquefois le Dieu des combats
avec un glaive dans la main droite, et dans la gauche des
flèches et un carquois.

Le XIVe. siècle s'est peu éloigné du XIIIe. ; cependant on
peut lui reprocher d'avoir commencé à trop vieillir celui qui
est le maître du temps et dont les années ne défaillent pas (1).

Le XVe. siècle et le XVIe. l'ont souvent représenté sous
la figure d'un pape revêtu d'une riche chappe , la thiare

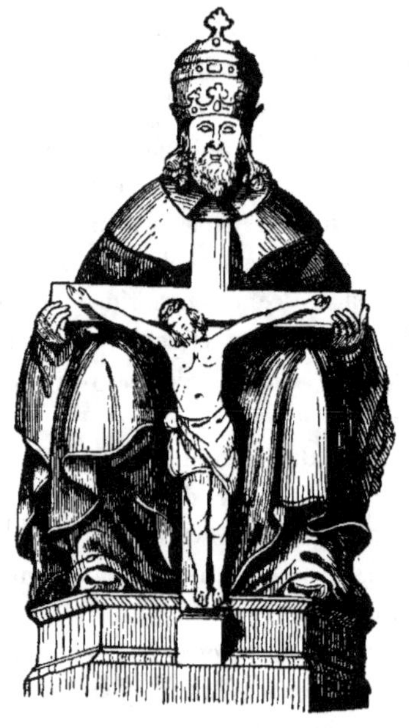

en tête, garnie de trois ou de cinq couronnes , soutenant

____

(1) Anni tui non deficient. Psal. 101-28.

devant lui la croix de son fils ou seulement son corps inanimé.

Enfin, on lui donne quelquefois la couronne impériale, emblème de son souverain pouvoir.

C'est ici le lieu de faire remarquer la différence qui existe entre la providence des païens et la providence des chrétiens. Les uns, aux yeux desquels la terre était tout, durent en faire une divinité toute terrestre. La baguette étendue vers le globe qui est à ses pieds et la corne d'abondance qu'elle porte indiquent bien qu'elle s'occupe de ce bas monde, mais là se borne son pouvoir; encore a-t-elle besoin de l'aide d'Antévorta, déesse du passé, et de Postvorta, déesse de l'avenir, qu'on lui donnait ordinairement pour compagnes.

Les Egyptiens cependant se rapprochaient plus de la vérité; chez eux, la providence était figurée par un sceptre au haut duquel était un œil ouvert.

Chez les Chrétiens, Dieu est un père toujours attentif aux besoins de ses enfants et qui leur prodigue tout à la fois et la graisse de la terre et la rosée du ciel; il ne se contente pas de fournir la nourriture et le vêtement, car il sait que l'homme ne vit pas seulement de pain : son esprit et son cœur ne sont pas oubliés.

De là, ces images gracieuses par lesquelles nos pères nous représentent la providence; ici, c'est une main qui bénit tout ce qui a vie sous le ciel; là, elle présente la couronne d'immortalité; ailleurs, elle sert de soutien aux ames qui ont mis en elle leur confiance; d'autres fois, c'est un bras qui paraît tout entier pour indiquer l'abondance de ses grâces, c'est la puissance qui vient seconder l'amour. Cette bénédiction divine n'est pas la même chez les Grecs et chez les Latins; cependant, on découvre facilement la pensée cachée sous cette double forme symbolique. Chez nous, le pouce, l'index et le doigt du milieu sont étendus; les deux autres sont baissés et serrés contre la main, c'est pour rappeler les trois augustes personnes de la sainte Trinité, qui se plaisent à combler de grâces le chrétien fidèle, et qui veulent choisir son cœur pour leur sanctuaire. Les Grecs allongent l'index, courbent le doigt du milieu, croisent le pouce sur l'annulaire et courbent le petit doigt, formant ainsi les quatre lettres de l'alphabet grec qui composent le monogramme de Jésus-Christ. L'index présente l'iota I, le medius l'ancien sigma C, l'annulaire et le pouce le X chi, enfin le petit doigt le sigma Σ IΣ-XΣ. La terre, en effet, a été maudite ; l'homme est sous le poids de l'anathême, et les bénédictions célestes ne peuvent se répandre sur lui que par Jésus-Christ.

CHAPITRE 8.

Dieu le fils. — Avant son incarnation. — Verbe incarné. — Enfant.—Adolescent. —
Docteur.—Pasteur.—Rédempteur. — La croix et ses variétés. —
Jésus en Croix.—Vainqueur.—Glorifié.—Juge.—
Cryptes de St.-Etienne d'Auxerre.

Si les artistes chrétiens ont fait paraître tant d'hésitation avant de donner à Dieu le père la forme humaine, ils avaient les mêmes motifs pour la seconde personne divine considérée comme Verbe. Cependant, la splendeur du Père s'était manifestée aux hommes : le Verbe s'était fait chair et avait habité au milieu d'eux ; il s'était revêtu lui-même de la nature humaine ; la difficulté cessait. Aussi, dès les premiers siècles de l'église, on retrouve son image vénérée dans les catacombes, type que la tradition s'est plu à reproduire de siècles en siècles.

Une physionomie grave et sévère, la figure oblongue, les yeux bleus et vifs, des cheveux lisses sur le haut de la tête, ondulés vers les oreilles et bouclés sur les épaules, une barbe fourchue couleur lie de vin comme les cheveux, un teint clair, les doigts longs, le port majestueux, la taille haute et proportionnée ; tels sont les principaux traits de ce type traditionnel.

Sur les premiers monuments, le Sauveur est presque toujours sous la figure d'un jeune homme : « La figure du Christ, dit M. Didron dans son histoire de Dieu, jeune d'abord, vieillit de siècles en siècles à mesure que le christianisme gagne lui-même en âge. » Ce fut vers le XIIe. siècle qu'on cessa de le montrer habituellement imberbe ; alors l'iconographie détermina son âge d'après les différentes époques de sa vie qu'elle avait à produire. Il est presque réduit à l'état de fœtus au moment de l'incarnation et aux époques antérieures à sa naissance ; il est enfant à Bethléem et à Nazareth ; avec des traits plus formés au milieu des docteurs ; on le voit homme fait pendant sa vie publique ; brisé par la douleur sur la croix ; glorieux en sortant du tombeau ; grave, mais doux, lorsqu'il étend sa main pour bénir ; sévère et redoutable quand il paraît comme juge.

Jésus-Christ avait dit (1) : mon père et moi nous ne faisons qu'un ; tout ce que le père a fait, le fils le fait : sous l'impression de ces paroles, nos sculpteurs et nos peintres devancèrent quelquefois l'incarnation du Verbe et le représentèrent avec un corps avant l'époque de sa naissance, c'est ainsi qu'ils nous le montrent créant l'homme ou se manifestant dans plusieurs scènes de l'Ancien Testament.

---

(1) Ego et pater unum sumus. Joann. 10. Pater in me est et ego in patre. id. 10. Quæcumque pater fecerit, hoc et filius similiter facit. Id. 5.

Pour mettre plus d'ordre dans ce que nous avons à dire sur l'iconographie du Sauveur , après avoir considéré Jésus-Christ comme pélerin et recevant de son père sa sublime mission , puis incarné dans le sein de Marie , nous étudierons Jésus enfant , Jésus docteur , Jésus pasteur , Jésus rédempteur , Jésus vainqueur , Jésus triomphateur , Jésus glorieux , Jésus juge.

1°. *Jésus* avant son Incarnation ne se rencontre guère aux époques antérieures au XIVe. siècle , si on en excepte quelques circonstances dans lesquelles , comme nous l'avons dit plus haut , il remplit dans des scènes de l'Ancien Testament les fonctions qui semblent ne convenir qu'au Père. Au XIVe. siècle, on le fait paraître devant son père sous la forme d'un petit être humain, tel qu'on représente les ames aux siècles précédents : c'est le moment solennel que Dieu , dans ses éternels décrets, a choisi pour mettre fin aux misères de la terre ; les victimes et les holocaustes ne pouvaient lui être agréables, il lui fallait une autre victime ; son divin fils vient donc se proposer lui-même. A sa posture suppliante et résignée, on comprend toute l'étendue de sa générosité , car il semble que déjà on peut prévoir toutes les souffrances qu'il aura à endurer. Le Père éternel lui présente le bâton de pélerin et la panetière ou sac que porte le pauvre. Jésus-Christ, car on peut déjà lui donner ce nom (1) , va donc commencer son long et douloureux pélerinage. On le retrouve aussi, au XIVe. siècle, venant rapporter à son père le bâton et la panetière, après avoir accompli sa mission. Le chevalier , après les combats , se plaisait à suspendre ses armes dans la salle d'honneur de son castel ; et le pélerin , après ses voyages , rapporte dans sa maison, sa gourde, son bourdon, et sa collerette

____

(1) Antequàm in utero conciperetur. Luc. cap. 2.

chargée de coquilles qu'il a ramassées sur les plages étrangères.

Le XIVe. siècle avait emprunté au XIIe. le type de Jésus pélerin ; la seule différence qui existe entre ces deux époques, c'est que l'une présente Jésus pélerin avant sa naissance, tandis que l'autre, le XIIe., le représente ainsi pendant sa vie. Sur un des chapiteaux de la cathédrale d'Autun, Jésus voyageur porte la panetière et le bourdon ; il parcourt la Judée en guérissant les malades : *pertransiit benefaciendo*. On voit encore ce divin pélerin au portail de la cathédrale de Reims ; là, il est chaussé, ce qui semble compléter son costume de voyageur.

2°. *Le Verbe incarné* dans le sein de Marie ne se rencontre pas avant la dernière époque de la période ogivale ; il est nu, sous la forme d'un petit enfant, environné de rayons lumineux, et Marie, les mains jointes, adore celui qu'elle porte en elle. Il faut avouer qu'il n'est pas tout-à-fait, selon les convenances, d'entrouvrir en quelque sorte le sein de Marie pour montrer, par avance, aux hommes, le Verbe fait chair ; mais on sait que les artistes de la fin du XVe. siècle et ceux du XVIe. ne se laissaient pas arrêter par de semblables *scrupules*.

3°. *Jésus enfant* est représenté à tous les âges de l'église par les sculpteurs et par les peintres ; c'est sa naissance, c'est l'adoration des Bergers et des Mages, la fuite en Egypte, la Présentation au Temple ; c'est le Sauveur sur les genoux ou entre les bras de sa sainte Mère. Les plus anciens monuments nous offrent ces différentes scènes, et les artistes des siècles suivants les ont tous reproduites. Presque toujours, au moyenâge, on met entre les mains du Sauveur, même enfant, le livre de la sagesse et de la science.

Cependant il faut remarquer que si nous rencontrons Jésus enfant à tous les âges de l'église, son image n'est pas partout et toujours la même. Jusqu'au XIVe. siècle, il n'est jamais nu , il est couvert de sa petite robe ; ce fut au moment de la décadence de l'art chrétien qu'on ne craignit pas de montrer le divin enfant dans un état de nudité complète ou presque complète.

4°. *Jésus adolescent.* Qu'elle est douce et gracieuse cette figure de Jésus adolescent , qu'on rencontre sur les premiers monuments chrétiens , lorsqu'après la chute de l'homme et sa condamnation au travail , il présente à Adam une gerbe de blé et à Ève un agneau : l'un doit manger son pain à la sueur de son front , l'autre doit s'occuper des soins du ménage ; c'est le Messie promis , qui apparaît à nos premiers parents 4,000 ans avant sa naissance , et leur procure le moyen d'accomplir leur pénitence. Peut-être, dans la pensée de l'artiste, le Sauveur leur dévoile-t-il en même temps ces mystérieux symboles , et leur fait-il contempler de loin le pain Eucharistique, et l'Agneau sans tache qui doit effacer les péchés du monde.

5°. *Jésus docteur.* Nous trouvons, dès les premiers siècles , le Sauveur remplissant les fonctions de docteur, sous la figure d'un agneau nimbé ou portant simplement sur sa tête une croix; tantôt il est placé sur un tertre du pied duquel s'échappent les quatre fleuves, figure des quatre évangélistes; tantôt il est environné de 12 autres agneaux qui le contemplent et paraissent l'écouter; quelquefois le nombre des agneaux est indéterminé.

On le voit encore sur les fresques des catacombes entre saint Pierre et saint Paul , tenant le livre de la sagesse ouvert et donnant ses conseils à ceux qui doivent être les chefs de son église.

Ailleurs il est assis sur un siége élevé, tenant en main le volumen de la Loi ancienne que lui seul peut dérouler; la même pensée inspirait à l'abbé Suger le vitrail de St.-Denis, sur lequel Jésus enlève le voile de la synagogue personnifiée , et dissipe par l'éclat de sa lumière les ténèbres qui empêchaient de voir clairement la loi et les prophètes.

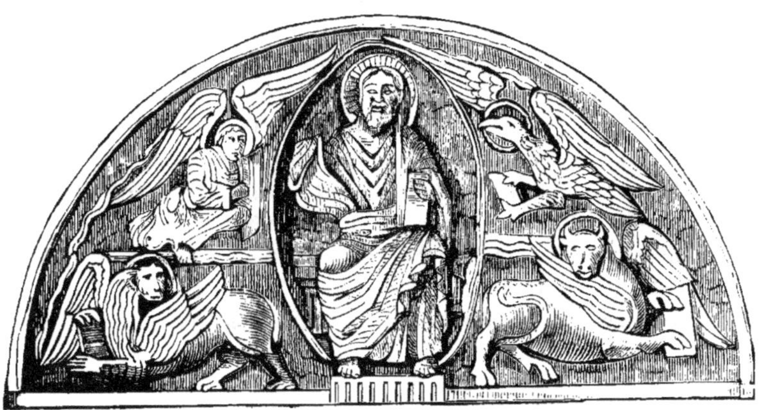

Les XIe. et XIIe. siècles nous le montrent tenant de la main gauche le volumen antique roulé, et le livre de l'Évangile sur ses genoux, tandis qu'il bénit de la main droite et semble féconder la divine parole ; puis, on le voit fréquemment entre les animaux évangéliques ; c'est toujours Jésus docteur, dictant les divins oracles.

Sur un des compartiments de l'autel en marbre, donné par Grégoire VII à l'église de St.-Guillem-du-Désert, Jésus adolescent se tient debout avec son livre, au milieu de ces animaux symboliques.

Quelquefois les artistes, trop serviles traducteurs du texte évangélique, ont voulu représenter avec une exactitude rigoureuse *Jésus-Christ au milieu des docteurs*. Le Sauveur placé sur un siége élevé est entouré des docteurs de la Loi qui forment un cercle autour de lui.

6°. *Jésus pasteur.* C'est un de ces types que nos premiers chrétiens se plaisaient à reproduire. Les fresques des catacombes nous font voir Jésus paissant ses brebis , ou ramenant au bercail celles qui se sont égarées. Quelquefois jeune berger , revêtu d'une légère tunique , il soutient d'une main la brebis qu'il porte sur ses épaules , et de l'autre il tient le pipeau champêtre.

Tertulien , dans son livre *de pudicitiâ* (1) , nous apprend que les calices dont on se servait de son temps étaient ornés de l'image du bon Pasteur rapportant à la bergerie la brebis égarée ; et Eusèbe , dans la vie de Constantin (2) , rapporte que ce prince , après sa conversion , se plaisait à contempler cette image ; il l'avait fait représenter sur la fontaine placée au milieu de la place publique. La première époque de la période romano-bysantine conserva cet emblême si touchant.

7°. *Jésus Rédempteur.* Il faudrait ici un volume entier pour indiquer et les formes de la croix , et la pose du Sauveur et l'expression de ses traits , et les différents personnages réels ou allégoriques qu'on fait assister à ses derniers moments.

Jusqu'au Vᵉ. siècle , ne cherchons pas le Christ en croix , nous ne le retrouverons pas ; il semble que les premiers chrétiens craignaient de scandaliser les nouveaux convertis en leur présentant le Sauveur sous la forme d'un esclave supplicié , ou plutôt ils éprouvaient peut-être le besoin de méditer sur son triomphe pour s'encourager dans leurs combats.

Ils se plurent cependant à reproduire et à entourer de vénération l'image de l'instrument de ses douleurs. Ils conser-

---

(1) Tert. de pudicitiâ, cap. 10. Pastor quem in calice depingis.

(2) Eus. lib. 3 , de vitâ Constantini , chap. 49. Vidisses igitur in fontibus qui sunt in medio fero , boni Pastoris imagines.

vèrent la forme naturelle en la spiritualisant en quelque sorte, ou bien, ils lui donnèrent des formes variées et plus gracieuses ; ce n'était plus un gibet, c'était un signe glorieux (1).

Tertulien, dans plusieurs passages, nous parle de la vénération qu'avaient pour la Croix les chrétiens de son temps ; *Qui crucis nos religiosos putant. Apocal. c.* 16. Mais lorsque Constantin eut vu briller dans le Ciel ce signe auguste qui lui assurait la victoire, le triomphe de la Croix devint public et constant. Dès lors la Croix prit sur les étendards la place des aigles romaines, et le chrisme brodé sur les pennons par les mains des premières dames de l'Empire, flotta dans les airs. Une croix d'or enrichie de diamants s'élevait au sommet du palais impérial ; c'était aux yeux de l'Empereur le Palladium et la sauve-garde de ses Etats (2).

La Croix couvrait encore de son ombre protectrice le front des Césars, et le riche diadême que Constantin légua à ses successeurs, était pour eux moins précieux par les pierreries dont il était orné, que par le clou teint du sang divin que la pieuse Hélène y avait fait enchasser (3).

Ne nous étonnons plus de voir dès cette époque les basiliques prendre la forme de la croix, ne nous étonnons plus de voir les siècles suivants conserver avec respect cette forme consacrée ; plus tard, l'art ogival, pour rappeler la position du Sauveur mourant inclina la branche supérieure de cette croix.

(1) Corona enim est Crux et non ignominia. S. Cyrill. hyeros. catech. 13, n°. 11. Depingamus et insculpamus in januis nostris. St. Epiph. sermo in vivif. crucem.

(2) Hoc tanquam præsidium et tutelam imperii, piissimus princeps statuisse mihi videtur. Euseb. lib. 3, de vitâ Constantini, cap. 49.

(3) Claves crucis ejus diademati suo præferunt imperatores. S. Ambros. orat. de obitu Theodosii.

Avant de considérer Jésus en croix, jetons un coup-d'œil rapide sur les différentes variétés de la Croix. Les principales sont la croix en T, la croix à une seule traverse, à deux traverses ou à trois traverses.

La croix en T, qu'on appelle croix-potence, est la croix de l'Ancien Testament; c'est sur cette potence qu'on plaça le serpent d'airain, figure de celui qui devait guérir les plaies des hommes: on retrouve cette forme dans l'église d'Agdes et dans celle de Bellaigue en Auvergne.

La croix à quatre branches ou à une seule traverse est la véritable croix, c'est le type le plus connu; on la distingue en croix latine, croix grecque et croix mixte.

La croix latine a la partie inférieure plus allongée que les bras et le sommet.

La croix grecque a les quatre croisillons égaux et peut être circonscrite dans un cercle, sans perdre rien de sa forme (1).

La croix mixte est croisée au milieu comme la croix grecque, mais la partie inférieure et la partie supérieure de la hampe sont entr'elles d'égale longueur et plus allongées que les croisillons.

La croix à double traverse a la traverse supérieure moins longue que la traverse inférieure, on la nomme croix d'archevêque et croix de Lorraine; la seconde traverse est peut-être pour rappeler l'écriteau placé au-dessus de la croix du Sauveur. Le plan de l'église de St.-Gilles offre une croix à double traverse. Toutes les variétés que nous avons indiquées jusqu'ici se rencontrent dans les plans d'églises.

---

(1) La véritable croix grecque serait la croix à double traverse ou croix de Lorraine. Cependant on donne ordinairement ce nom à celle dont les croisillons sont égaux.

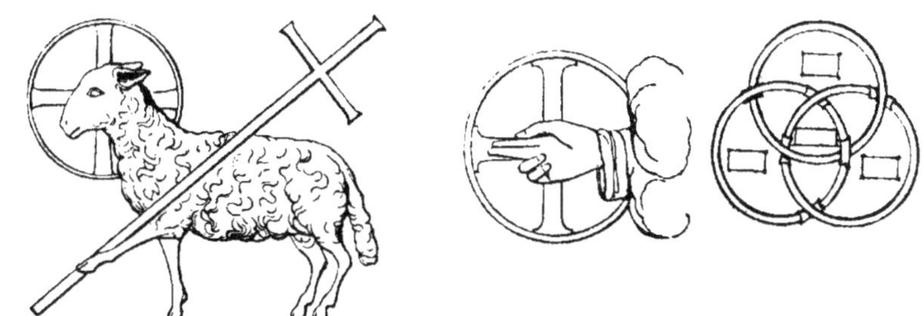

N°. 1 et n°. 2 en tête du chapitre de la Trinité, page 72.

N°. 3 à la fin du même chapitre, page 84.

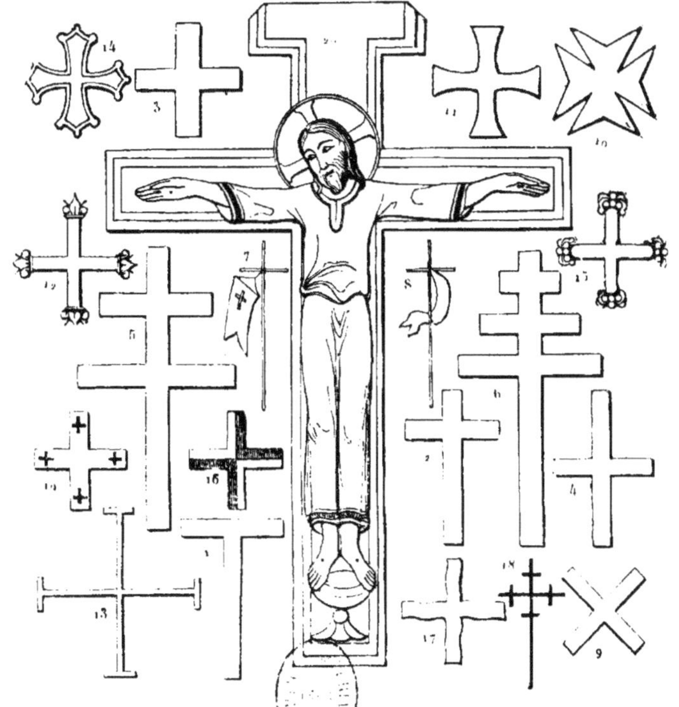

La croix à trois traverses est la croix désignée pour marquer la puissance papale, tandis que les archevêques ne portent que la croix à deux traverses, et les évêques la croix ordinaire; ces distinctions hiérarchiques ne remontent pas au-delà du XV°. siècle.

Il ne faut pas confondre non plus la croix de passion et la croix de résurrection.

La croix de passion conserve ses formes lourdes et pesantes, c'est un véritable gibet.

La croix de résurrection au contraire, qu'on nomme encore croix pascale, croix triomphale, présente des formes presqu'aériennes, et rappelle les qualités que possédait le corps du Sauveur après sa résurrection glorieuse. Elle est ordinairement surmontée d'un étendard.

La croix qu'on donne ordinairement *à saint Jean-Baptiste* est une croix triomphale; mais au lieu d'un pennon qu'on voit flotter à la croix pascale, elle n'a qu'une simple banderolle portant les mots : *Ecce agnus Dei.*

La croix de procession, véritable étendard, n'est pas une croix de passion ni une croix de résurrection; elle tient de l'une et de l'autre, de la croix de résurrection, par sa forme délicate, de la croix de passion, puisque le Sauveur y est attaché. Telle est, en effet, la marche de l'église, telle est sa vie; elle partage tout à la fois les combats et les triomphes de son divin époux.

Le blason a introduit une plus grande variété de croix qu'on retrouve aussi sur nos monuments religieux, nous ne ferons que les indiquer.

La croix de saint André, dont les traverses se croisent diagonalement.

La croix de Malte, dont les extrémités sont larges et entamées par un angle rentrant.

La croix patée qui ressemble assez à la croix de Malte,

seulement il y a plus de vide entre les croisillons, et les extrémités sont plates.

La croix ancrée, dont les branches se terminent par un double crochet en forme d'ancre.

La croix de Florence ou *fleurdélisée*, dont les branches sont terminées par la partie supérieure d'une fleur-de-lys.

La croix de Jérusalem ou potencée, dont les bras ont une traverse à leur extrémité.

La croix de Toulouse ou vidée, qui laisse voir le champ sur lequel elle est placée. La véritable croix de Toulouse est vidée, treflée et pommelée d'or.

La croix fleuronnée, dont les branches se terminent par des fleurons.

La croix écartelée divisée par deux lignes, l'une verticale, l'autre horizontale pour les traverses, et dont les parties divisées sont d'un émail différent.

La croix ondée, dont les bras se contournent en ondes.

La croix recroisettée, dont chaque bras est coupé à angle droit par une petite traverse, et qui présente ainsi quatre nouvelles croix, ou bien dont les traverses sont timbrées de quatre petites croix.

Enfin, on donne à la croix le nom des ornements qui la garnissent : croix d'hermine, de vair, losangée, échiquetée, écottée, etc.

Dès les premiers siècles de l'église, on trouve quelquefois le serpent au pied de la Croix.

Ce fut seulement vers le V⁰. ou le VI⁰. qu'on attacha le Sauveur en croix, et encore le rencontre-t-on assez rarement jusqu'au X⁰. siècle.

Jusqu'au XI⁰. siècle, le Christ en croix est toujours revêtu d'une robe, mais au XI⁰. et au XII⁰. siècles, les manches disparaissent, la poitrine se découvre, ce n'est plus qu'un

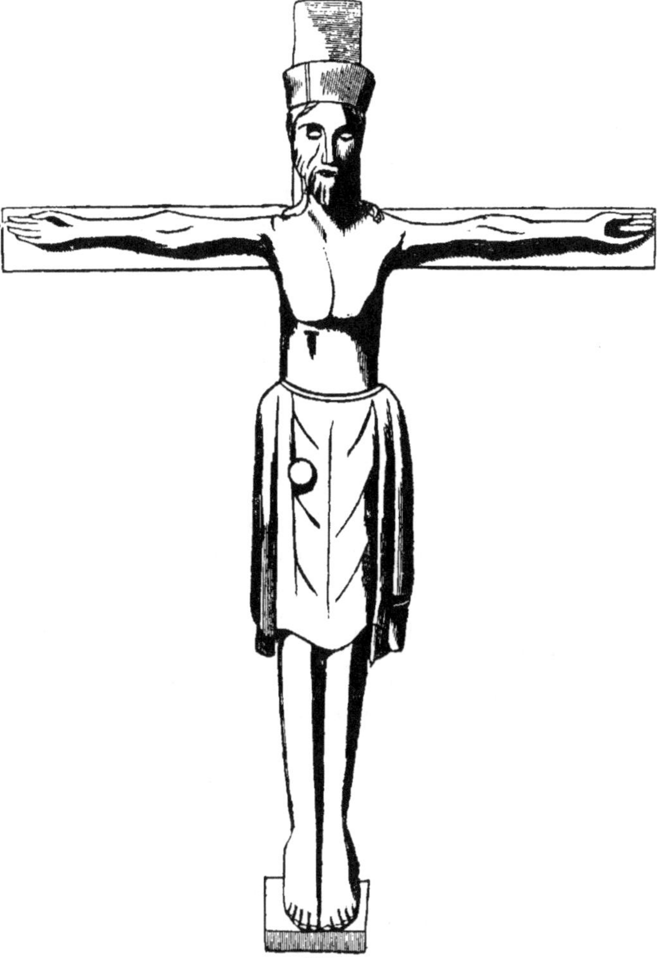

CHRIST DES XIe. ET XIIe. SIÈCLES.

simple *tablier*, qui prend au-dessous de la ceinture pour

finir au milieu des cuisses; il se raccourcit encore au XIIIe. siècle et au XIVe., enfin au XVe., il est remplacé par une simple bande d'étoffe telle que nous la voyons aujourd'hui (1).

Jusqu'au XIIIe. siècle, Jésus fut suspendu en croix indistinctement avec trois ou quatre clous, le plus souvent avec quatre; mais après le XIIIe. siècle, l'usage de n'employer que trois clous fut généralement adopté.

Dès le XIe. siècle, on voit quelquefois sous les pieds du Sauveur un calice qui leur sert d'appui dans lequel découle son sang précieux, d'autres fois c'est la religion personnifiée qui tient ce calice, ou bien ce sont deux anges recevant dans des coupes le sang qui coule des mains, tandis que la religion reçoit celui qui coule des pieds.

Ce sujet a été reproduit jusqu'au XVIe. siècle; on voit sur un des vitraux de la cathédrale d'Auch deux anges qui reçoivent le sang des mains.

Un vitrail du XIIIe. siècle de la cathédrale de Beauvais présente la même scène, mais d'une manière plus touchante encore; c'est Adam lui-même enterré au pied de la Croix qui sort de son tombeau pour recueillir, dans une coupe d'or, les premières grâces de la Rédemption, comme le premier il en avait reçu la promesse. Ce vitrail nous rappelle un des compartiments de l'autel en marbre de St.-Guillem-du-Désert; la terre s'ouvre au pied de la Croix et on en voit sortir deux personnes contemplant Jésus mourant : c'est Adam et

____

(1) Aux XIe., XIIe. et même au XIIIe. siècles, on trouve le Sauveur en croix, la tête couverte d'une espèce de toque remplaçant la couronne d'épines. On a sans doute voulu rappeler par là les bandelettes dont les anciens entouraient la tête des victimes.

Eve appelés à considérer la victime chargée d'expier leurs fautes.

C'est une pieuse croyance, appuyée d'ailleurs sur le témoignage de plusieurs Pères de l'église, que la tête d'Adam avait été enterrée sur le Golgotha ; nous ne devons plus nous étonner de voir celui qui a introduit la mort dans le monde ranimé par le sang du nouvel Adam sortir de son tombeau pour assister au triomphe de Jésus-Christ qui brisait l'aiguillon de la mort.

Le soleil et la lune paraissent presque toujours et à toutes les époques, de chaque côté du Sauveur en croix, souvent leurs disques sont soutenus par des êtres humains ; un buste d'homme soutient le soleil, un buste de femme soutient la lune. Au bas de la croix sont habituellement Marie et le disciple bien-aimé.

On voit aussi au pied de la croix deux personnages allégoriques, dès le XIIe. siècle et pendant une partie de la période ogivale ; c'est la personnification de la synagogue et de l'église : nous en parlerons lorsque nous étudierons l'établissement de l'église.

Les descentes de croix qui nous montrent le corps inanimé du Sauveur entre les bras ou sur les genoux de sa sainte Mère ou bien sur les genoux du Père éternel, se rattachent à l'iconographie de Jésus rédempteur ; c'est la Rédemption parfaite, c'est le *consummatum est*.

8°. *Jésus vainqueur*. Il est vainqueur lorsqu'il descend aux limbes armé de sa croix triomphale, dont il brise les portes des enfers pour en retirer les justes de l'ancienne loi. Il foule aux pieds un démon, les autres furieux de leur défaite expriment leur désespoir par d'horribles contorsions. Il est vainqueur, lorsque portant sa croix de résurrection de la main droite, il saisit de la main gauche la

chaîne qui tient la mort cap-
tive. La mort, sous la forme
d'un être humain difforme et
trapu, sert d'escabeau au
Sauveur qui paraît lui
adresser ces paroles : *Ubi
est, mors, victoria tua* (1).

Il est vainqueur au por-
tail d'Amiens, lorsqu'il
écrase le lion et le dragon
et qu'il a à ses côtés l'aspic
et le basilic.

Il est vainqueur enfin
lorsqu'il sort glorieux du
tombeau. Qui ne recon-
naîtrait encore Jésus vainqueur dans ce Samson en-
fourchant un lion dont il
déchire les mâchoires ? Ce
sujet n'a pas été reproduit
si souvent par nos artistes
du **XII**e. siècle, sans un
motif déterminant, et ce
motif ne pouvait être autre
que celui de rappeler la
victoire du Christ. Nous
retrouvons ce Samson à
Vézelay, à Vienne, dans
l'église St.-André-le-Bas,
à Nevers, sur un des cha-
piteaux de l'ancienne église

(1) Ad Cor. 15-55.

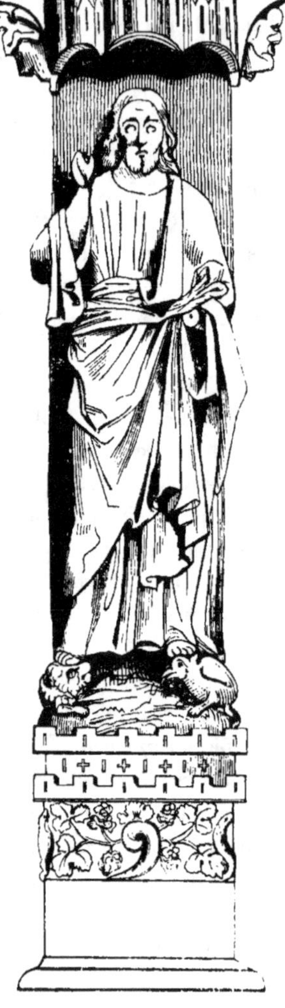

CHRIST D'AMIENS.

de St.-Sauveur, à St.-Etienne
de Bourges, etc.

9°. *Jésus glorifié.* Toutes
les scènes qui suivent la résurrection du Sauveur, toutes
ses apparitions pendant les 40
jours qu'il passa encore sur la
terre, appartiennent à la vie
glorieuse de Jésus - Christ.
Déjà il avait été glorifié pendant
sa vie mortelle, au moment de
sa transfiguration, mais après
sa résurrection sa gloire deve-
nait permanente; ce qu'il y

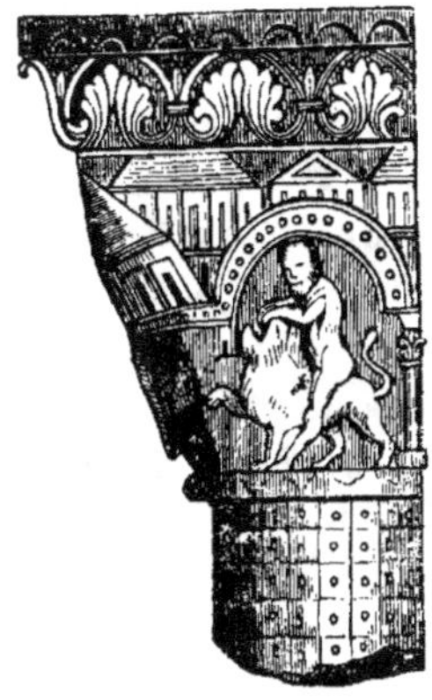

CHAPITEAU DE BOURGES.

avait de mortel en lui avait disparu dans la victoire qu'il avait
remportée (1). Les instruments de ses douleurs et de ses
humiliations, sont autant de trophées qu'il veut conserver
et placer sur son trône éternel; il va déposer aux pieds de
son père la panetière et le bourdon qu'il a reçus lorsqu'il
entreprit son long pélerinage. Nous le voyons, sur une peinture italienne du XIV°. siècle, montrer avec complaisance à
son Père céleste le sang qui coule de ses plaies sacrées;
ailleurs, il est assis à sa droite, portant tantôt une croix de
résurrection, tantôt une croix de passion, et quelquefois sa
tête est ceinte de la couronne d'épines; mais les insignes de
ses ignominies sont devenus des insignes de gloire.

Jésus glorifié a été représenté de mille manières par nos
artistes chrétiens. A Moissac, sur le tympan, on le voit la
tête environnée du nimbe crucifère à orle brodé; il tient dans
sa main gauche le livre symbolique et bénit de la main droite;
les quatre animaux évangéliques l'accompagnent. Au-dessous,
sur trois rangs, les vingt-quatre vieillards, couronne royale en

____

(1) Absorpta est mors in victoriâ, 1. Ad Cor. 15-54.

tête, tiennent d'une main la coupe d'or remplie de parfums, et de l'autre la harpe sur laquelle ils font retentir les divins cantiques en l'honneur de celui qui règne dans les siècles des siècles (1).

Ailleurs, c'est l'Agneau immolé, placé sur le trône et environné d'une multitude innombrable d'élus.

10°. *Jésus juge.* Jusqu'au XI°. siècle, Jésus-Christ est représenté comme nous l'avons dit, le plus souvent imberbe, avec une figure riante, gracieuse et pleine de douceur. Les différents traits de sa vie que les chrétiens se plaisaient à rappeler n'étaient que des scènes de tendresse et d'amour; mais à partir du XI°. siècle, l'amour semble faire place à la crainte; on ne voit plus le Bon Pasteur dont la vue réjouissait tant le cœur de nos premiers chrétiens. Nos prédicateurs lapidaires ont entendu le prophète dire aux Juifs au nom de Dieu : « Vous ne voulez pas vous laisser toucher par mon amour ; eh bien ! vous reconnaîtrez mon empire à ma colère (2). » Ils ont cru pouvoir adresser ces terribles paroles à leur siècle comme un moyen d'arrêter les vices qui, déjà, bouleversaient la société chrétienne.

La physionomie du Sauveur devient plus sévère, c'est un juge et un juge irrité. On continue à mettre sous les yeux des peuples les principaux traits de la vie de Jésus-Christ et en même temps le tableau des vertus et des vices; c'est-à-dire qu'on tient ouvert le Code sacré que personne ne doit ignorer, et au moyen duquel on peut se diriger pour pratiquer les unes et éviter les autres. Ce n'est pas tout, les scènes de la Passion se multiplient ; chacun, en suivant le Sauveur dans cette voie douloureuse qu'il a arrosée de ses sueurs et de son

____

(1) Habentes singuli citharas et Phialas aureas plenas odoramentorum quæ sunt orationes sanctorum. Apoc. ch. V , v. 8.

(2) In furore effuso regnabo super vos. Ezech. 33-34.

sang, découvre le motif de la sévérité de ses jugements. L'homme s'explique la rigueur du souverain juge à punir le péché, lorsqu'il a sous les yeux les sacrifices qu'il s'est imposés pour l'expier et le détruire. Il est peu d'églises du

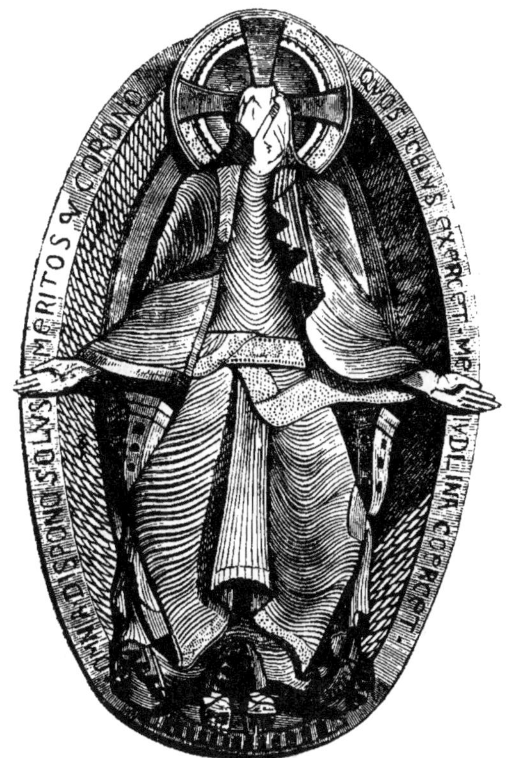

CHRIST DE SAINT-LAZARE D'AUTUN.

XIIe. et du XIIIe. siècles qui ne rappellent les détails effrayants du jugement dernier. Nous en parlerons au chapitre des quatre fins de l'homme; contentons-nous de considérer le juge et les différentes manières dont l'ont représenté les artistes chrétiens. On conçoit qu'il nous est impossible de traduire ici tous les types de Jésus-Christ juge, et de faire mention de toutes les églises dans lesquelles on peut étudier ces types variés ; outre St.-Etienne d'Auxerre , St.-Lazare d'Autun , St.-Sernin de Toulouse , St.-Trophime d'Arles, Ste.-Cécile d'Alby , St.-Etienne de Bourges , Notre-Dame de Paris , combien d'autres églises ne pourrions-nous pas citer. Les cryptes du XIIe. siècle de l'église de St.-Etienne d'Auxerre nous offrent des peintures à fresques parfaitement conservées , ce n'est point encore le jugement, ce sont les préparatifs du jugement. La chapelle absidale de ces cryptes curieuses est partagée en deux parties; une travée avec sa voûte en berceau et la demi-calotte de l'abside. La voûte de la travée est garnie d'une large croix , et au point d'intersection des croisillons, Jésus-Christ est monté sur un cheval blanc; la tête du Sauveur est ornée du nimbe crucifère, fond vert et orle blanc. Les carrés extérieurs, formés par le vide laissé entre chaque croisillon, sont remplis par quatre Anges nimbés aussi à cheval ; *c'est le véritable et le fidèle qui juge et combat justement à la tête des armées célestes* (1). C'est là le commencement du triomphe complet du Christ juge.

La demi-calotte est garnie d'une auréole à quatre lobes , quatre auréoles engagées dans les angles rentrants sont réservées aux symboles évangéliques, deux Anges balancent l'encensoir de chaque côté. Au milieu de l'auréole à quatre lobes , le Sauveur à nimbe rouge et orle blanc avec croix verte à orle rouge, est assis sur une espèce de forteresse; il soutient sur ses genoux le livre de l'évangile, le Code sacré qui doit servir à motiver le jugement. Ce livre est ouvert :

(1) Ecce *equus* albus, et qui sedebat super eum vocabatur Fidelis, et Verax, et cum justitiâ judicat et pugnat.... et exercitus qui sunt in cælo sequebantur eum. Apocal. ch. 19.

on y voit l'alpha et l'oméga, et une croix de résurrection s'élève au-dessus. Les lobes de droite et de gauche sont remplis par deux chandeliers à sept branches.

Si, au sortir des cryptes, nous allons considérer le grand portail occidental, nous retrouvons la même scène reproduite avec d'autres détails. Le Souverain Juge, assis sur son trône, a sous les pieds le globe du monde que deux Anges soutiennent ; le temps est venu où ses ennemis doivent lui servir d'escabeau. Deux autres Anges au haut du tympan tiennent une couronne suspendue sur sa tête. Deux personnes sont prosternées à ses pieds ; ce sont sans doute Marie et saint Jean (1) qui l'ont vu si patient et si doux sur le calvaire et qui sont maintenant effrayés de ses regards foudroyants , ou plutôt qui cherchent à le calmer.

A Autun , le Souverain Juge est assis sur un trône soutenu par les Anges ; il étend les mains à droite et à gauche, paraissant prononcer la double sentence qui proclame le bonheur des justes et la condamnation des pécheurs. Au-dessus , la main de la justice divine tient la balance dans les plateaux de laquelle sont déposées les ames.

A St.-Trophime d'Arles , Jésus-Christ , placé dans une gloire elliptique , a pour trône l'arc-en-ciel ; il est sans nimbe , sa tête est ornée d'une couronne royale , c'est le *Rex tremendæ majestatis*.

Les Grecs comme les Latins placent souvent au portail principal Jésus-Christ Juge , mais ils empruntent presque toujours leurs tableaux à l'Apocalypse. C'est un glaive à deux tranchants, qu'ils font sortir de sa bouche ; c'est un fleuve de feu qui jaillit sous ses pieds et qui dévore les méchants ; ou bien , ils lui mettent l'Evangile dans la main gauche , et dans

---

(1) On voit quelquefois saint Jean l'évangéliste ainsi représenté dans les scènes du jugement ; mais le plus souvent c'est saint Jean-Baptiste qui est en face de Marie.

la droite , le glaive de la justice. Ailleurs, les coupables sont
broyés sous ses pieds. Sur un des vitraux de la cathédrale de
Bourges , Jésus-Christ semble tenir entre ses dents un glaive
à deux tranchants , et dans une sculpture du mur méridional de N.-D. de Paris , on le voit avec deux glaives ; ce
type n'est pas commun dans l'Occident.

Nous avons vu le Sauveur paraître sur la terre avant l'époque
de son Incarnation , nous le retrouverons encore quelquefois
au milieu des hommes après son Ascension glorieuse ; il se
montre à quelques-uns de ses saints , soit pendant leur vie ,
soit au moment de leur mort. En quittant la terre, il a laissé
sa tendre mère ; son amour pour Marie était trop vif pour
qu'il ne lui accordât pas la faveur de converser avec lui , faveur qu'il accorda à d'autres ; comment croire qu'au moment
de sa mort surtout , il n'ait pas prévenu les ardents désirs de
sa mère. Nous parlerons de cette entrevue en faisant l'histoire iconographique de Marie.

CHAPITRE 9.

Dieu le Saint-Esprit. — Sous la forme de colombe. — Sous la forme humaine.

Le Saint-Esprit s'était manifesté aux hommes sous deux
formes, ou si on aime mieux, sous deux symboles différents.
Le jour du baptême de Jésus-Christ, il apparut sous la forme
d'une colombe , et le jour de la Pentecôte , sous la forme de
langues de feu suspendues au-dessus des apôtres et des
disciples du Sauveur. La colombe fut généralement adop-
tée par nos iconographes chrétiens jusqu'au Xe. ou au XIe.
siècle ; cependant , comme déjà on s'était hasardé à représenter Dieu le Père sous la forme humaine , on ne craignit
pas d'agir de même à l'égard du Saint-Esprit ; il n'y avait

pas les mêmes difficultés que pour le Père qui ne s'était jamais manifesté ostensiblement. La colombe, aussi bien que l'homme, circonscrivait la divinité dans des lignes resserrées.

La forme humaine fut adoptée vers le Xe. siècle, et continua à paraître pendant tout le cours de la période ogivale, non pas d'une manière exclusive, car, au contraire, le type primitif de la colombe fut conservé et se rencontre plus souvent.

Nous trouvons la colombe à un des portails intérieurs de l'église de Vézelay ; elle paraît vouloir s'introduire dans l'oreille de Marie, au moment où l'Ange lui annonce que Dieu l'a choisie pour être la mère de son fils.

Pendant la période romano-byzantine, le St.-Esprit-Homme est ordinairement plus jeune que le Père et le Fils, c'est un adolescent à figure douce et gracieuse ; à la fin du XIIe. siècle, on n'établit point de différence d'âge entre les trois personnes divines ; aux XIVe., XVe. et XVIe. siècles, on le représenta tantôt adolescent, tantôt barbu et même quelquefois aussi âgé que le Père, auquel on donnait souvent alors la figure d'un vieillard.

Aux XIVe. et XVe. siècles, on rencontre souvent l'homme et la colombe, c'est la personnification du St.-Esprit avec son symbole.

Ce fut vers le milieu du XVIe. siècle que la colombe reconquit tous ses droits ; elle survécut à l'adolescent, à l'homme fait et au vieillard.

Il n'est pas rare, pendant le cours de la période ogivale, de trouver le St.-Esprit se manifestant par ses dons ; alors, au lieu d'une seule colombe, on en voit rayonner plusieurs, ordinairement sept ; c'est le *septiformis munere*.

Nous avons dit que le St.-Esprit, soit homme, soit colombe, portait le nimbe crucifère comme le Père et le Fils ; nous avons remarqué, sans pouvoir assurer que ce soit une règle constante, que lorsque les colombes sont multipliées, elles

sont sans nimbe crucifère , et même quelquefois sans nimbe.
Il paraît rationnel, en effet, de ne pas confondre les dons
avec la personne divine de laquelle ils émanent.

Le Saint-Esprit, sous la forme humaine, porte fréquemment comme le Fils, le livre de la Sagesse ; c'est lui, en
effet , qui a enseigné aux Apôtres toute vérité ; on lui
donne aussi le volumen, et le livre arrondi par le haut exprimant l'Ancien Testament, pour indiquer que les Prophètes
ont écrit sous son inspiration.

CHAPITRE 10.

Les Anges. — Lutte avec les Démons. — Les neuf chœurs des Anges. — Les Archanges
Michel, Gabriel, Raphaël. — Les Anges adorateurs. - Ministres. — Protecteurs.
— Rémunérateurs.   Vengeurs.

Une grande lutte avait eu lieu avant la création de l'homme ;
deux camps s'étaient formés, l'Archange Michel à la tête des
Anges fidèles combattit contre Lucifer et les suppôts qu'il
avait engagés dans sa révolte contre Dieu. Lucifer fut vaincu
et précipité avec sa suite des célestes demeures.

La guerre ne fut pas pour cela terminée ; la création de
l'homme qui devait occuper avec sa postérité les trônes que
les Anges déchus avaient laissés vacants, blessa l'orgueil du
démon et ne fit qu'enflammer sa fureur ; il tendit des pièges
à nos premiers parents , et finit par les entraîner dans le mal.

Dès lors, il regarda la terre comme son empire et les
hommes comme des esclaves qu'il pouvait diriger à son gré.
Mais Dieu avait résolu de sauver l'homme, malgré sa prévarica-
tion ; il ne voulut pas qu'il fût à l'avenir seul à lutter contre
un ennemi si perfide ; il chargea des Anges fidèles de soutenir
l'homme dans cette lutte. Chacun eut un Ange à ses côtés

pour le défendre et paralyser les efforts du génie du mal. A l'homme la décision du combat, il peut à son gré faire pencher la victoire d'un côté ou de l'autre.

Telle est l'histoire du genre humain en général, et en particulier de chacun des individus qui, depuis le péché d'Adam, ont fait partie de cette nombreuse famille.

Les Anges et les Démons ne pouvaient être oubliés dans l'Iconographie chrétienne. Dans ce chapitre, nous allons étudier l'histoire iconographique des bons Anges, nous nous occuperons des démons dans le chapitre suivant.

Tous les pères, d'après les Saintes Ecritures, ont reconnu neuf ordres composant la hiérarchie des Esprits Célestes; ces neuf ordres sont divisés en trois catégories qu'un ancien auteur nomme les trois trions, *triones* (1).

Les Chérubins, les Séraphins et les Trônes composent le premier trion ;

Le second comprend les Puissances, les Principautés et les Dominations ;

Le troisième les Vertus, les Anges et les Archanges (2).

Ces neuf chœurs d'Anges sont de même nature et ne sont distingués que par leurs fonctions et les degrés de gloire dont ils jouissent.

« Le rang et la disposition des Esprits Célestes, dit Jacques Voragine (3), sont analogues à ce qui s'observe auprès des princes de la terre ; certains grands officiers entourent immédiatement la personne du monarque : d'autres exercent des emplois qui les tiennent éloignés de lui, et n'ont de rapports avec lui que par des intermédiaires. »

(1) Pseudo.—Dyonisius. De cœlesti hierarchiâ, cap. VI.

(2) Nous avons adopté l'ordre suivi par saint Bernard : Jacques Voragine et d'autres placent les Vertus au second degré et les Puissances au troisième.

(3) De sancto Michaële Archangelo.

Les Trônes, les Chérubins et les Séraphins ne s'éloignent pas du trône de Dieu ; ils ne cessent de lui rendre hommage, et de faire retentir les voûtes éternelles du divin trisagion : Saint, Saint, Saint.

Une seule fois dans l'Écriture, nous voyons un Chérubin abandonner le trône de Dieu, c'est pour tenir Adam et Eve éloignés du Paradis terrestre, avec le glaive flamboyant dont il est armé. Il semblerait que cette fonction eût dû être confiée à l'Archange Michel, le vengeur de la gloire de Dieu ; mais dans cette circonstance, la Justice et la Miséricorde s'étaient déjà donné le baiser de paix, c'est pourquoi Dieu ne voulut pas que ce fût le ministre de ses vengeances qui écartât nos premiers parents du séjour délicieux, où il les avait placés ; il députa, pour remplir cette mission, un des esprits qui environnent son trône, et qui connaissent plus intimement l'étendue de sa charité.

Si nous consultons saint Bernard sur les fonctions que les autres ordres ont à remplir, il nous répondra qu'il pense que les Dominations exercent sur les autres une sorte de pouvoir, que Dieu a chargé les Principautés du gouvernement du monde, et les Puissances de le protéger contre les attaques des esprits infernaux ; les Vertus sont chargées des opérations de la grâce, les Archanges des révélations, et les Anges sont les ministres de la bonté et de la providence divine.

Chez nous, on rencontre plus rarement qu'en Orient les neuf chœurs des Anges ; les Chérubins, les Séraphins, les Archanges et les Anges, sont les représentants ordinaires de la Cour Céleste dans notre Iconographie.

Le nom de Chérubin, en langage oriental, signifie fort et puissant ; quand on représente les Chérubins en pied, on leur donne communément quatre ailes ; deux leur couvrent le corps par derrière, et deux les enveloppent par devant. Ordinairement, on ne leur voit point de bras : deux pieds paraissent au dessous des ailes, et quelquefois ce sont des pieds de taureau, comme on prétend qu'étaient les Chérubins que Moïse fit placer à l'entrée du tabernacle.

Au portail de St.-Révérien (diocèse de Nevers), la voussure est garnie de deux Chérubins. L'église est le véritable Paradis terrestre; ils en gardent l'entrée, et semblent l'interdire aux profanes : c'est le tabernacle de Dieu au milieu des hommes, dont celui de Moïse n'était que la figure.

Les *Trônes* sont représentés par des roues de feu ayant à l'entour des ailes garnies d'yeux; ils sont placés sous les pieds de Dieu et lui servent de trône.

Les Séraphins sont le plus souvent représentés seulement par une tête avec deux, quatre et même six ailes. En peinture, ils sont couleur de feu, comme on peut le voir aux vitraux qui garnissent la rose du grand portail d'Auxerre, et des flammes les entourent.

Les Dominations, les Puissances, les Principautés auxquelles on peut adjoindre les Vertus, portent des aubes, des ceintures, et quelquefois des étoles. Elles tiennent des baguettes ou des sceptres dans la main.

Les Esprits Célestes sont souvent confondus sous le nom commun d'Anges.

Avant d'étudier l'histoire iconographique des Anges, il est important de dire quelques mots sur les Archanges.

Les Archanges sont au nombre de sept, quoique l'Ecriture n'en nomme que trois, Michel, Gabriel, Raphaël; je suis, dit à Tobie l'Archange Raphaël, un des sept esprits qui se tiennent devant le trône de Dieu.

Saint Michel, qu'on peut appeler l'Ange des combats et de la justice, et dont le nom est le mot d'ordre des armées célestes : *qui est semblable à Dieu?* est chargé des plus célèbres apparitions, soit dans l'ancien, soit dans le nouveau Testament; mais, quand il s'agit de combats, c'est toujours cet Archange qui soutient la lutte. C'est lui qui combat avec Josué dans la campagne de Jéricho: car, quoique son nom

ne soit pas exprimé d'une manière formelle , il est facile de
le reconnaître , puisqu'il déclare qu'il est le chef de l'armée
du Seigneur (1) ; c'est lui que Daniel indique comme devant
combattre pour le peuple de Dieu (2) ; c'est lui qui est
chargé d'engager bataille et de vaincre le roi des Perses (3) ;
c'est lui qui , dans St.-Jude, combat avec le démon , pour
avoir le corps de Moïse (4) ; c'est lui enfin qui, dans l'Apo-

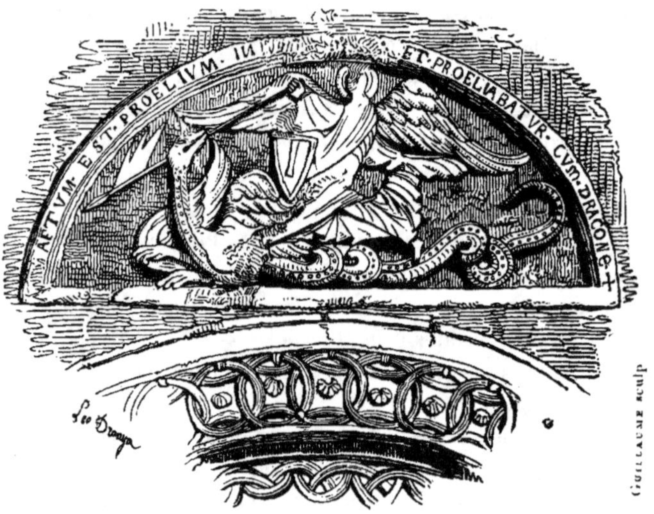

calypse , combat contre le dragon infernal (5). Ses attributs

(1) Vidit virum stantem contrà se evaginatum tenentem gladium....
Sum princeps exercitus Domini. Josué , V , 13.

(2) In tempore autem illo consurget Michaël princeps magnus qui
stat pro filiis populi tui. Daniel . XII , 1.

(3) Michaël unus de principibus primis venit in adjutorium meum.
id. X , 13.

(4) Judæ. 19.

(5) Factum est prælium magnum. Apoc. XII. 7.

sont indiqués par ses fonctions. Revêtu de la cotte d'armes d'un guerrier, il tient dans le bras gauche un bouclier, marqué quelquefois du mot d'ordre qui forme son nom : *Quis ut Deus* ? Une lance ou un glaive arme sa main droite ; le démon, terrassé par les terribles coups de son adversaire, gît à ses pieds.

Quand on le représente hors d'un combat, il est revêtu d'une longue robe à plis ondoyants, sa lance est en repos, il porte le globe du monde ou bien une balance comme ministre de la justice divine. Saint Gabriel, dont le nom signifie force de Dieu, est l'Ange de la Rédemption. Ce fut lui qui fut chargé d'en dévoiler les secrets à Daniel (1), ce fut lui qui annonça à Marie que le mystère devait s'opérer en elle.

On lui met habituellement un lis à la main.

Saint Raphaël, dont le nom signifie médecine de Dieu, ne se trouve que dans l'histoire de Tobie. Quelquefois, comme on le voit sur l'autel en or de Bâle, saint Gabriel et saint Raphaël portent un long bâton surmonté d'une boule.

Les différentes fonctions que les Anges remplissent sont reproduites par les Iconographes ; ils sont adorateurs, ministres, protecteurs, vengeurs, rémunérateurs ; dans toutes ces fonctions, ils sont ordinairement nimbés et ont les pieds nus comme les personnes divines et les Apôtres.

Les Anges adorateurs sont ou agenouillés, ou balançant l'encensoir, ou portant des flambeaux allumés, ou bien soutenant une couronne au-dessus de la tête du Sauveur.

Les Anges ministres sont chargés de quelque message ; on les voit dans les traits historiques de l'Ancien ou du Nouveau Testament, dans les scènes apocalyptiques, lorsqu'ils sonnent de la trompette pour faire sortir les morts de leurs tombeaux, lorsqu'ils tiennent la balance au pèsement des âmes, etc.

____

(1) Dan. IX, 12.

Les Anges remplissent les fonctions de protecteurs, soit quand ils dirigent les hommes comme fit Raphaël à l'égard du jeune Tobie, comme font encore les Anges Gardiens, qu'on représente avec un enfant qu'ils conduisent, soit lorsqu'ils les portent vers le bien comme l'Ange qu'on voit au portail de St.-Gilles, montrant à Abel, Dieu, dont il ne doit avoir en vue que la gloire dans le sacrifice qu'il lui offre, soit encore lorsqu'ils assistent aux derniers moments d'un mourant pour le soutenir dans les horreurs de l'agonie. Leurs fonctions de protecteurs ne se terminent pas à la mort, ils reçoivent l'ame de celui qu'ils ont guidé pendant la vie et l'accompagnent jusqu'au tribunal de Dieu.

Déjà les Anges sont rémunérateurs ; au portail de St.-Gilles, on voit l'ange, dont Abel a suivi les conseils, recevoir son ame et la présenter à un autre ange qui la couronne avant même qu'elle ne soit arrivée au ciel. A St.-Sernin deux anges reçoivent l'ame du pauvre Lazare dans une gloire elliptique et semblent déjà lui assurer ou plutôt lui procurer le bonheur, quoique la sentence ne soit pas encore prononcée ; à Moissac, Lazare est déposé dans le sein d'Abraham ; son ange reste auprès portant un philactère sur lequel sont écrits, dans la pensée du sculpteur, ses bonnes actions, sa patience et sa résignation dans les privations ; souvenirs qui doivent augmenter son bonheur. Les Anges remplissent encore le rôle de rémunérateurs, lorsqu'au jugement dernier ils transportent dans le ciel ou dans le giron du Père des croyants, les ames dont le jugement a été favorable.

Les Anges n'attendent pas le jour du jugement pour venger la gloire de Dieu méprisée ; l'ange du mauvais riche s'était rapproché de lui à ses derniers moments pour essayer de toucher son cœur, mais ce cœur endurci par la passion de l'avarice est resté insensible à cette dernière démarche ; l'ange se retire, et dans sa retraite ses fonctions changent,

ce n'est plus ce tendre ami que Dieu a donné à chacun de
nous, c'est un ministre des vengeances du ciel, il est armé
d'un glaive comme on le voit au portail de Moissac.

A Autun et à St.-Trophime d'Arles, on voit un ange armé
se tenant à la porte du ciel pour marquer à ceux qui ont
entendu la sentence de réprobation que tout espoir d'y entrer
leur est enlevé.

CHAPITRE 11.

Les Démons. – Leurs formes variées. – Satan tentateur, tyran. —Vaincu.—Idole. —
Accusateur. —Bourreau. —Trinité du mal.

Les Démons comme les Anges occupent une large place
dans l'histoire de l'Iconographie chrétienne, surtout à l'époque
de transition et pendant la première époque de la période
ogivale. On les voit représentés sous mille formes toutes plus
horribles les unes que les autres. La tête armée de cornes
de bouc, les pieds et les mains garnies de griffes aiguës, le
corps velu, des ailes de chauve-souris, quelquefois comme
on le voit à un vitrail de Bourges, de sales talonnières aux
pieds, une figure grimaçante et un rire affreux contour-
nant leur bouche, tels sont les principaux traits du signalement de ces ennemis de Dieu et des hommes. Cependant,
comme l'ancien Protée des païens, satan sait prendre d'autres formes, et les varier à l'infini pour accomplir ses détes-
tables projets ; c'est un serpent, c'est un dragon ailé, c'est
un petit génie maigre et décharné ; c'est un ange de lumière
qui laisse cependant échapper quelques traits de sa ténébreuse
malice, car la bonté de Dieu ne doit pas permettre que l'illu-
sion soit complète, et ne puisse être reconnue (1) ; parfois il

(1) Faciet cum tentatione proventum. 1. Cor. 10. 18.

porte le nimbe , mais ce nimbe est noir ; c'est le nimbe d'un
ange déchu , c'est le rêve de gloire des enfers.

Satan se trouve partout ; ici , il remplit le rôle de tentateur,
puis fait paraître une joie cruelle quand il a pu réussir dans
ses projets ; là on l'aperçoit auprès du lit d'un mourant,
combattant pour conserver une proie qui déjà lui appartient,
ou faisant un dernier effort pour obtenir une victoire qu'il a
long-temps espérée en vain ; ailleurs pénétrant dans une idole
il reçoit avec complaisance un encens et des hommages qu'il
ravit à Dieu ; enfin , il assiste au pèsement des ames au jour
du jugement, il s'empare de ses victimes et attise les feux de
l'enfer.

Nous ne prétendons pas réunir tous les types sous lesquels
le démon a été reproduit par les sculpteurs et les imagiers ;
nous le considérerons seulement comme tentateur , tyran ,
idole , accusateur et bourreau.

A peine l'homme est-il sorti des mains de son Créateur que
le démon remplit le rôle de tentateur ; tantôt sous la figure
d'un énorme serpent , il entoure en spirale l'arbre de la science
du bien et du mal ; tantôt, tout en conservant la même forme
comme on le voit au portail de la cathédrale d'Auxerre , son
corps écailleux est surmonté d'une magnifique tête d'ange ou
de jeune homme qui se montre entre la bifurcation de l'arbre
mystérieux , entretenant avec Eve la conversation perfide qui
a introduit le péché dans le monde. A Saint-Gilles, la
tentation paraît moins directe ; satan , sous la forme d'un
dragon ailé vient à bout de vicier l'intention de Caïn au moment où il offre à Dieu son sacrifice , et à faire rejeter son
offrande. Quand il se présente au Sauveur pour le tenter ,
comme on le voit sur un des chapiteaux de la cathédrale d'Autun, il ne cherche point à se cacher sous une forme empruntée,
il perdrait son temps ; il se montre avec sa hideuse figure.

Les XIIe. et XIIIe. siècles se plaisaient à reproduire de mille manières le démon tentateur ; qu'on parcoure l'église de Vézelay, et on sera presque effrayé de cette multitude de démons qui couvrent les chapiteaux, et dont une partie remplissent le rôle de tentateur. Qui ne reconnaîtrait satan tentateur dans ce chapiteau qui nous montre une jeune femme tourmentée par un diable. Satan cherche à jeter le désespoir dans son ame, il lui montre des verges en lui soufflant à l'oreille le mot *time,* qu'on lit sur le chapiteau. Cependant elle est calme, car auprès d'elle est un prêtre qui tient en main le livre de la science divine, il semble lui rappeler que la tentation ne sera pas au-dessus de ses forces, il lui dit : *spera* (1).

Un autre chapiteau nous montre un moine entre deux diables qui lui tirent la barbe : indiquant par là que le cloître est bien un lieu de refuge, mais qu'il ne met pas cependant à l'abri de toutes les tentations. Nous avons cru aussi reconnaître la tentation dans un autre chapiteau de la même église plus compliqué que celui dont nous venons de parler. Deux individus tiennent des instruments de musique ; dans un angle, une femme vêtue, paraît être sur ses gardes, tandis que dans l'autre angle une autre femme dépouillée de ses vêtements est au pouvoir d'un démon dont les formes lubriques indiquent l'impureté. Ce sont, d'après nous, les tristes résultats de la musique profane qui seraient ici indiqués.

Qui ne reconnaîtrait le tentateur dans le serpent qu'on voit représenté sur un des sarcophages de Marseille ? il entoure un arbre de ses replis et élève la tête, dardant sa langue envenimée contre des colombes dont le nid repose sur l'arbre.

Sur un des chapiteaux du portail de la petite église de Lescure, proche Alby, pendant qu'un homme s'entretient avec

----

(1) Les mots *time* et *spera* sont indiqués dans l'album du Nivernais; en étudiant ce chapiteau dans l'église de Vézelay nous ne les avons pas remarqués.

une femme , un diable couronné lui présente une autre femme
dépouillée de ses vêtements ; il est facile de reconnaître ici ,
ou les désirs adultères , ou les dangers qu'occasionnent entre
les personnes de différent sexe des fréquentations trop fa-
milières.

Nous ne parlerons pas ici du fameux sujet des tentations de
saint Antoine , il est connu de tout le monde ; il en est un
autre moins connu et que nous avons rencontré quelquefois :
c'est la tentation de sainte Geneviève. La jeune bergère garde
ses moutons , elle tient en main une torche allumée , emblème
de sa foi et de sa vive charité ; le tentateur voudrait détruire
en elle ces vertus ; caché derrière un rocher , il essaie d'é-
teindre avec un soufflet la lumière qui brille entre les mains
de la sainte ; mais un ange rend ses efforts inutiles , la flamme
est toujours et aussi belle et aussi vive.

Ce n'est pas assez pour satan de porter les hommes au mal,
il faut qu'il les retienne sous son empire , c'est alors que
commence son rôle de tyran. Il s'est rendu maître d'une ame ,
il mettra tout en œuvre pour conserver sa conquête. Voyez-
vous , à Moissac et à la Charité-sur-Loire , cette femme aux
reptiles , ces serpents qui l'étreignent dans leurs enroulements
multipliés et viennent lui dévorer les seins ; elle ne peut s'en
débarrasser, elle n'y pense pas même malgré ses douleurs;
misérable esclave elle est habituée à ses chaînes ! voilà bien
la passion ; c'est un tyran qui non-seulement prive l'ame de
la paix , mais qui la tourmente de mille manières ; voilà l'empire que satan exerce sur ceux qu'il a vaincus. Voyez encore
Judas sur un des chapiteaux de la cathédrale d'Autun ;
pendant qu'il projette son infâme marché , il est appuyé sur
le démon de l'avarice , on le reconnaît à la bourse suspendue
à son cou ; mais à peine son crime est-il consommé , qu'un
autre démon , celui du désespoir, se joint au premier , et de
concert ils pendent la victime de leur séduction. Au portail

de Saint-Gilles, le démon de la jalousie, sous la figure du dragon dont nous avons parlé, fait sentir à Caïn sa tyrannie; aussitôt qu'il a versé le sang de son frère, il lui enfonce dans la tête ses griffes aiguës. A Moissac, le démon de l'avarice se fait porter par l'avare, et à Lescure le même démon fait éprouver toute sa cruauté à celui qui s'est rendu son esclave. Il est impossible de peindre d'une manière plus vraie ce vice odieux et d'exprimer avec plus d'énergie la tyrannie du démon. L'avare, comme à Moissac, a l'aumônière suspendue au cou, car il tient à ne pas perdre de vue ce trésor qui fait son triste bonheur; il est nu, complètement nu, car l'avare se laisse manquer de tout et devient la première victime de sa passion; il est assis entre deux démons, ces démons ont en tête la couronne princière, marque du pouvoir qu'ils exercent sur leur victime; leur sceptre est un trident à crocs recourbés, et à l'envi ils déchirent les entrailles du misérable.

Satan ne quitte pas le coupable au moment même de sa mort, comme on le voit à Vézelay, à Moissac, etc.; il est là, bien résolu de conserver ses droits, et quand l'ame se sépare du corps, il s'en empare avec empressement; il paraît même ne pas s'occuper du jugement. Le procès ne peut avoir lieu; cette ame est évidemment son bien.

L'histoire iconographique de Satan ne se compose pas seulement de ses combats et de ses victoires, cette pensée serait par trop accablante pour le chrétien; ses yeux peuvent aussi se porter avec joie vers cet ennemi vaincu. Il est vaincu quand ses séductions sont repoussées par l'ame fidèle; il est vaincu quand, sous les pieds de l'Archange, il est percé de sa lance ou frappé de son glaive; il est vaincu, quand le Sauveur le broie sous ses pieds, ou que, de sa croix pascale, il brise les portes des enfers; il est vaincu, quand la Vierge immaculée écrase la tête de cet antique serpent; il est vaincu enfin, quand il entoure le pied de la croix d'un large pli, indice du peu de force qui lui reste , ou bien lorsqu'il paraît cloué au pied de cette même croix, comme on le voit sur les anciens monuments chrétiens.

Le démon-idole ne pouvait être oublié par nos artistes. C'est le caractère du démon ; sa passion dominante , si nous pouvons nous servir de cette expression , est de vouloir s'égaler au Créateur , de s'attribuer la gloire qui n'appartient qu'à Dieu. Sa chute terrible n'a pas abattu son orgueil. C'est toujours la gloire de Dieu qui est l'objet de son ambition (1). N'ayant pu réussir à obtenir des adorations dans le ciel , il saura se contenter de celles de la terre. Nos pères comprenaient cette pensée quand ils représentaient une idole , et au-dessus un petit génie malfaisant qui recevait les hommages rendus à l'idole. Un des chapiteaux de Vézelay nous rappelle le culte du veau d'or dans le désert : un petit démon se tient entre les cornes de l'animal ; le même sujet est reproduit à Autun , mais sous un autre type : pendant que Moïse brise sur les cornes de l'animal les tables de la loi , un démon sort du ventre de l'idole.

C'est comme accusateur que Satan assiste au jugement dernier ; il amène ses ames ; il est témoin du pèsement comme s'il craignait quelqu'injustice à son égard ; il attend avec une sorte d'impatience l'arrêt qui les lui livrera définitivement. A Autun, on voit saint Michel placer dans un plateau de la balance un petit être bien fait , emblème de la vertu; Satan, de son côté, met dans l'autre plateau un petit être difforme, emblème du vice; il fait, en outre , tous ses efforts pour faire incliner la balance de son côté ; cependant, un autre démon vient à son secours, et ajoute un reptile au poids de l'ame pour entraîner le plateau , mais les vertus l'emportent sur les vices, et Satan a perdu tout espoir. A

(1) Si cadens adoraveris me. Math. 4-9.

Vézelay, sur un des chapiteaux de la galerie du Narthex, un ange tient par la main un petit être humain que poursuit un démon; un autre ange perce d'une flèche un second diable qui vient au secours du premier. Cependant, l'Archange saint Michel pèse une ame; satan est encore là, et fait un dernier effort pour avoir une victime de plus; il pose sur le plateau de la balance son horrible griffe afin de la faire incliner de son côté: vain espoir, l'Archange le perce de sa redoutable lance.

Enfin, quand l'irrévocable arrêt est prononcé, et que les coupables lui sont livrés, satan s'empare avec joie de ses victimes; cette joie éclate par un rire infernal : il tire la

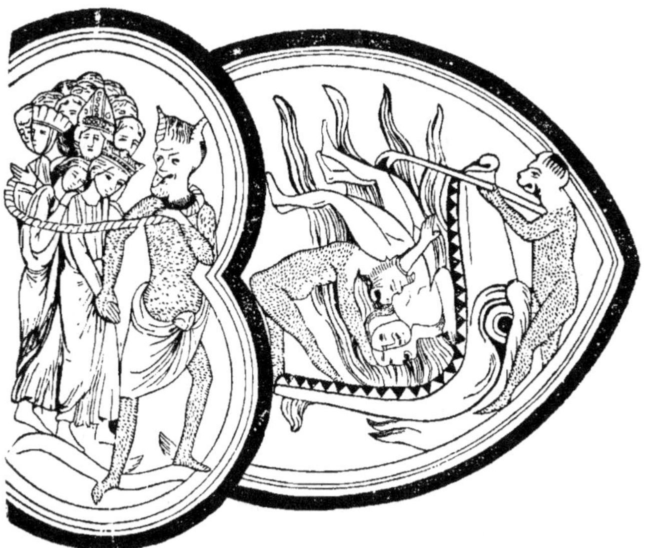

langue avec dérision aux malheureux qu'il entraîne, ou bien la rage imprime à son horrible figure une glaciale impassibilité

Il n'attendra pas qu'il soit arrivé dans son sombre empire pour exercer ses fonctions de bourreau ; déjà les réprouvés peuvent se former une idée des tortures que leur réserve le cruel despote qui doit éternellement régner sur eux. Quels épouvantables traitements ne leur fait-il pas éprouver pendant le court trajet qu'ils ont à parcourir, avant de parvenir à la prison qui doit se fermer sur eux pour ne jamais se rouvrir.

Un des vitraux de St.-Etienne de Bourges nous montre une troupe de réprouvés enchaînés, que conduit un affreux démon en leur tirant la langue ; parmi eux, on aperçoit un évêque et une tête couronnée, pour indiquer qu'au tribunal de Dieu la vertu seule a des droits aux récompenses, et que le coupable, quel qu'ait été sa position dans le monde, doit s'attendre à n'être point épargné dans l'autre vie.

Au portail de St.-Trophime d'Arles, la voie que les réprouvés ont à parcourir est une voie de feu ; les flammes sortent sous leurs pas, c'est la route que leur fait suivre un démon qui les tient enchaînés ; d'autres démons les escortent en les accablant de mauvais traitements. On croirait voir des sbires conduisant une troupe de malfaiteurs dont ils craignent la révolte et qu'ils veulent intimider par leurs rigueurs. Nous aurons occasion d'entrer dans d'autres détails sur ce sujet, quand nous traiterons des quatre fins de l'homme.

Il nous reste à parler de la Trinité du mal, pour compléter ce qui regarde l'histoire iconographique des Démons. Nos artistes du moyen-âge, imbus des idées théologiques, comme on l'était alors, et voulant exprimer dans toute son étendue la malice du démon, s'aidaient des notions qu'ils avaient sur l'adorable Trinité.

Ils considèrent donc Satan sous un triple rapport, comme principe du mal, comme ayant la connaissance du mal, enfin comme ne voulant, ne désirant que le mal ; c'est cette pensée qui a produit cette Trinité du mal , ce complément de malice , si énergiquement représenté par les deux dessins que M. Didron a joints à son traité d'iconographie sur la Trinité. L'un nous montre le génie du mal dont la triple face est surmontée d'une couronne princière; il tient un glaive de chaque main ; les pieds sont garnis de griffes longues et aiguës; l'autre , miniature du **XV**ᵉ. siècle, est plus expressive encore ; trois horribles faces sont réunies et forment une seule tête armée de trois cornes de cerf avec deux oreilles de bête ; d'autres têtes grimaçantes se voient aux différentes parties du corps ; ses pieds et ses mains se terminent par des griffes, et il tient un sceptre surmonté de trois têtes de monstres (1).

C'est cette plénitude de malice qu'ont tâché d'exprimer les sculpteurs du grand portail de Bourges , en couvrant de faces monstrueuses toutes les parties saillantes du corps de leurs démons.

Un bas-relief extérieur de l'église d'Ainay , à Lyon , nous offre une des mille variétés de la malice de Satan ; c'est la représentation de la décollation de saint Jean-Baptiste. La scène commence à la danse de l'impudique Hérodiade et se termine après la mort du saint précurseur ; Satan , placé à un angle , joue du violon et paraît faire entendre sa musique infernale à tous les actes de cet horrible drame.

(1) Iconographie chrétienne , p. 520 et 521.

CHAPITRE 12.

Marie. — Son portrait dans les catacombes. — Conception. — Naissance et Présentation. — Mariage. — Annonciation. — Visitation. — Marie mère. — Mort de Marie. — Assomption. — Couronnement. — Arbre de Jessé. — Monnaies du Bas-Empire. Caractères iconographiques de Marie.

L'histoire iconographique du Sauveur a commencé dans les catacombes, nous sommes obligés d'y descendre de nouveau pour y contempler les premières images de Marie qu'on y avait peintes contre les murailles, d'après le type laissé, dit-on, par saint Luc.

Le culte de la Mère a été constamment uni à celui du Fils, car il était impossib'e de mettre sous les yeux des fidèles les principaux traits de la vie du Sauveur sans que Marie n'occupât une place dans le tableau. La Naissance de Jésus-Christ, l'Adoration des bergers et des rois, la fuite en Egypte (1), la Circoncision, la Présentation au temple nécessitaient la présence de Marie. A ces premiers traits, si multipliés dans les premiers siècles ; on joignit la Conception et la Naissance de Marie, sa Présentation au temple, son mariage avec saint Joseph, l'Annonciation ; on vit cette bonne mère prodiguant ses caresses à son divin Enfant, le serrant contre son cœur, le berçant sur ses genoux et l'offrant comme l'espoir et la force du chrétien. Vers le XIe. siècle on la trouve au pied de la croix ; au XIIe. et au XIIIe. elle assiste au jugement ou comme témoin ou comme avocate, puis ailleurs, elle porte sur ses genoux le corps inanimé de son fils descendu de la

(1) Au portail de Moissac, on voit la fuite en Egypte ; les idoles sont renversées au passage des saints voyageurs et tombent du sommet des murailles d'une ville. Les Grecs et les Latins ont adopté les mêmes détails.

croix. La mort de Marie et son Assomption glorieuse devaient aussi trouver leur place parmi ces différents tableaux.

Ce fut au XII°. siècle et au XIII°. surtout, qu'on se plut à développer la vie de Marie et à en présenter les plus petits détails ; c'était l'évangile en main que nos sculpteurs et nos imagiers composaient ces scènes si belles et si touchantes que nous admirons aux portails et sur les vitraux de nos basiliques.

Conception. La Conception de la Très-Sainte-Vierge ne fut d'abord produite chez les Grecs et chez les Latins que comme un fait historique, mais représenté de manière à laisser entrevoir la foi de l'église. Un ange apparaît à sainte Anne et la bénit, tandis que Joachim en prière sur une montagne reçoit aussi la bénédiction d'un esprit céleste. Ce ne fut qu'à la fin du XI°. siècle que la fête de la Conception fut établie en Angleterre, et la France n'adopta pas aussitôt cette fête.

Cependant la pieuse croyance que Marie avait été conçue sans péché, était généralement répandue, et notre diocèse de Nevers en particulier, disons-le en passant, s'est montré de bonne heure ardent défenseur de cette croyance : c'était pour nos pères presqu'un article de foi. En 1388, Adam de Soissons, prieur des Jacobins de Nevers, avait laissé échapper dans ses sermons des propositions qui blessaient la foi des fidèles, sur l'immaculée Conception de Marie ; Maurice de Coulanges, évêque de Nevers, le suspendit de ses fonctions. Après un an de prison qu'il subit à Paris, en expiation de sa faute, il rétracta ses erreurs, et en présence des députés de l'Université, demanda publiquement pardon du scandale qu'il avait donné à la ville de Nevers (1). La Conception, en augmentant le nombre des fêtes de la Mère de Dieu, vint offrir aux artistes un nouveau sujet à exploiter. Ce fut surtout au XIV°. siècle qu'ils se mirent à copier les ta-

____

(1) Parmentier, histoire manusc. des évêques de Nevers.

bleaux de l'Apocalypse qui avaient rapport à cette fête ; ils en-
veloppèrent Marie de rayons aussi éclatants que ceux du soleil ; ils lui mirent la lune sous les pieds et formèrent son

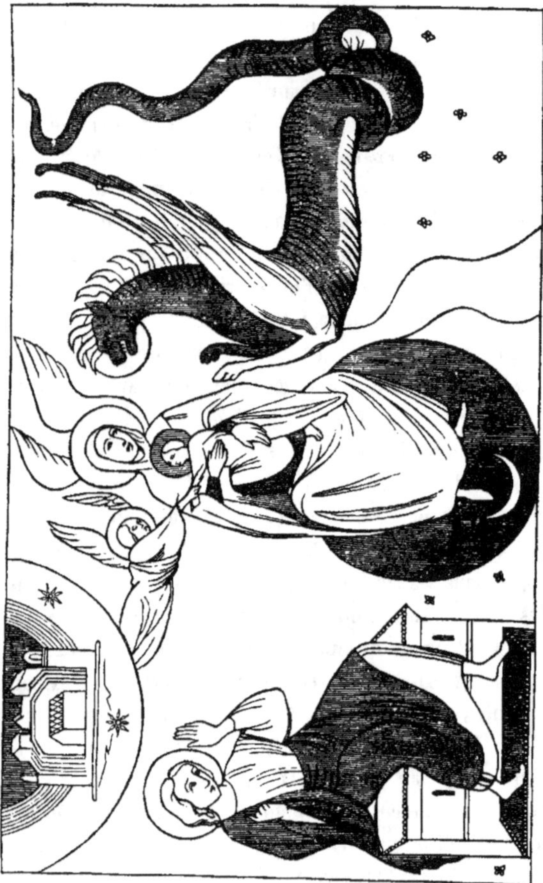

nimbe d'une couronne d'étoiles ; puis ils placèrent sous elle
la terre sauvée par sa fécondité virginale , et le serpent tenant
dans sa gueule la pomme du paradis terrestre ; vain trophée ,

car il est vaincu à son tour. D'autres fois Marie écrase la tête du dragon infernal. Plus tard on représente Marie enfant pleine de grâces et de beauté, paraissant dire à Dieu : dès le sein de ma mère j'ai pu m'adresser à vous avec confiance (1).

Naissance de Marie et Présentation. La Naissance de Marie n'a rien de particulier. Les tableaux de la Présentation nous montrent la sainte Enfant s'avançant vers le temple à l'âge de trois ans, quinze degrés conduisent au portail ; Joachim et Anne contemplent de loin leur fille chérie qui tient en main un cierge allumé, symbole de sa foi et de son généreux amour. Assez souvent on voit auprès des parents de Marie une foule de Vierges qui portent aussi des cierges allumés. Ce sont les Vierges dont parle David, qui, à l'exemple de leur reine, doivent se consacrer au grand Roi (2).

Le mariage de Marie n'a pas été traité dans l'Iconographie grecque ; chez les latins, on le rencontre assez rarement avant le XVe. siècle. On voit Joseph et Marie se donnant la main en présence du grand prêtre qui bénit leur union. Entr'autres personnages qui assistent à cette cérémonie, on remarque assez souvent un individu brisant un bâton (3).

Plusieurs Juifs, dit une ancienne légende, attirés par les charmes et les vertus de Marie désiraient l'avoir pour compagne, et en firent la demande. Le grand prêtre avait reçu du Ciel un avertissement, que Dieu destinait la jeune Vierge à celui qui, après avoir déposé son bâton dans le temple, le retrouverait le lendemain verdoyant et couvert de fleurs ; tous les prétendants avaient en vain déposé leurs bâtons, ils étaient demeurés secs, quand Joseph se hasarda à tenter l'expérience; son bâton fleurit et Marie lui fut accordée. L'individu qui assiste à la célébration du mariage et qui brise son bâton, est un

____

(1) Dixi de ventre matris meæ : Deus meus es tu. Psalm. 21. 11.

(2) Adducentur regi Virgines post eam. Psalm. 44. 15.

(3) Raphaël n'a pas oublié cette circonstance dans son *mariage de la Vierge.*

des prétendants qui annonce que son espérance a été trompée.

L'Annonciation est produite presque partout de la même

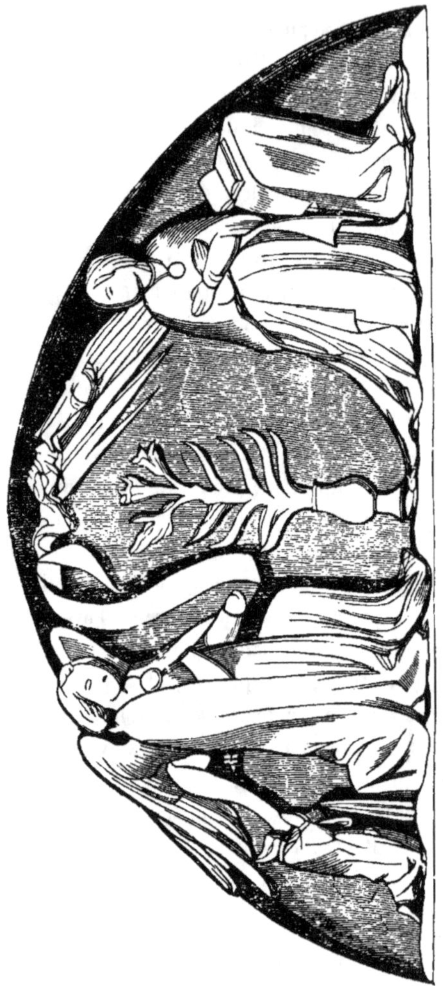

manière. C'est Marie en prières au moment où l'Archange

vient lui annoncer la grande nouvelle ; auprès d'elle est un vase contenant un lis fleuri. Assez souvent Gabriel porte en main une tige de cette fleur ou un sceptre ; quelquefois il soutient une banderolle avec l'inscription AVE MARIA. Un rayon lumineux tombe sur la tête de la Vierge, ou bien le Saint-Esprit, sous la forme d'une colombe, repose sur elle. Nous avons parlé ailleurs du bas-relief de la Charité-sur-Loire; l'Ange se présente à Marie, mais à sa vue Marie se trouble, *turbata est*. Il fallait exprimer ce trouble involontaire et subit : la première pensée de la Vierge dut être de prendre la fuite, c'est en effet, ainsi que nous la montre l'artiste romano-byzantin ; il s'est bien gardé de la poser avec calme devant un prie-dieu comme on l'a fait plus tard.

« *La Visitation*, dit M. Didron (1), a été chez nous l'objet d'une hardiesse curieuse. » En effet, vers le XVIe. siècle on voulut indiquer le tressaillement qu'éprouvèrent dans le sein de leurs mères les enfants de Marie et d'Elisabeth, et pour cela, on mit à découvert les entrailles des deux cousines. On oublie cette hardiesse des artistes de la renaissance quand on vient à considérer les œuvres de certains peintres de nos jours. On nous a assuré que, dans l'église Notre-Dame-de-Lorette, à Paris, la Visitation était représentée d'une manière nonseulement inconvenante, mais encore contraire à l'histoire. L'état de grossesse de Marie annoncerait que le moment de ses couches est arrivé, tandis que le mystère ne s'était opéré en elle que depuis peu de temps. Elisabeth était enceinte de six mois, et on convient généralement que Jean-Baptiste vint au monde six mois avant le Sauveur. Horace permettait bien aux peintres de son temps de tout oser comme les poètes, mais il est à croire qu'il n'entendait pas leur permettre d'agir contre les bienséances, la chronologie et les lois de la nature.

(1) Manuel d'Iconographie chrétienne, p. 156, notes.

Marie Mère. M. Didron s'étonnait, avec raison, de rencontrer partout en Grèce, au moment de la naissance de Jésus-Christ, deux sages-femmes qui reçoivent l'enfant, et le placent dans un bain où elles le lavent ; il exprima son étonnement au savant secrétaire du couvent de S^{te}.-Laure : « C'est « vrai, lui répondit le jeune moine en rougissant, les peintres « ne respectent rien. La Nativité a été aussi pure que la « Conception ; Marie n'a pas mis Jesus au monde, comme les « autres femmes accouchent d'un enfant ordinaire. Il n'y a « pas eu de sang versé, il n'y avait rien à purifier (1). »

Nos artistes latins ne sont pas sous ce rapport à l'abri de reproches. Nous aussi, avant d'avoir lu les savantes observations de M. Didron, nous avions plusieurs fois manifesté notre étonnement en voyant à Vézelay, à Moissac, à Auxerre, sur la cuve baptismale de Strasbourg et ailleurs, Marie couchée dans un lit au moment de la Naissance du Sauveur; Marie devenant mère n'a rien perdu de sa virginité, l'anathème porté contre les autres femmes : *tu enfanteras dans la douleur, ne devait* pas peser sur elle, et l'église tout entière s'écrie avec saint Bernard, que les *douleurs de l'enfantement lui furent inconnues* (2).

Elle était donc à l'abri des infirmités des autres femmes, et on ne peut croire que dans ce moment solennel, elle se soit laissée abattre par le sommeil. Pourquoi nos artistes du moyen-âge la représentent-ils couchée dans un lit? Il est plus rationnel et plus théologique de la voir assise, contemplant son divin enfant, ou agenouillée devant son humble berceau comme on l'a fait depuis (3).

(1) Manuel d'Iconographie chrétienne, p. 158.

(2) Sine dolore puerpera. Sanctus Bernardus. Serm. de prærog. Mariæ.

(3) C'est ainsi que l'Iconographie montre ordinairement Marie dans l'étable de Bethléem, ou plutôt dans une grotte servant d'étable.

La remarque faite en Grèce par M. Didron n'est pas étrangère à notre pays ; à Auxerre, pendant que Marie est couchée dans son lit, on lave aussi le nouveau-né ; et dans l'église primatiale de Saint-Jean, de Lyon, nous retrouvons tous les détails qui ont excité en Orient l'étonnement du savant secrétaire du comité historique (1). Six pilastres en marbre au fond de l'abside sont couronnés de chapiteaux historiés, également en marbre ; les trois chapiteaux placés du côté de l'évangile sont ornés de trois cavaliers magnifiquement habillés, ils se dirigent vers les autres chapiteaux dont ils semblent compléter l'histoire ; ce sont les trois rois Mages qui déjà ont aperçu l'étoile qui leur annonçait la Naissance du Sauveur. Le quatrième chapiteau est caché par les orgues, il doit avoir rapport à l'apparition des Anges aux bergers. Le cinquième montre Marie nimbée, couchée dans un lit ; un vieillard (saint Joseph) et une servante sont auprès. Le sixième chapiteau présente la scène orientale ; deux sages-femmes lavent le nouveau-né dans un bassin.

Au XVI°. siècle, Jean Molan blâmait avec véhémence de semblables détails : « Quoi donc, s'écriait-il, on représente « la Sainte Vierge couchée comme une femme ordinaire qui « vient d'enfanter, et qui, brisée par la douleur, accablée « de faiblesse à la suite de ses couches, n'a pas la force de « se soutenir. C'est faire injure au Fils et à la Mère. Pour- « quoi cette pâleur répandue sur son visage ? Pourquoi ces « sage-femmes qui préparent à la nouvelle accouchée un « breuvage fortifiant ? La Vierge, Mère de Dieu, n'a-t-elle « pas enfanté sans douleur et sans éprouver les infirmités

(1) L'influence bysantine s'est souvent fait sentir en France ; on la remarque surtout à mesure qu'on s'approche des provinces méridionales.

« ordinaires dans de semblables circonstances (1) ; elle n'eut
« besoin, dit saint Jérôme, ni de sages-femmes, ni des
« soins des personnes de son sexe (2). »

Un des sujets le plus fréquemment reproduits, c'est la
mort de Marie, suivie de son Assomption et de son couronnement. Ecoutons l'auteur de la légende dorée, racontant les
derniers moments de la vie de la Très-Sainte Vierge, car c'est
cette légende qu'ont copiée les artistes grecs et latins (3).
« Un jour, le cœur de Marie fut embrasé d'un violent
désir de voir son Fils ; elle se livra à la douleur et répandit
un torrent de larmes. Tout-à-coup un Ange lumineux lui
apparut, et s'inclinant avec respect: Salut, lui dit-il, ô Marie,
vous qui avez été bénie par celui qui a accordé le salut à Jacob; recevez cette branche de palmier cueillie dans le paradis,
vous ordonnerez qu'on la porte devant votre cercueil; car
dans trois jours vous quitterez la terre, votre Fils vous attend.
La Vierge témoigna le regret de quitter le monde sans avoir
auprès d'elle les Apô·res pour l'assister et lui rendre les derniers devoirs. L'Ange lui répondit que celui qui avait trans-
porté·, du fond de la Judée, le prophète jusqu'à Babylone,
pouvait bien agir de même à l'égard des Apôtres, et les
transporter auprès d'elle.

Jean prêchait alors à Ephèse, le ciel tonna, une nuée lumineuse enveloppa le disciple bien-aimé et il fut déposé devant
la porte de l'humble maison de Marie. La Vierge fut saisie de
joie en voyant celui qu'elle avait adopté pour son fils, elle
lui recommanda de faire porter devant son cercueil la branche
de palmier que l'Ange lui avait remise. Quelques instants

(1) De hist. ss. imag. chap. 27.

(2) Contrà Helvidium.

(3) Dans cette légende nous avons omis quelques détails peu impor-
tants.

après tous les Apôtres furent transportés de même sur des nuées, des différents endroits où ils se trouvaient. La Sainte Vierge s'assit au milieu d'eux et vers la troisième heure de la nuit, Jésus arriva avec les Ordres des Anges, l'assemblée des Patriarches, l'armée des Martyrs, la troupe des Confesseurs, et le chœur des Vierges. Il adressa à sa Mère ces paroles : « Viens, toi que j'ai élue, et je te placerai sur mon « trône, car j'ai désiré ta beauté. » Elle répondit : « Mon « cœur est prêt, Seigneur, mon cœur est prêt. » Et tous ceux qui accompagnaient le Seigneur se mirent à chanter : « Elle a vécu dans la pureté loin des plaisirs du monde ; elle « aura sa récompense dans l'assemblée des Saints, » et la Vierge chanta : « Toutes les générations m'appelleront bien- « heureuse, car celui qui est puissant a fait en moi de grandes « choses, et son nom est saint. » Alors une voix plus mé- lodieuse que les autres fit entendre ce cantique : « Viens du « Liban, mon Epouse, viens recevoir ta couronne. Me voici, « s'écria Marie, car mon esprit se réjouit en vous. » Et aus- sitôt l'ame de Marie quitta son corps sans douleur et s'envola dans les bras de son Fils. Jésus dit aux Apôtres : portez le corps de ma Mère avec honneur dans la vallée de Josaphat, et déposez-le dans un tombeau neuf que vous y trouverez ; dans trois jours je reviendrai à vous.

Aussitôt les roses et les lis des vallées, c'est-à-dire les Martyrs et les Confesseurs, les Anges et les Vierges entou- rèrent l'ame de Marie que Jésus portait, et l'accompagnèrent jusqu'au Ciel. Les Apôtres s'écriaient en la suivant des yeux: « Marie, pleine de prudence, souvenez-vous de nous. » Et les bienheureux en voyant l'ame de Marie entre les bras de leur Roi, appuyée sur son cœur, se mirent à chanter : « Quelle « est celle qui monte du désert, appuyée avec délices sur « son époux ? elle est belle au-dessus de toutes les filles « de Jérusalem, elle est pleine de charité et d'amour. »

Trois Vierges qui étaient là dépouillèrent le corps pour le laver, mais il resplendit d'une telle clarté, qu'elles pouvaient bien le toucher, mais non le regarder. Cette lumière dura jusqu'à ce que le corps fût lavé et revêtu d'un suaire. Les Apôtres le prirent avec respect et le placèrent dans le cercueil.

Jean dit à Pierre : « C'est à toi de porter devant le cercueil « la branche de palmier, car le Seigneur t'a élu notre chef, il « t'a choisi pour paître les brebis. » Pierre répondit : « Cette « fonction t'appartient ; c'est une personne Vierge qui doit « porter la palme de la Vierge ; tu as d'ailleurs reposé sur le « sein du Seigneur, tu as puisé à la source des grâces. » Pierre et Paul chargèrent le cercueil sur leurs épaules, et Pierre entonna l'*In exitu Israël de Ægypto*, les autres Apôtres continuèrent le psaume. Dieu couvrit d'une nuée le cercueil et les Apôtres, de sorte qu'on entendait bien leur voix, mais on ne pouvait les voir. Les Anges accompagnaient et remplissaient la terre d'une douce mélodie.

Tout le peuple entendant ces chants sortit en foule de la ville et demanda ce que c'était. C'est, répondit quelqu'un, Marie qui est morte et que les disciples de Jésus emportent au milieu des chants que vous entendez. Alors tous coururent aux armes et s'excitèrent mutuellement. Tuons les disciples, s'écriaient-ils, et livrons aux flammes le corps de la Mère de cet imposteur. Le prince des prêtres lui-même porta les mains sur le cercueil pour le renverser, mais ses deux mains restèrent attachées à la bière et il éprouva d'horribles douleurs. Tous les autres furent frappés d'aveuglement par les Anges qui étaient dans les nuages. Le prince des prêtres criait : saint Pierre ne m'abandonnez pas, rappelez-vous que je vous ai assisté lorsque la servante vous accusait. Je n'ai pas le temps d'écouter ta prière, lui répondit saint Pierre, tu vois que nous sommes occupés des funérailles de notre Reine. Si tu crois que Jésus est le Fils de Dieu, et que tu aies recours à Marie, sa Mère, tu pourras être guéri. J'y crois, dit le grand prêtre, et il baisa le cercueil avec respect; et aussitôt ses mains furent détachées de la bière et ses douleurs cessèrent. Pierre lui dit : prends cette palme, élève-la au-dessus de ce peuple frappé d'aveuglement, ceux qui croiront recouvreront la vue.

Les Apôtres portèrent ensuite le corps de Marie au sépulcre que le Sauveur leur avait indiqué. Le troisième jour Jésus-Christ, accompagné d'une multitude d'Anges, vint au milieu d'eux et les salua en disant : « Que la paix soit avec « vous. » Les disciples répondirent ; « Gloire à vous, Sei- « gneur, qui seul faites de grandes merveilles. Quel honneur « dit Jésus, dois-je faire à celle qui m'a enfanté ? tous s'é- « crièrent : Qu'elle ressuscite et qu'elle soit placée à votre « droite. » Aussitôt l'Archange Michel vint et présenta au Sauveur l'ame de sa sainte Mère. Jésus dit : « Lèves-toi, ô « mon Amie, Tabernacle de gloire, Vase de la vie, Temple « céleste : tu as conçu sans souillures, ton corps ne sera pas « soumis à la corruption du tombeau. » Soudain l'ame de Marie se réunit à son corps. Elle sortit glorieuse du sépulcre et s'éleva vers le Ciel au milieu d'une troupe d'Esprits Bienheureux.

Thomas était absent ; lorsqu'il arriva, il refusa de croire à la résurrection de Marie, comme il avait refusé de croire à la résurrection de Jésus-Christ. Mais, élevant ses regards vers le Ciel, il y aperçut Marie qui y montait lentement au milieu des chœurs des Anges ; au même instant, la ceinture de la Vierge se détacha et tomba au-dessus de Thomas qui la reçut comme une preuve du prodige auquel il avait d'abord refusé de croire (1).

(1) Cet épisode se rencontre à Notre-Dame de Brou, sur le vitrail de la chapelle de la Sainte Vierge.

Tous les détails de la légende dorée ne se rencontrent pas partout dans les tableaux de la mort et de l'Assomption de la Sainte Vierge. Un des plus complets est sans contredit le triptique de Notre-Dame de Ternan, au diocèse de Nevers, dans lequel on remarque cependant quelques légères variantes qui rappellent l'iconographie grecque. Ce triptique offre la forme d'une croix dont on aurait retranché la partie inférieure de la hampe. Le haut est garni de deux portes ou tablettes, la traverse a aussi deux portes doubles et pliantes. Nous parlerons des peintures des tablettes après avoir exposé les sculptures du triptique.

Le croisillon de droite représente Marie assise et recevant les Apôtres qui viennent des différentes parties du monde. Saint Jean arrivé le premier est agenouillé aux pieds de Celle qu'il considérait comme sa mère ; derrière lui est saint Pierre debout, puis les autres Apôtres.

Dans la partie du milieu on voit Marie couchée sur son lit ; deux Anges ont reçu son ame (1). Au croisillon gauche, c'est l'enterrement de Marie. Sous le cercueil est couché un homme dont la tête est couverte d'un turban, c'est sans doute un des Juifs frappés d'aveuglement ; un autre, costumé de même, est tourné du côté de saint Pierre et lui montre ses bras privés de leurs mains ; on dirait qu'elles ont été coupées, car en examinant de près on voit des gouttes de sang qui coulent sur les manches de la robe du grand prêtre (2). Au-dessus de la mort de Marie, dans la partie supérieure de la croix,

____

(1) L'ame de Marie est vêtue, nous ferons remarquer plus bas que c'est une exception qui est toujours admise quand il s'agit de la Mère du Sauveur, les autres ames sont toujours nues.

(2) Cette sculpture se rapproche plus de l'iconographie grecque que de l'iconographie latine. Les Grecs, en effet, représentent les mains entièrement séparées des bras.

la Vierge ressuscitée s'élève Glorieuse vers les Cieux, la Lune est sous ses pieds, les Anges l'environnent. Au haut, Dieu le Père a la tiare en tête, et Jésus-Christ porte la boule du monde ; le Saint Esprit est absent, mais il est facile de reconnaître qu'il occupait primitivement sa place dans le tableau et qu'il en a été enlevé. Au-dessous de Marie, parmi les Apôtres, on en voit un placé derrière les autres qui élève les mains vers le Ciel ; c'est sans doute saint Thomas, mais nous n'y avons pas trouvé l'épisode de la ceinture.

Sur la première tablette de la porte, à droite, on voit le Seigneur de Ternan, agenouillé devant saint Jean-Baptiste. L'habit du Seigneur donataire porte les émaux de ses armes, il est échiqueté d'or et de gueules. Sur la tablette qui est en regard, la dame de Ternan est aussi agenouillée devant sainte Catherine, qu'on reconnaît à sa couronne royale et à sa roue.

Les deux autres tablettes nous montrent, l'une l'Annonciation ; l'Ange a son disque doré surmonté d'une petite croix de gueules ; l'autre est un nouveau tableau de la mort de Marie, mais différent de celui qui est sculpté, des Anges sont aux pieds et à la tête, et saint Pierre jette de l'eau bénite sur le saint corps.

Nous devons savoir gré à nos artistes chrétiens d'avoir orné du nimbe, non seulement l'ame de Marie, mais encore son corps inanimé ; en elle tout a été pur, et ce corps, Tabernacle du Dieu vivant, a dû conserver les rayons de sa gloire.

Il ne faut pas confondre le couronnement de Marie avec son Assomption. Le couronnement n'a eu lieu qu'après son Assomption. Marie arrivée dans le Ciel est couronnée tantôt par Jésus seul, tantôt par les Trois Personnes de la Sainte Trinité. D'autres fois on la voit le diadème en tête, assise sur le même trône avec son Fils qui la serre contre son cœur.

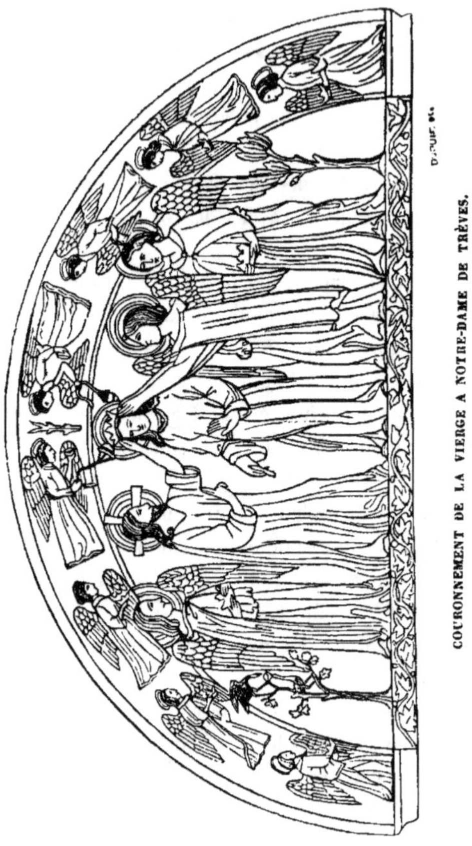

Un bas-relief de la cathédrale de Nevers, malheureusement
mutilé d'une manière horrible, représente la mort et l'Assomption de la Très-Sainte Vierge. On y voit Marie s'élevant
au milieu des Anges et soutenue par Jésus-Christ lui-même.
Il est facile de deviner la pensée de l'artiste ; il a voulu ex-

primer sur la pierre le passage du cantique des cantiques :
« Quelle est Celle qui s'élève du désert, comblée de délices,
« appuyée sur son bien-aimé » (1) ?

Nous laisserions incomplète l'histoire iconographique de
Marie, si nous ne parlions ici de l'arbre de Jessé qu'on ren-

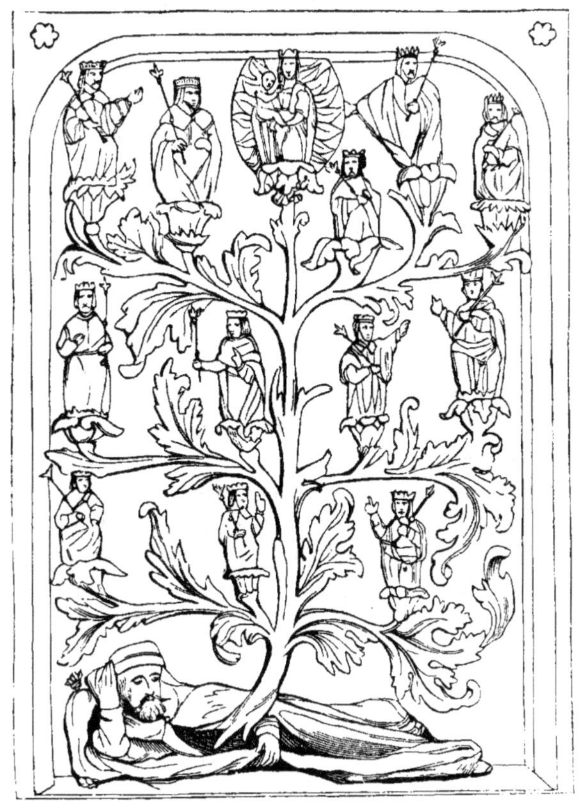

contre si souvent à partir du XIIᵉ. siècle. Jessé endormi sert

(1) Quæ est ista, quæ ascendit de deserto, deliciis affluens, innixa
super Dilectum suum ? Can. 8-5.

en quelque sorte de racine à la tige mystérieuse qui sort tantôt de sa poitrine, tantôt de sa bouche, tantôt de son cerveau ; des branches se détachent de cette tige et portent à leur extrémité un des ancêtres du Sauveur ; au sommet, une fleur épanouie sert de trône à Marie, quelquefois seule, d'autres fois tenant entre ses bras son divin Enfant.

Souvent l'arbre de Jessé se complique ; entre chaque branche est placé un Prophète avec un philactère portant la prophétie dont il est l'auteur, et qui se rapporte à la venue de Jésus-Christ. Il regarde le sommet de cet arbre et montre du doigt Celui sur lequel doit se reposer l'Esprit-Saint. En Orient on ne se contente pas seulement d'intercaler ainsi les Prophètes au milieu des branches, on y joint le devin Balaam ; et les Sages de la Grèce avec leurs sentences (1). Le XVe. et le XVIe. siècles ont produit un grand nombre d'arbres de Jessé.

Le culte de Marie semblait avoir pris dans l'Occident un nouvel accroissement dès le commencement de la période ogivale ; si nous en cherchons le motif, nous le trouverons dans les expéditions des croisades. Nos croisés, parcourant les lieux sanctifiés par les Miracles et le Sang du Sauveur, ne pouvaient oublier Celle qui avait procuré le salut du monde ; tout ce qu'ils voyaient leur répétait les vertus de Marie, tout leur parlait de Marie ; Béthléem, Nazareth, Jérusalem, le Calvaire, etc., remplissaient leur esprit et leur cœur de l'amour de Marie. D'un autre côté, l'Orient tout entier reconnaissait Marie pour sa Souveraine. Constantin converti ne se contenta pas de placer la Croix sur le Capitole et à la tête des légions romaines ; s'il doit vaincre par la Croix, il doit régner par Marie ;

----

(1) Nous verrons plus tard que les Grecs admettaient fréquemment leurs Sages et leurs Grands Hommes dans les scènes religieuses parmi les Prophètes et les Justes de l'ancienne loi.

en transportant le siége de son empire à Byzance , il mit
la ville à laquelle il donna son nom , sous les auspices et la
protection de Marie. Ses successeurs, loin de répudier une
telle protection , marquèrent plusieurs de leurs monnaies de
son chiffre vénéré ﬊, et au-dessous un petit A ; d'autres plus
tard lui firent hommage de leur couronne et se regardèrent
comme ses vassaux (1).

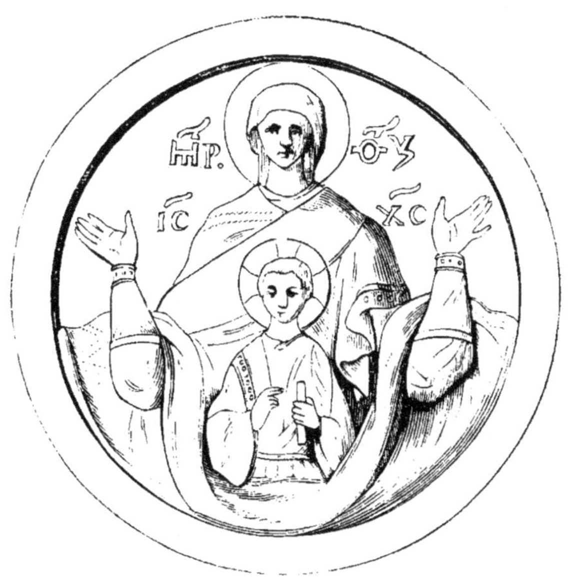

Au XIe. siècle, Nicéphore Botoniate voulut que le portrait
de Marie fût frappé sur ses monnaies, les mains ouvertes et

____

(1) Dissertation sur les monnaies des Empereurs de Constantinople.
Ducange, ad calcem.

étendues devant elle en signe de protection. Avant lui, d'autres Empereurs l'avaient fait représenter ainsi avec son Fils sur ses genoux, et Romain Diogène unit, sur ses monnaies, son portrait à celui de la Reine du Ciel et de la Terre, et c'est Marie qui lui met la couronne sur la tête (1).

Ne nous étonnons plus de voir nos chevaliers revenir de leurs pieuses expéditions plus dévoués à Marie qu'ils ne l'étaient auparavant ; ne nous étonnons plus de voir notre France se couvrir de magnifiques basiliques élevées en l'honneur de Celle que la France adopta aussi pour patronne. Dès lors toute église principale, quel que fût son patron, eut sa chapelle consacrée à Marie ; l'autel de Marie fut dressé dans la chapelle absidale centrale, derrière l'autel de Jésus-Christ ; et sur la Terre comme au Ciel, le trône de la Mère n'eut que le trône du Fils qui lui fût supérieur (2).

Les siècles en se succédant n'affaiblirent pas son culte, les peintres, les sculpteurs, les statuaires, les verriers, les tisseurs, tous les artistes voulurent lui faire hommage de leurs talents. On se plut à orner les sanctuaires de Marie de naïves peintures rappelant tout ce que les Prophètes ont annoncé touchant cette Créature privilégiée, toutes ces brillantes figures de nos livres saints que l'église lui applique. Dans la chapelle de la Sainte Vierge, à St.-Révérien, diocèse de Nevers, un peintre des dernières années du XVe. siècle a formé à Marie une auréole de ces magnifiques sujets. Au sommet de la coquille absidale, Dieu le Père jette un regard de complaisance sur cette Vierge pure qui s'élève vers les Cieux et lui adresse ces paroles : « Tu es toute belle, ô mon amie, et aucune « tache ne te souille » (3). Autour d'elle sont des emblêmes

(1) Dissertation sur les Empereurs de Constantinople.
(2) Solo facta minor Virgo, tonante. Hym. ad 1 vesp. Assompt.
(3) Tota pulchra es amica mea, et macula non est in te. Cant. 4-7.

bibliques avec leurs devises en caractères gothiques sur des banderolles ; c'est une source qui jaillit , c'est un puits au milieu des jardins , c'est un lis éclatant de blancheur , c'est le disque brillant de la lune , c'est le soleil dans toute sa splendeur , c'est un jardin fermé de toutes parts , c'est la porte du Céleste Séjour , c'est une ville environnée de murailles , avec ces inscriptions : Le Puits des eaux vives ; la Fontaine des jardins : Elle est blanche comme le lis : Belle comme la lune : Brillante comme le soleil : Elle est comme un Jardin environné de haies : Elle est la Porte du Ciel : la Cité de Dieu , etc. (1).

Mais il est temps d'indiquer les principaux caractères iconographiques qni concernent la Sainte Vierge.

Nous avons dit du Sauveur que , jeune et imberbe , il vieillit en quelque sorte avec le temps ; c'est le contraire pour Marie, âgée dans les catacombes , de siècle en siècle elle se rajeunit, et finit, au moment de la renaissance, par prendre souvent une figure enfantine.

Outre le nimbe magnifique à orle brodé ou perlé dont on orne la tête de Marie, on lui donne habituellement l'auréole et quelquefois, comme à Dieu , l'arc-en-ciel pour trône. On la trouve aussi, laissant échapper des rayons de ses mains , emblêmes des grâces qu'elle répand sur la terre ; comme on le voit, le type de la médaille miraculeuse n'est pas nouveau. Pendant le cours du moyen-âge , et à différentes époques , on trouve bien la Sainte Vierge debout, soit lorsqu'elle semble fuir à la vue de l'Ange , soit lorsqu'elle visite sa cousine Elisabeth , ou qu'elle cherche son divin Fils dans le temple, soit

____

(1) Fons hortorum , puteus aquarum viventium. Cant. IV, 15. Sicut lilium. Id. II , 2. Pulchra ut luna , electa ut sol. Id. IV , 9. Hortus conclusus. Id. IV, 12. — Porta cœli. Gen. XXVIII , 17. Civitas Dei. Psalm. LXXXVI v. 3.

surtout quand , aux pieds de la Croix , elle assiste aux derniers moments du Sauveur , comme on le voit sur l'autel de
Saint-Guillem , au portail de
Saint-Gilles et ailleurs ; on
tenait à ne pas s'éloigner de
l'Evangile : *Stabat Mater* ,
mais Marie, jeune mère berçant son enfant , le carres-
sant , l'offrant à l'adoration
des hommes est presque toujours représentée assise. Ce
ne fut qu'au XIVᵉ. siècle,
époque déjà peu soucieuse
des types traditionnels, qu'on
vit la Mère du Sauveur debout avec son enfant entre
ses bras. On dirait que les
siècles précédents craignaient
de faire injure à Marie en la

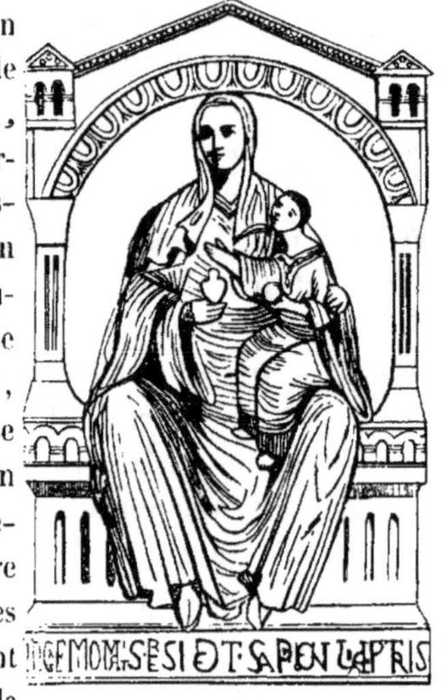

représentant comme ces femmes du commun, désœuvrées
parce qu'elles ont un enfant, et passant leur temps à le pro-
mener sans cesse de porte en porte.

Le même sentiment des convenances n'avait jamais permis
de découvrir même les pieds de Marie, quand aux approches
de la renaissance on entreprit de rompre complètement avec
toutes les anciennes traditions et de montrer la Très-Sainte
Vierge les pieds nus. Au reste, déjà on avait défiguré ses
traits , on les avait rendus méconnaissables , ce n'était plus
assez, pour la Fille du Roi, de cette beauté intérieure dont
l'éclat rejaillissait sur son auguste face (1). Il fallait qu'elle
pût, par ses formes extérieures, le disputer aux anciennes di-

(1) Omnis gloria ejus filiæ regis ab intus. Psalm. 44 , 14.

vinités de la Grèce et de Rome. On ne s'arrêta pas en si beau chemin, tout le monde sait comment plus tard s'inspirait Raphaël pour composer ses madones.

CHAPITRE 13.

Les deux Testaments. — Leurs symboles. — Le livre carre et le livre carré arrondi au sommet.

Nous venons d'étudier l'histoire iconographique de Celle qui devait, dans les desseins éternels de Dieu, réunir les deux Testaments, et reconquérir le nom de Mère des vivants qu'Eve avait perdu par son péché. C'est ici le lieu de jeter un coup-d'œil sur ces deux Testaments et d'en examiner les rapports. L'un, pure figure, indique les biens immenses que l'autre doit réaliser ; l'un reçoit le dépôt des promesses, l'autre en consigne l'accomplissement. C'est dans les catacombes, comme nous l'avons dit, qu'on remarque déjà les deux Testaments, et qu'on peut comparer la figure avec la réalité. D'un côté se développe la vie du Sauveur ; les sarcophages et les peintures murales nous rappellent ses nombreux miracles, la résurrection de Lazare, la guérison de l'hémorroïsse et de l'aveuglené, etc. ; les pouvoirs qu'il a confiés à ses Apôtres, les instructions qu'il leur a laissées ; quelques scènes de sa Passion ; on voit d'un autre côté les Patriarches et les Prophètes qui l'ont figuré par les mystérieux détails de leur vie, et qui l'ont annoncé par leurs oracles. C'est Adam et Eve dont la faute ne pouvait être réparée que par la grande Victime ; c'est le juste Abel dont le sang fut si injustement répandu ; c'est Isaac se soumettant à servir d'Holocauste ; c'est Jonas englouti par la baleine ; c'est Moïse faisant jaillir l'eau du rocher, indiquant Celui qui devait procurer aux hommes cette source d'eau vive seule capable d'étancher leur soif; puis ce sont les traits qui ont rapport aux épreuves de l'église naissante et qui rappelaient aux chrétiens la Bonté et la Providence de Dieu ; deux Israélites rapportant l'énorme grappe de raisin de la Terre promise ; le passage de la Mer Rouge ; Daniel dans la fosse aux lions , etc. Au rapport d'Eusèbe , Constantin avait fait représenter en bronze ce dernier sujet pour en orner la fontaine de la place publique (1). On y voyait Daniel auprès du Bon Pasteur. Le même sujet se représente fréquemment sur nos édifices religieux de l'époque transitionnelle.

C'est, en effet , au XIIe. siècle surtout qu'on voit se dérouler les principaux traits de l'histoire de l'Ancien Testament, en même-temps que ceux du Nouveau semblent se multiplier. Qu'il y a de foi et de poésie dans l'expression que ces artistes ont su donner à leurs personnages dans la composition de leurs tableaux. Qu'on leur reproche tant qu'on voudra l'irrégularité du dessin , le raide des poses ; jamais nos artistes modernes n'arriveront à produire les émotions que font naître les œuvres de leurs naïfs devanciers.

Nous ne prétendons pas , on le conçoit , développer tous les détails des scènes bibliques que la dernière époque romano-byzantine surtout se plaisait à reproduire. Nous nous contenterons de citer pour exemples les deux premiers traits de la triste histoire du genre humain , ils suffiront pour montrer comment les *tailleurs d'imaiges* savaient faire parler la pierre et le marbre.

Enfants bien nés, ils voudraient sinon cacher, du moins affaiblir la faute de nos premiers parents ; que feront-ils ? tout en s'attachant au récit de la Genèse , et en laissant paraître dans toute son étendue la Miséricorde infinie de Dieu pour les hommes , ils feront peser sur satan le crime de presque tout son poids. A **Vézelay** , ce n'est pas la femme qui cueille la

______

(1) **Euseb** , lib. **3**, de vitâ Const. **49**.

pomme, ou bien si elle y a porté la main avec cette indécision, cette incertitude qu'éprouve le coupable au moment de commettre un forfait, elle ne l'a pas détachée, c'est le serpent lui-même qui a arraché le fruit de l'arbre et qui a laissé entre les mains d'Eve le perfide dépôt. En parlant du démon tentateur, nous avons vu comment il s'est transformé, dans cette circonstance, en Ange de lumière, en prenant une figure angélique. Au portail de la petite église de Lescure, proche Alby, c'est encore le serpent qui cueille lui-même la pomme, mais l'arbre de la science a déployé ses branches de manière à faire briller aux yeux de nos premiers parents la forme d'une Croix. Magnifique pensée ! au moment même où l'ennemi de Dieu se croit vainqueur, il est vaincu, ses efforts sont paralysés par la Croix, et l'homme qui avait à redouter la souveraine justice peut déjà contempler le signe auguste de la souveraine Miséricorde.

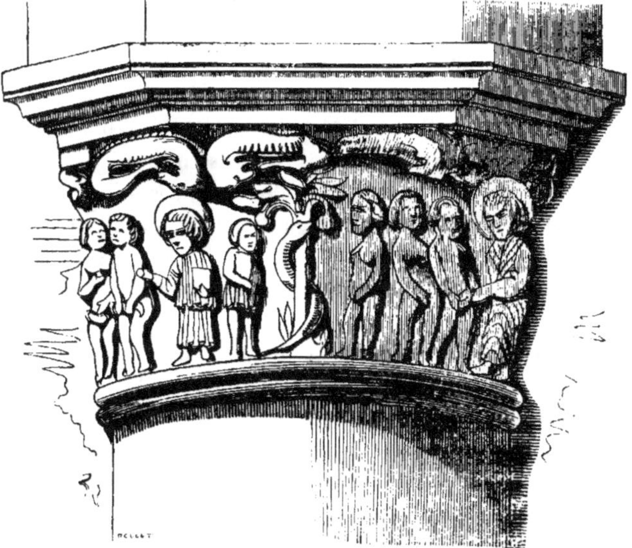

Un des chapiteaux de St.-Benoît-sur-Loire présente le même

sujet sous un autre type. On voit, sur un des côtés de ce chapiteau, la promulgation de la loi, Dieu intimant ses ordres à nos premiers parents ; sur le devant c'est la désobéissance à la loi ; Eve se laissant séduire ; sur l'autre côté se trouve la punition, les coupables sont chassés du Paradis terrestre. Jusqu'ici point de difficulté, on reconnaît la traduction littérale de la Genèse. Mais quel est ce petit personnage placé au pied de l'arbre fatal ? c'est un enfant enveloppé d'un linge qui lui couvre la partie inférieure du corps, tandis qu'Eve est dans sa nudité primitive. Si sa tête était ornée du nimbe crucifère, on reconnaîtrait sous une autre forme la pensée qui a inspiré l'artiste de Lescure, on verrait, dans cet enfant, Celui qui devait naître de la femme pour réparer sa faute et écraser la tête de son ennemi. Mais rien n'autorise une semblable explication ; aucun attribut n'indique le divin Enfant.

Il faut donc recourir à une autre interprétation, car cet enfant voilé n'a pas été placé ici sans un motif déterminant.

A peine Eve eut-elle goûté le fruit défendu que le remords entra dans son cœur ; elle entrevit toutes les suites de son péché. Sa postérité initiée à la triste science du bien et du mal, obligée de lutter contre la concupiscence, semblait se présenter devant elle pour augmenter ses remords en lui reprochant le déplorable héritage qu'elle lui avait légué. Telle était sans doute la pensée que voulait rendre le sculpteur de St.-Benoît, en plaçant sous les yeux d'Eve cet enfant au pied de l'arbre.

Le portail de St.-Gilles nous montre les intentions mauvaises de Caïn, son crime, ses remords ; mais comment peindre son insolence, quand Dieu lui demande où est son frère, et qu'il lui répond avec arrogance : *Est-ce que je suis chargé de mon frère ?* La chose paraît difficile : c'est cependant ce qu'ont essayé de faire les sculpteurs de St.-Vincent de Châlons-sur-Saône. On voit, sur un chapiteau du XIIe siècle, Caïn et

Abel offrant à Dieu leurs présents, une main au nimbe crucifère bénit le seul don d'Abel; Caïn jaloux, armé d'un énorme bâton, en frappe son frère. Bientôt Dieu lui apparaît plein de majesté, sa tête est ornée du nimbe crucifère; Caïn le front haut, l'instrument de son crime à la main, parle à Dieu, mais il n'a pas même déposé devant lui le bonnet qui couvre sa tête. Il a la pose d'un esclave criminel qui se révolte contre son maître.

Il faudrait avoir l'insensibilité de la matière inerte, pour ne pas comprendre tout ce que ces détails renferment de véritable poésie. Tous les autres traits de l'Ancien Testament sont présentés, surtout par les latins, avec la même expression de vérité.

Les deux Testaments sont symbolisés par le Livre de la science, mais la forme de ce livre diffère. Quand il symbolise la Loi Ancienne, il est arrondi au sommet comme les Tables de la Loi; quand il contient la Loi de Grâce, il est carré. Pourquoi cette distinction? quelle en est l'origine? nous l'ignorons. Cependant nous verrons bientôt que les dépositaires de la Loi Nouvelle portent le Livre, tandis que les dépositaires de la Loi Ancienne, ne portent que le volumen qui désigne la science incomplète; nous croyons que la même pensée est exprimée sous une autre forme par le Livre carré et le Livre arrondi au sommet.

En parlant du symbolisme des nombres, nous avons dit que le carré, dans les opinions pythagoriciennes et néo-platoniciennes, symbolise la Terre, tandis que le cercle est l'expression géométrique du Ciel. En comparant ces principes avec les livres des deux Testaments, on voit que le livre de la Loi Ancienne n'a la forme géométrique ni du Ciel ni de la Terre, mais une forme mixte tenant à l'une et à l'autre; le Livre du Nouveau Testament, au contraire, appartient tout entier à la Terre. En effet, la science divine a bien été communiquée aux Justes et aux Prophètes de la Loi Ancienne , mais avec réserve ; les secrets de cette science ne leur ont pas été complètement dévoilés ; la Terre en possède une partie , l'autre est au Ciel. Sous la Loi de Grâce , au contraire , les vœux prophétiques sont accomplis , les Cieux se sont abaissés , et la lumière incréée est venue éclairer les hommes , le Ciel s'est fait Terre , si on peut se servir de cette expression , comme le Verbe s'est fait Chair. Tous les secrets de Dieu sont maintenant manifestés aux hommes ; l'Evangile est pour la Terre , et voilà pourquoi on lui imprime une forme terrestre malgré sa céleste origine.

CHAPITRE 14.

Eglise de Saint-Gilles. — Plan de l'église. — Crypte. — Charnier. — Inscription. — Symbolisme des nombres appliqué à cette église. — Étude du portail.

Le monument le plus remarquable du midi de la France , sous le rapport iconographique , est sans contredit l'église de St.-Gilles , gros bourg situé entre Nîmes et Aigues-Mortes ; c'est une ancienne dépendance de Cluny, et les artistes célèbres de cet ordre fameux semblent avoir épuisé dans les sculptures de son portail, toutes les richesses de leur féconde imagination ; ce n'est pas sans raison que M. Mérimée appelle ce portail le *nec plus ultrà de l'art byzantin.*

Avant de considérer le portail , jetons un coup-d'œil sur les dispositions générales de l'église. Cet édifice, dont la longueur en œuvre était de 90^m. et la largeur de 25^m. 50^c. , était construit sur le plan de la croix de Lorraine , à double transept ; les deux croisillons secondaires avaient chacun leur abside en cul-de-four , dans les parois de la muraille orientale ; à la suite, rayonnaient autour du sanctuaire cinq chapelles absidales, trois plus profondes séparées par deux plus petites. Cette église parfaitement orientée , se divise en trois nefs , et les nefs sont partagées par six travées, jusqu'au premier transept ; une autre travée sépare le premier transept du second, après lequel se trouve le sanctuaire circulaire avec déambulatoire (1).

Les piliers sont carrés et flanqués de colonnes engagées, cantonnées en croix. Au sanctuaire, les arcades étaient soutenues par des colonnes géminées, les unes de moindre module et alternées avec d'autres colonnes géminées plus considérables.

Les bases des colonnes libres ou engagées sont attiques avec des appendices d'une grande variété ; ce sont des feuilles, des marguerites, des roses épanouies, des têtes d'animaux, des serpents enroulés, etc ; un de ces appendices présente un enfant couché, admirable par la perfection du dessin et de l'exécution.

Les chapiteaux sont fleuris et parfaitement fouillés, offrant la forme et les détails de la corbeille corinthienne ; quelques-uns seulement sont garnis d'aigles et d'Anges d'une exécution parfaite, tous ont le tailloir orné de feuilles d'acanthe et plusieurs y ajoutent la grecque.

Les fenêtres des bas-côtés sont à lancettes simples. La travée, placée entre les deux transepts, était éclairée de chaque

(1) D'habiles artistes ont tiré le plan de cette église, mais se sont contentés de marquer le transept secondaire. Pour nous, nous y reconnaissons deux transepts, et il nous sera facile de prouver qu'ils ont réellement existé : 1°, le plan de cette église est trop régulier pour que les architectes qui l'ont conçu se soient contentés d'un petit transept mesquin qui n'eût point été en harmonie avec le reste ; 2°. comment expliquer la septième travée de plus grande dimension que les autres, si on ne reconnaît pas un premier transept présentant la même largeur que la grande nef ; 3°. enfin une arcade ogivale qui paraît à l'intérieur et qui faisait partie évidemment de ce premier transept, lève toute difficulté. Il est bien étonnant que cette remarque ait échappé à tant d'habiles observateurs qui ont visité l'église de St.-Gilles.

côté par un magnifique oculus étroit, au centre de la muraille,
et s'évasant à l'intérieur et à l'extérieur de manière à présenter une large circonférence. Un de ces oculus subsiste
encore; c'est auprès que se trouve l'escalier curieux connu
sous le nom de vis St.-Gilles. Cet œil est entouré d'un double
cordon d'olives et de perles en chapelet; les claveaux sont,
comme au portail de Maguelonne, alternés de pierres blanches
et de pierres noirâtres. Sous cette église se trouve la plus
grande crypte qu'il y ait en France; sa longueur est de 49^m.
42^c., et sa largeur de 24^m. 70^c.; elle s'étend à partir du
portail sous toute la partie de l'ancienne église conservée
pour le culte divin. Sa forme est un parallélogramme rectan-
gulaire divisé en trois nefs et en six travées. Le côté latéral
septentrional n'a que deux travées, le reste étant occupé
par l'escalier qui conduit de l'église à la crypte.

Les voûtes sont à croisées d'ogives et quelques-unes à
arêtes; les croisées d'ogive sont de larges plates-bandes, les
unes garnies de zigzags en éventail, les autres présentant
un carré ondulé, garni de glyphes aussi ondulés.

La nef méridionale de la crypte fut construite ou reprise
au XIIIe. siècle; ces nervures sont plus applaties. Cette nef
conduit à un charnier placé sous les degrés du portail: il
était destiné à la sépulture des moines. On remarque, entre
les murailles, des pierres funéraires avec des inscriptions du
XIIe. siècle. L'inspection des murs de ce charnier indique
d'anciennes constructions romaines qui ont dû servir de
fondations à cette église.

Les piliers de cette crypte sont carrés et écrasés; leur
largeur est de 2^m. 90^c. Plusieurs ont les angles coupés par
un pilastre, et sont entièrement garnis de cannelures avec
baguettes jusqu'à la moitié de la cannelure. Quelques moulures simples tiennent lieu de chapiteaux. On remarque, sur
le côté méridional de la voûte de la nef du milieu, deux

ouvertures, l'une carrée, l'autre ronde : on ignore le motif de ces ouvertures; une autre ouverture carrée se voit à la voûte du collatéral méridional : elle donnait dans l'église et correspondait à un puits placé dans la crypte ; on y remarque des taches de sang ; c'est là, dit-on, que les Cannibales de 1793 brisèrent les enfants de chœur, puis les précipitèrent dans le puits qu'ils comblèrent ensuite. Les prêtres purent cette fois échapper à leur fureur.

Sur les murs extérieurs de la crypte une inscription indique l'époque de la fondation de l'église. Quoiqu'une partie des caractères soient rongés par le temps, il en reste assez pour ne laisser aucun doute sur l'époque précise de cet édifice.

ANNO: DÑI: MᶜCᶜXVIᵒ: HOC: ĒPLV̄

S ÆGIDII ÆDIF CARI: CEPIT

II   APL: FRII: NOCAB: PASCHE:

L'AN DU SEIGNEUR 1116 CE TEMPLE DE SAINT-GILLES COMMENÇA A ETRE BATI LE.... D'AVRIL LA 2ᵉ. FÉRIE DANS L'OCTAVE DE PAQUES.

Nous avons cru devoir entrer dans ces détails avant d'entreprendre l'iconographie du triple portail de St.-Gilles, où le marbre et la pierre semblent avoir disparu sous les sculptures et les ornements multipliés qui les couvrent. Nous ajouterons encore quelques observations sur le plan symbolique de cette magnifique église ; d'autant plus, qu'en général, le plan et les dispositions principales doivent être considérés comme rentrant par leur symbolisme dans l'iconographie.

A St.-Gilles, nous avons d'abord le symbole trinitaire dans le triple portail, il devait se rencontrer encore dans les trois fenêtres qui éclairaient les trois grandes chapelles absidales, car ces trois fenêtres étaient de rigueur dans les absides romano-byzantines. Ce n'est pas non plus sans raison, qu'on compte douze piliers jusqu'au premier transept ; image de la céleste Jérusalem , l'église devait reproduire ses traits les plus saillants : « La muraille avait douze fondements , sur lesquels étaient écrits les noms des douze Apôtres » (Saint Jean , dans l'Apoc. ch. 21). Ces douze piliers soutenaient douze arcades : « Il y avait douze portes et douze Anges à chaque porte » (id.). Entre le premier et le second transept se trouvent quatre piliers, symboles des quatre Evangélistes ou des « quatre animaux « qui , environnant le trône de l'Agneau , ne cessent de ré- « péter jour et nuit : Saint , Saint , Saint » (id. ch. 4). C'était là , en effet , que devait s'élever l'autel.

Les sept arcades qui environnent le sanctuaire et les sept chapelles absidales qui rayonnent autour, seraient les symboles des sept chandeliers d'or dont il est parlé dans l'Apocalypse , ou des sept dons du St.-Esprit, ou bien encore des sept Sacrements qui tirent leur vertu de la Croix.

Si nous appliquons ici le symbolisme des nombres tel que les Pères l'ont développé, et si nous suivons les principes que nous avons émis après eux dans le chapitre 4 , nous trouvons dans la largeur de chaque travée 17 pieds , la loi accomplie par la Grâce ; dans la largeur des bas-côtés 14 , l'union de la Loi Ancienne à la Loi Nouvelle ; dans la largeur totale de l'église , 77 ; les 77 générations qui ont existé depuis Adam jusqu'à Jésus-Christ ; le nombre de la Miséricorde et du Pardon. Les chapelles absidales nous offrent encore d'autres symboles , leur nombre septennaire se trouve divisé en deux ; 4 plus petites qui ne devaient point être éclairées par des fenêtres, et trois plus grandes ayant chacune leurs fenêtres trinitaires ; en effet , la Terre indiquée par le nombre 4 était dans les ténèbres, et si le Sauveur ne fût venu retracer dans le cœur des hommes l'image de Dieu , ils seraient encore assis à l'ombre de la mort ; les quatre chapelles obscures ont 10 pieds à leur ouverture , c'est le nombre de la Loi de crainte ;

les chapelles trinitaires en ont 14, union de la Loi de crainte et de la Loi d'amour (1).

Passons maintenant à l'examen du portail (2) : les soubassements qui portent les colonnes ne présentent que des traits de l'Ancien Testament, et quelques animaux qui nous ont paru emblématiques, tels qu'un centaure qui poursuit un cerf et le perce de ses flèches ; une lionne qui allaite ses petits; une chimère.... Ne serait-ce pas le monde payen, avant Jésus-Christ, qui n'était gouverné que par la ruse et par la force ? Dans les traits de l'Ancien Testament, on n'y voit point, comme ailleurs, la chute de nos premiers parents : c'était assez de représenter le premier et trop déplorable effet de cette infidélité, le meurtre d'Abel. Cette histoire est admirable de détails; dans deux médaillons en marbre blanc, on voit d'un côté, Abel offrant à Dieu le plus bel agneau de son troupeau, tandis que Caïn offre une gerbe ; entre les deux médaillons une main sort d'un nuage et bénit le sacrifice d'Abel. Mais pourquoi cette préférence ? Dieu agirait-il par caprice comme font souvent les faibles mortels ? non ; et l'artiste théologien répond de suite à cette objection. C'est l'intention qui fait le mérite de l'action ; Abel a suivi l'inspiration de son bon Ange qui, placé au-dessus du médaillon, lui montre Dieu dont il ne doit avoir en vue que la gloire dans l'oblation du sacrifice, tandis que Caïn s'est laissé guider par le génie du mal qui l'accompagne sous l'emblème du dragon. Caïn jaloux tue son frère, mais de suite la parole de Dieu a son

(1) Nous n'avons pas pris nous-mêmes les mesures; mais nous croyons pouvoir nous en rapporter à celui qui a eu l'obligeance de mesurer les différentes parties de l'église, pendant que nous nous occupions du portail.

(2) Les soubassements des grosses colonnes sont en marbre blanc, et ont 1^m. 50, environ, de hauteur. Les colonnes et leurs bases sont en marbre rouge.

effet même ici-bas; il lui avait dit : « si tu fais bien, tu seras récompensé, et si tu fais mal, le châtiment de ton péché sera à ta porte. » Caïn est devenu criminel, et le dragon se représente, mais cette fois, c'est pour enfoncer ses redoutables griffes dans la tête du coupable; voilà le premier châtiment, le remords et l'esclavage du démon.

Quant à Abel, son Ange protecteur a reçu son ame sous la forme d'un petit être humain, et un autre Ange la couronne.

Plus loin, c'est David gardant ses troupeaux, et jouant de la harpe, un Ange lui apparaît; bientôt c'est sa lutte avec Goliath; il tranche la tête à l'orgueilleux Philistin. Ce n'est pas sans raison que ce trait a été choisi entre mille, il rappelle la puissance de Celui qui se sert de ce qu'il y a de plus faible, selon le monde, pour confondre ce qu'il y a de plus fort. Nous verrons plus tard, dans l'histoire de l'église, la même puissance se manifester au milieu des combats et des triomphes des disciples de J.-C. Voilà donc déjà d'un côté l'Ancien Testament servant de base au Nouveau, et la tyrannie de la force brute qui doit faire désirer aux hommes l'avènement du Messie, qui leur procurera l'heureuse liberté des enfants de Dieu.

Elevons maintenant nos regards, et nous verrons Celui qui vient apporter ce bonheur à la Terre; le tympan du premier portail de droite, nous présente la Naissance du Sauveur, l'Adoration des Mages, et l'Ange qui avertit, en songe, Joseph de fuir en Egypte avec l'Enfant et sa Mère. Mais J.-C. n'est venu sur la Terre que pour mourir; aussi l'artiste semble passer sa vie sous silence pour arriver plutôt au moment de sa mort; il se contente de placer de distance en distance quelques autres traits qui rappellent sa puissance et sa tendresse : Il chasse les marchands du Temple et Il reçoit avec bonté l'enfant prodigue; c'est ce que nous avons cru remarquer dans les détails de la frise qui règne au-dessus des colonnes et qui continue au-dessous des tympans : sauf ces quelques tableaux épars, cette frise est un véritable chemin de Croix, c'est l'histoire de la Passion d'après l'Evangile.

Après avoir considéré le Sauveur envoyant ses Disciples chercher l'ânesse et l'ânon qui doivent lui servir de monture, on voit les Disciples exécuter les ordres de leur Maître ; bientôt le Sauveur accompagné de ses Apôtres entre triomphant dans Jérusalem ; on étend des vêtements sur son passage, on coupe des branches de palmier, on les élève en l'air, on court au-devant de ce Roi pacifique, et les enfants crient : *Hosanna,* gloire au fils de David. Plus loin, Jésus annonce à Pierre son triple parjure, mais le chef des Apôtres, la main sur le cœur, proteste de son dévouement sans bornes. Maintenant, c'est le lavement des pieds et la cène ; puis on voit Pierre saisissant Malchus par la gorge et lui coupant l'oreille ; Judas, s'avançant du milieu d'une troupe de soldats armés, et consommant son crime par un baiser perfide ; cependant les Apôtres prennent la fuite. Jésus est devant Pilate qui le condamne, il est flagellé, il porte sa croix, il est couronné d'épines ; Magdeleine se prosterne aux pieds du Sauveur.

Avant de continuer l'examen de la frise, jetons un coup-d'œil rapide sur le tympan de gauche pour y contempler Jésus mourant. Marie et le Disciple bien-Aimé se tiennent aux pieds de la croix avec d'autres personnages, dont nous tâcherons de découvrir le signalement malgré le voile mystérieux qui les enveloppe. Au-dessus de la croix, au côté droit est le buste d'un homme qui tient le soleil, et au côté gauche un buste de femme qui a la lune entre ses mains.

La frise continue les détails évangéliques ; les saintes femmes achètent des parfums pour embaumer le corps du Sauveur ; on les voit tristes et désolées dans l'atelier d'un pharmacien qui pèse les aromates qu'il doit renfermer dans leurs vases. Plus loin, elles se rendent au Sépulcre qu'elles trouvent vide ; un Ange leur annonce que Jésus-Christ est ressuscité, mais la vue de l'Ange a terrassé les soldats qui sont étendus auprès du Sépulcre ; les saintes femmes préviennent les Apôtres de ce qu'elles ont vu. Enfin le Sauveur apparaît à Magdeleine.

Mais quels sont les personnages mystérieux que nous avons aperçus au pied de la croix avec Marie et Jean ? Quelle est cette femme vieille, enveloppée dans un long manteau ; elle tombe, et c'est un Ange qui la renverse, elle avait une couronne sur la tête, et cette couronne lui échappe ? Il est facile de reconnaître en elle l'ancienne Synagogue dont le règne est passé ; l'anathême porté depuis long-temps s'accomplit : *ruit Jerusalem et Juda concidit.* L'épouse infidèle est répudiée ; nous en voyons une autre au côté droit qui va prendre sa place ; c'est l'Eglise. Elle n'est pas enveloppée d'un sombre manteau, mais comme une fiancée qui s'approche pour célébrer ses noces, elle est jeune, belle, et ornée d'une robe enrichie de broderies ; elle porte entre ses mains un magnifique étendard, c'est le fruit des victoires de son divin Epoux ; les Gentils accourent se ranger sous ce nouvel étendard et élèvent leurs mains vers le Ciel en signe de joie et pour témoigner à Dieu leur reconnaissance.

La mission de Jésus-Christ est accomplie, il doit bientôt quitter la Terre ; qui soutiendra cette Eglise qu'il a adoptée sur le Calvaire ? Regardez dans l'entrecolonnement et vous y verrez ces majestueuses figures en grandeur naturelle ; ce sont les Apôtres et les Evangélistes : ils portent un nimbe éclatant, parce qu'ils partagent la puissance et la gloire de leur divin Maître, voilà les fondements de cet édifice que le Sauveur a cimenté de son sang. Les portes de l'enfer ne prévaudront jamais contre l'Eglise, déjà le génie du mal est vaincu ; voyez-le à droite sous les pieds d'une femme, c'est sainte Marguerite avec la tarasque : à gauche, c'est l'Archange saint Michel transperçant le dragon infernal.

Cependant l'église, pour participer au triomphe de Jésus-Christ, doit aussi participer à ses humiliations ; *il a fallu que le Christ souffrît avant d'entrer dans sa Gloire ;* ses combats et ses victoires ne pouvaient être oubliés dans ce magnifique tableau ; nous les trouvons, en effet, représentés aux bases même des colonnes.

En étudiant ces colonnes, de droite à gauche, nous les voyons d'abord appuyées sur des lions qui mordent la base ; puis ensuite d'autres lions, toujours sous les colonnes, broient des moutons, des hommes, des guerriers armés ; au côté gauche, les colonnes sont soutenues par des ours entre lesquels se trouvent des hommes qui paraissent prier et méditer sans crainte, et enfin les dernières colonnes sont soutenues seulement par des hommes.

Ne devons-nous reconnaître ici qu'un caprice d'artiste ? Nous ne sommes pas de cet avis ; nous croyons plutôt que dans un édifice où tout est calculé, il y a quelques faits cachés sous ces figures symboliques. Ce serait, selon nous, la suite de l'histoire de l'église, de cette nouvelle Épouse dont nous avons vu les noces mystérieuses sur le Golgotha. Nous développerons notre pensée lorsque nous méditerons sur les combats et les victoires de l'Église.

Au tympan du portail principal de St.-Gilles, nous ne voyons pas comme à St.-Trophime d'Arles, Jésus-Christ Juge ; c'est le Sauveur Glorifié ; il semble dire à ses Apôtres pour les encourager dans leurs travaux : je n'ai pu arriver à la gloire que par les souffrances. Placé dans une auréole elliptique, environné de nuages lumineux, il a l'arc-en-ciel pour trône ; un nimbe à rayons droits et flabelliformes alternés, orne sa tête majestueuse, et les quatre animaux symboliques l'accompagnent. Comme nous trouvons déjà les Évangélistes au rang des Apôtres, on pourrait être étonné de les voir représentés de nouveau sur le tympan par leurs attributs : mais on reconnaît bientôt que ces animaux ne tiennent pas ici la place des Évangélistes : ils indiquent le saint Évangile lui-même, immuable comme son Auteur et partageant déjà la gloire de son immortalité : *verba autem mea non transibunt.*

N'est-ce pas là un magnifique cours de religion ? Telles sont les sublimes leçons monumentales que nos pères nous ont laissées. Ailleurs, d'autres artistes avaient ajouté, à ce traité de dogme, un traité de morale non moins intéressant ; le triste tableau des vices et les emblèmes gracieux des Vertus, ils y avaient joint comme à Saint-Sernin de Toulouse, à Saint-Trophime d'Arles et ailleurs, les fins dernières de l'homme, les récompenses de la Vertu, et la punition du crime. Il est à présumer qu'à St.-Gilles le cours de morale se trouvait placé au portail d'un des croisillons du transept qui n'existe plus.

CHAPITRE 15.

L'Église et la Synagogue. — Portail de Vezelay. — Tympan de St.-Sauveur de Nevers.

Pour la dernière fois, Jésus-Christ avait célébré la Pâque des Juifs ; il avait mangé avec ses Apôtres l'Agneau Pascal, figure du véritable Agneau qui devait bientôt être immolé pour les péchés des hommes ; tout-à-coup, à la fin du repas, les ombres de la Loi Ancienne disparaissent, les cérémonies légales sont abolies, le sacerdoce d'Aaron fait place à un nouveau sacerdoce, quand le Sauveur, Prêtre et Victime charge ses Apôtres et leurs successeurs, d'offrir jusqu'à la fin des siècles le grand Sacrifice.

Cependant il fallait que cet acte de Miséricorde et de Justice fût proclamé devant tout l'Univers, qu'il fût patent aux

yeux de tous les hommes que la Synagogue infidèle avait mérité le libelle de répudiation ; Jésus-Christ lui même se charge
de cette fonction ; du haut de l'autel sacré , dressé sur le Golgotha et déjà arrosé de son Sang , il annonce au monde que
le règne de la Synagogue est fini , que cette indigne Épouse
a comblé la mesure de ses crimes et qu'il a déversé sur une
autre toute sa tendresse. *Consummatum est.*

C'est cette pensée que le moyen-âge a rendue d'une manière si énergique sur nos monuments chrétiens. Au pied de
la Croix du Sauveur se tiennent deux femmes mystérieuses ;
l'une à sa droite , jeune , pleine de force , de vigueur et de
grâces; l'autre , à gauche , humiliée , faible , décrépite, chan-
celante , quelquefois poussée par un Ange qui accélère sa
chute comme nous l'avons vue au portail de St.-Gilles.

Ce sujet se reproduit souvent aux XIIe. et XIIIe. siècles ,
avec des variétés de détails dont le génie de chaque artiste se
plaisait à l'orner. Un des vitraux de l'ancienne église abbatiale
d'Orbais (Marne) nous montre la Sainte Vierge et saint Jean
au pied de la Croix ; à droite , dans le panneau voisin, l'Eglise
est figurée sous les traits d'une femme nimbée , une couronne
d'or orne sa tête , elle est revêtue d'un riche manteau et tient
en main une Croix triomphale ; sur le panneau opposé , c'est
la Synagogue , sans nimbe , car le nimbe est l'attribut de la
puissance ou de la sainteté ; elle baisse la tête et tourne le dos
au signe du Salut. Un vitrail de la cathédrale de Bourges reproduit le même sujet ; ici on ne voit au pied de la Croix ,
ni Marie , ni le Disciple bien-Aimé , l'Église et la Synagogue
assistent seules aux derniers moments du Sauveur. A droite ,
la Religion , belle et jeune , est parée d'un large manteau ,
elle a la couronne en tête , car elle est Reine , son Époux vainqueur de la mort l'appelle à partager son triomphe et son immortelle royauté ; à elle , à elle seule toutes ses faveurs , le
cœur de son Époux lui est ouvert , et dans le calice qu'elle tient

entre ses mains, elle reçoit les flots de sang qui jaillissent du

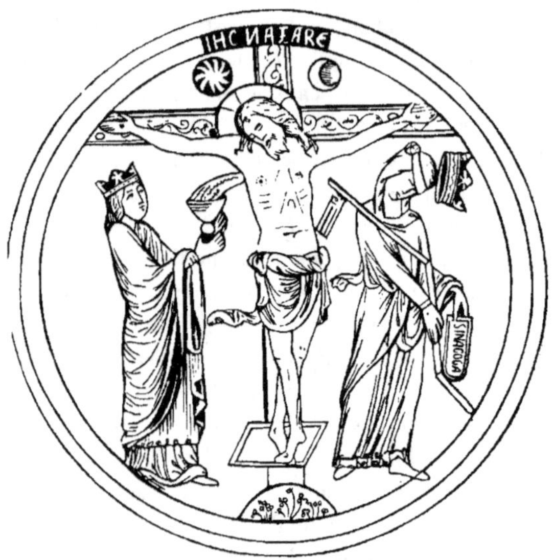

côté de l'Homme-Dieu ; c'est aussi vers elle que le Sauveur mourant a porté ses regards pleins d'amour, c'est de son côté qu'il a incliné la tête.

La synagogue, au contraire, tourne le dos à la Croix, elle n'a pas voulu reconnaître le moment favorable où un Dieu l'a visitée (1) et ce Dieu irrité l'a frappée d'aveuglement, un bandeau couvre ses yeux ; elle était reine, mais sa couronne tombe de dessus sa tête (2) ; elle était dans l'abondance, elle n'a même plus de manteau pour couvrir ses épaules, une simple robe laisse apercevoir la maigreur de ses membres (3);

(1) Eò quod non cognoveris tempus visitationis tuæ. Luc 19-44.

(2) Defecit gaudium cordis nostri : versus est in luctum chorus noster, cecidit corona capitis nostri. Jerem. Threni V.

(3) Dans la peinture, le manteau de la religion est de pourpre, symbole de sa royauté ; la synagogue revêt les couleurs sombres du deuil.

elle n'a plus de soutien , personne ne viendra plus se ranger sous son étendard , car cet étendard qu'elle porte semble trop lourd pour ses faibles mains , sa hampe d'ailleurs est rompue en plusieurs endroits ; enfin elle laisse échapper le livre de la Loi déjà renversé , et son nom est inscrit sur ce livre ; on dirait le nom d'un mort sur une pierre sépulcrale , mais sans éloge , sans le moindre mot de regret. Ailleurs , la synagogue a tout-à-fait disparu de la scène , elle n'est plus ; il ne faut pas laisser pourrir les morts sous les yeux des vivants; la religion seule reçoit le sang qui jaillit des plaies du Sauveur. Les miniaturistes ont largement exploité ce sujet.

Saint Cyprien (1) reconnaît , dans les deux criminels suspendus en croix de chaque côté du Sauveur, la réprobation des Juifs et la vocation des Gentils ; l'un refuse avec opiniâtreté de reconnaître Jésus-Christ pour son Dieu, ses souffrances et ses humiliations sont pour lui un sujet de scandale et il meurt dans son endurcissement ; l'autre , au contraire , ouvre les yeux à la lumière intérieure qui l'éclaire , abjure ses erreurs, réclame son pardon, et pour prix de son amour naissant reçoit l'assurance d'un éternel bonheur.

Saint Augustin nous dit que la lune peut être considérée comme l'image de la synagogue. En effet , de même que la lune emprunte sa lumière au soleil et qu'elle resterait dans la plus profonde obscurité si un autre corps venait à intercepter ses rayons , de même aussi la Loi Ancienne serait inexplicable sans le secours de la Loi Nouvelle qui vient lui communiquer sa lumière. Le soleil et la lune qu'on aperçoit si souvent dans la scène du crucifiement , peuvent donc être aussi considérés comme les images des deux Testaments. Mais ici le soleil , sans cependant rien perdre de son éclat , s'éclipse pour le peuple déicide ; la Croix ne permettra pas à ses rayons de parvenir jusqu'à la synagogue.

(1) Sanctus Cyprianus de montibus Sion et Sina.

Le règne de la synagogue est détruit, et celui de l'église commence. Déjà cette nouvelle reine a puisé dans le sang de son royal époux la force qui lui était nécessaire pour résister

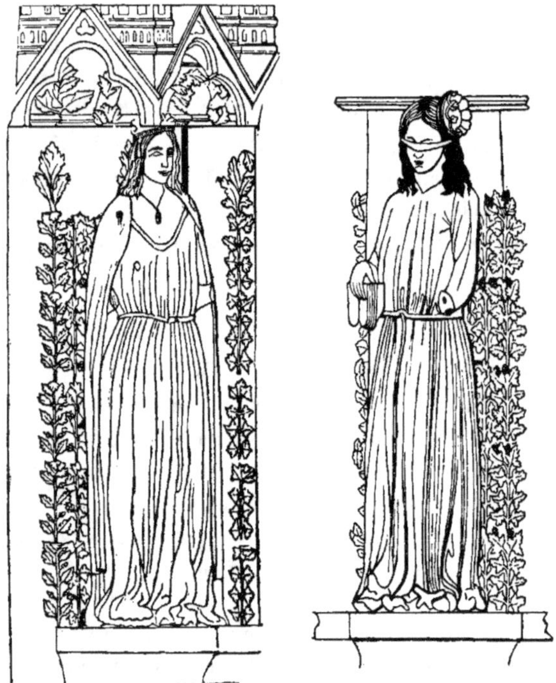

à ses ennemis ; mais elle a encore besoin de lumières et de grâces : ces secours ne lui seront point refusés.

Le tympan du portail intérieur de l'église de Vézelay nous montre le Sauveur chargeant les Apôtres de la sublime mission de prêcher son Évangile au monde et d'étendre par toute la terre l'empire de son Église. On est d'accord, en général, sur le sujet principal de ce magnifique portail ; tout le monde y reconnaît la mission confiée aux Apôtres. Mais quand on vient à en examiner les détails secondaires, on est forcé de reculer, ou les explications sont peu satisfaisantes.

Nous osons élever ici la voix à notre tour au milieu de tant de graves autorités qui ont tenté d'expliquer le portail de Vézelay, nous exposerons simplement nos observations. Avant tout il faut poser en principe général qu'il y a ordinairement une certaine analogie entre le motif du tympan et les sujets secondaires qui ornent son encadrement, ils ne sont le plus souvent que le développement de la thèse, l'arrière-plan du tableau.

Partant de ce principe qui admet cependant quelques rares exceptions, nous avons cru remarquer, dans toutes les sculptures de ce portail, l'établissement et les conquêtes de l'Église.

Le pilier symbolique est surmonté d'une belle statue du saint Précurseur, c'est le dernier des Prophètes et le premier des Évangélistes; il réunit les deux Testaments, car il annonce la venue de Jésus-Christ, et il déclare en mêmetemps qu'il est arrivé : préparez les voies du Seigneur.... Il en est un au milieu de vous que vous ne connaissez pas (1). Il est naturel qu'il trouve ici sa place. Il tient devant sa poitrine un large disque au milieu duquel était autrefois l'Agneau, dont le sang devait effacer les péchés du monde. Sur le socle on lit cette inscription :

AGNOSCANT OMNES QUIA DICITUR ISTE JOHANEES ✳ HIC RETINET
POPULUM DEMONSTRANS INDICE CHRISTUM.

Qu'on reconnaisse ici celui qu'on nomme Jean, il retient le peuple *que ses vertus attirent* et du doigt lui montre le Christ.

Au-dessus de la tête nimbée du saint Précurseur s'étend un

(1) Parate viam Domini. Marc. 1-3. Medius autem vestrûm stetit quem vos nescitis. Joan. 1-26.

bandeau chargé de figurines dont on n'a pas encore donné l'explication. M. Le Normand prétend qu'à gauche ce sont les péchés capitaux, et à droite la sortie d'Egypte (1). Nous donnerons notre explication de ce bandeau, quand nous aurons considéré la scène principale.

Pour en découvrir le sens, il faut ouvrir les livres des deux Testaments. Le Sauveur plein de majesté, la tête ornée du nimbe crucifère, est assis dans une gloire elliptique; il étend à droite et à gauche ses mains, desquelles s'échappent des rayons qui vont se reposer sur la tête des onze Apôtres, car le traître Judas n'est pas encore remplacé. Il est facile de reconnaître les Apôtres les plus proches de Jésus-Christ, saint Pierre à droite avec ses clefs mystérieuses, à gauche le disciple bien-aimé avec sa figure d'adolescent; ils portent, comme tous les autres, le livre de la science divine, ce livre qui contient la doctrine et la morale de leur divin maître. Jésus-Christ, en répandant sur eux sa céleste lumière, semble leur adresser les paroles de l'Evangile : « Allez, « enseignez toutes les nations. Baptisez-les au nom du Père « et du Fils et du St.-Esprit, apprenez-leur tout ce que je « vous ai moi-même enseigné. » Mais pourquoi ce fleuve qui, à la hauteur de la face du Sauveur, semble s'échapper, après avoir pris sa source dans la gloire qui l'environne? Pourquoi, de l'autre côté, à gauche, cette branche d'arbre dont le tronc est caché? demandons-le à l'Apôtre saint Jean, et il nous répondra : « L'Ange me montra encore un fleuve d'eau vive « claire comme du cristal, qui coulait du trône de Dieu. Au « milieu de la place de la ville, des deux côtés de ce fleuve « était l'arbre de vie, qui porte douze fruits et qui donne son

____

(1) Il est assez difficile de se rendre compte de la présence, sur ce bandeau des sept péchés capitaux; je n'admets pas davantage la sortie d'Egypte quoiqu'elle pût à toute force trouver ici sa place.

« fruit chaque mois : et les feuilles de cet arbre sont pour
« guérir les nations (1). » Ce sont, comme on le voit, des
images en rapport avec le sujet principal, le fleuve d'eau
vive qui doit purifier le monde, l'arbre de vie dont les feuilles
mêmes ont la vertu de guérir les nations.

Trois archivoltes encadrent le tympan ; la première renferme huit tableaux qui n'ont pas été expliqués ; il nous a
semblé, en considérant la variété des costumes que l'artiste
a donné aux personnages de chaque tableau, et même à la
physionomie particulière des individus qui composent les
groupes, remarquer la personnification de ces nations différentes de mœurs et de langage, auxquelles les Apôtres devaient
porter la bonne nouvelle.

Le bandeau dont nous avons parlé représenterait les fruits de
la prédication de l'Evangile. Saint Pierre se retrouve encore
avec ses clefs au milieu du bandeau qu'il domine de la moitié
du corps, sa taille est gigantesque si on la compare aux autres
figurines qui, à droite et à gauche, se dirigent vers lui. On
croirait entendre ici le Prophète Jérémie s'écrier : « Ils vien-
« dront des extrémités de la terre et ils diront : en vérité,
« nos pères n'ont connu que le mensonge, leurs vaines er-
« reurs ne leur ont été d'aucun secours (2). » ou bien Isaïe
parlant de la nouvelle Jérusalem : « Lève les yeux, ô Sion,
« promène tes regards autour de toi, et vois ces peuples
« nombreux qui se sont réunis pour vivre sous tes lois (3). »

(1) Et ostendit mihi fluvium aquæ vitæ splendidum tanquam crys-
tallum procedentem de sede Dei et Agni. In medio plateæ ejus, et ex
utràque parte fluminis, lignum vitæ, afferens fructus duodecim per
singulos menses reddens fructum suum et folia ligni ad sanitatem Gen-
tium. Apoc. XXII, 1-2.

(2) Venient ab extremis terræ et dicent : Vere mendacium possede-
runt patres nostri, vanitatem quæ eis non profuit. Jérém. 16.

(3) Leva in circuitu oculos tuos, et vide : omnes isti congregati sunt,
venerunt tibi. Isaïe, 49.

Nous ne sommes pas étonnés de voir ici Pierre au milieu de ce concours ; chef de l'église , c'est à lui de faire entrer les nations dans son sein , il a reçu la mission de paître et les brebis et les agneaux ; mais sa présence au milieu des allégories représentant les péchés capitaux , ou des Juifs fuyant devant Pharaon , deviendrait inexplicable.

La seconde archivolte du grand portail représente les signes du zodiaque et les différents travaux de l'année qui correspondent à ces signes. Ne croyons pas que ce sujet que l'on retrouve fréquemment sur d'autres monuments ait été placé ici sans dessein. Catholique par l'étendue de son empire , l'église le sera encore par sa durée ; elle verra se succéder les mois , les saisons et les années , jusqu'au moment où son divin époux viendra juger la terre , car il lui a promis de demeurer avec elle jusqu'à la consommation des siècles.

La troisième archivolte posée en larmier n'est qu'une guirlande de feuilles de fantaisie très-grâcieuses et parfaitement fouillées.

Si après avoir étudié le grand portail nous examinons les tympans des deux portes secondaires qui donnent entrée dans les bas-côtés , nous sommes encore frappés de l'ensemble parfait qui s'y fait remarquer , des rapports des sujets qui y sont représentés avec le sujet principal. A gauche nous découvrons l'Annonciation , la Visitation , la Naissance de Jésus-Christ , l'Adoration des Bergers et celle des Mages ; à droite , les scènes de la vie publique de Jésus-Christ ; le Sauveur au milieu des Apôtres , les disciples d'Emmaüs , etc. Voilà trois des grandes époques de la vie de l'Homme-Dieu exprimées d'une manière bien claire et bien nette ; *sa vie cachée, sa vie publique , sa vie glorieuse* , mais pourquoi ne trouvons-nous rien qui nous rappelle sa vie douloureuse ? C'est sans doute parce que les artistes qui ont dirigé l'exécution de ce magnifique plan , ont pensé qu'il n'y avait besoin ni d'images ni de figures en présence de la réalité ; le sacrifice du Calvaire doit tous les jours se renouveler sur l'autel , et l'église cruciforme semble les dispenser de tous autres détails.

Dans cette légion de démons qu'on remarque accrochés aux chapiteaux de l'intérieur de l'église , du narthex et des galeries , il est facile de découvrir la pensée des moines artistes. Ils ont voulu peindre à larges traits la déplorable position de l'homme sur la terre , lui dont la vie n'est qu'un continuel combat , mais ils n'ont pas oublié que Dieu n'a pas abandonné l'homme à ses propres forces et qu'il a ordonné à ses Anges de veiller sur lui pour le protéger. Aussi ils ont multiplié les Anges à l'égal des démons. C'est partout l'homme , l'Ange tentateur et l'Ange protecteur , c'est la lutte du prince des ténèbres contre la lumière , c'est le triomphe de la vérité sur l'erreur.

Cependant l'Ange de lumière peut bien combattre l'Ange de ténèbres , il peut bien remporter sur lui une victoire passagère ; pour le terrasser , pour détruire son empire , il ne faut rien moins que la puissance de celui auquel était réservé, selon l'énergique expression de l'Écriture, de briser les portes d'airain des enfers , et d'en rompre les verroux. C'est cette victoire que nous indiquent les deux portails latéraux et le plan cruciforme.

Contre la concupiscence , l'ignorance et la mort , tristes fruits du paradis terrestre , l'homme trouve des remèdes efficaces à Bethléem , dans les sublimes prédications de la Judée et au sommet du Golgotha ; pour le démon, triple défaite qui demeurerait cependant incomplète, si Jésus-Christ, en quittant la terre, n'imprimait à son œuvre un caractère de perpétuité , c'est ce qu'il fait dans l'établissement de son église , sujet du grand portail.

A Vézelay , le Sauveur n'a aux pieds ni aux mains aucune trace , aucune cicatrice de sa douloureuse Passion. Ailleurs on voit se reproduire la même scène sous un type différent : non seulement Jésus-Christ a conservé ses glorieuses cicatrices, mais les plaies de ses mains sont ouvertes et il en jaillit des flots de sang qui se divisent en jets pour se répandre sur chacun des Apôtres.

Le tympan du portail méridional de l'ancienne église de St.-Sauveur de Nevers représente Jésus-Christ bénissant saint Pierre en lui livrant une énorme clef ; sa taille est gigantesque en comparaison de celle des Apôtres qui l'environnent. Au-dessus de leurs têtes on lit cette inscription :

VISIBUS HUMANIS MONSTRATUR MYSTICA CLAVIS.

Et au-dessous du bandeau qui soutient le tympan :

PORTA COELI PATEAT HUC EUNTIBUS INTUS ET EXTRA.

« La clef mystérieuse est montrée aux hommes. »
« Que la porte du Ciel soit ouverte à ceux qui entrent
« dans le temple et à ceux qui en sortent (1). »

CHAPITRE 16.

Combats et victoires de l'Église. — Lions placés aux portes de nos basiliques. — Portails de St.-Gilles, de St.-Trophime d'Arles et de Moissac.

Nous ne remarquons pas partout, comme à Vézelay, l'absence des sujets qui rappellent les souffrances de l'Homme-Dieu ou les combats et les persécutions de l'Église. Un grand nombre de nos monuments religieux nous montrent Jésus-Christ crucifié sur leurs portails et sur leurs vitraux, et développent les différents traits de la Passion du Sauveur, les

(1) Ce curieux tympan est déposé à l'évêché de Nevers ainsi que les chapiteaux retirés des ruines de l'église de St.-Sauveur ; ces précieux débris commenceront le musée religieux que Mgr. l'évêque de Nevers désire depuis long-temps établir.

tortures et l'inébranlable fermeté des Martyres, les luttes et les victoires du Christianisme. Les XIIe. et XIIIe. siècles emploient souvent les symboles pour exprimer ces luttes et ces triomphes. C'est à travers des voiles mystérieux que nous apercevons l'épouse du Christ s'avançant douloureusement au milieu des nations rébelles qui finissent enfin par la reconnaître pour leur reine.

On voit quelquefois des lions couchés de chaque côté des portails des églises et servant de soubassement aux colonnes qui soutiennent les voussures. L'Italie et nos provinces méridionales nous en fournissent plusieurs exemples, mais cette disposition est plus rare dans le reste de la France. Ces lions ont donné lieu à de savantes dissertations à la suite desquelles on a adopté trop facilement peut-être une opinion que nous ne pouvons partager. Il fallait rendre compte de la présence de ces animaux, et comme on avait remarqué cer-

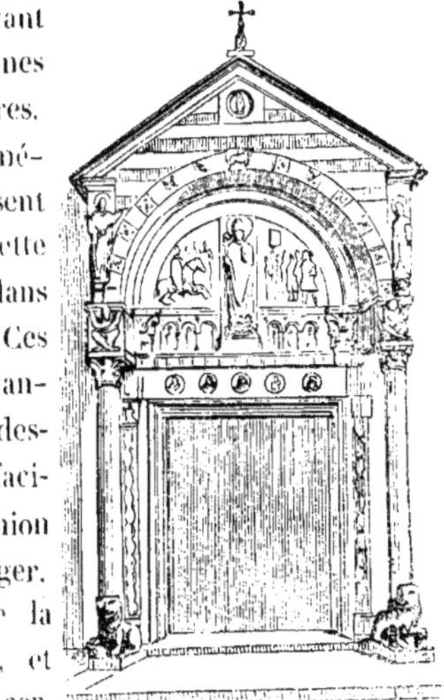

tains actes de justice qui portaient dans leur formule, *inter leones*, parce que pour donner plus de publicité ou de solennité à ces actes on les proclamait du portail de l'église, on en a conclu que ces lions étaient un symbole d'autorité et de juridiction.

Ces raisons sont pour nous peu concluantes. On proclamait les actes qui intéressaient toute une commune, du portail de l'église, parce que ce portail était ordinairement plus élevé que le sol de la place qui l'avoisinait, et qu'au sortir des divins offices la population tout entière couvrait cette place :

Maintenant encore , du moins dans les campagnes , les annonces des autorités civiles ont lieu aux portes des églises à l'issue de la messe paroissiale. C'est pour cela que les arbres que nous voyons devant les portes principales des églises ont été plantés ; il fallait songer à mettre le magistrat et ses administrés à l'abri du soleil et de la pluie.

Dans les églises dont le portail était en retraite et présentait une certaine profondeur , le magistrat se trouvait à couvert sous les voussures ; il n'est pas étonnant d'entendre proclamer ses actes *inter leones ,* comme ailleurs on les proclamait *sub ulmo* (1) en faisant aussi mention de cet arbre dans la formule de l'acte. Si nous devons reconnaître un symbole de juridiction dans les lions , il faut reconnaître le même symbole dans les ormes qui abritaient les seigneurs et les évêques lorsqu'ils traitaient quelqu'affaire publique , dans le chêne de Vincennes sous lequel St.-Louis rendait la justice.

Nous nous sommes écartés de notre sujet , mais il nous fallait démolir avant de reconstruire.

Que signifient donc ces lions ? nous avons étudié en détail les églises de St.-Gilles , de St.-Trophime d'Arles et de Moissac , les plus remarquables , sans contredit , du midi de la

----

(1) Vers la fin du XIe. siècle , Hugues III , évêque de Nevers , traitait les affaires de son chapitre non pas à huis-clos, mais publiquement. Une de ses chartes porte : *In ulmo suà consedit.* (Parmentier, hist. des év. de Nevers.)

Lebœuf nous apprend que le même usage existait à Auxerre et que les assemblées capitulaires se tenaient en été sous l'orme planté devant la cathédrale. Lebœuf, hist. d'Auxerre, t. II , p. 66.

Guillaume Ier. , comte de Nevers et d'Auxerre , contemporain de Hugues III, dont nous venons de parler , a laissé des chartes avec cette formule : Dans notre château , sous l'orme *in castello sub ulmo.* On voulait peut-être , en proclamant ces actes à la face du ciel et de la terre , les rendre par là plus solennels.

France, et nous nous sommes convaincus que ces lions étaient la traduction d'une pensée et non le résultat d'un caprice d'artiste ; mais cette pensée, il fallait la pénétrer.

Après avoir exposé rapidement les observations que nous avons faites en visitant les trois églises dont nous venons de parler, nous essaierons d'en dévoiler le sens caché.

Examinons d'abord le triple portail de St.-Gilles. Les premières colonnes à droite ont pour soutien des lions qui mordent leurs bases, puis d'autres lions toujours en soubassement broient sous leurs dents des moutons, des hommes, des guerriers armés ; il en est de même de ceux qu'on voit sous les pieds des Apôtres adossés aux tableaux du grand portail. Au côté gauche du portail, les colonnes sont soutenues par des ours entre lesquels on voit des hommes qui paraissent prier ou méditer sans crainte ; et enfin les dernières colonnes sont soutenues seulement par des hommes.

A St.-Trophime, les sujets sont représentés moins en grand, on y retrouve encore des hommes broyés sous les dents des lions ; une femme éplorée reçoit les tristes restes d'une de ces victimes ; un individu déchire la mâchoire d'un lion qui veut le dévorer ; et enfin le pilier qui soutient le tympan est soutenu lui-même par quatre hommes à genoux.

A Moissac, sous les pieds de saint Pierre, c'est un lion en repos. Ailleurs, ces mêmes animaux retiennent et écrasent de leurs pattes antérieures, tantôt un serpent qui fait de vains efforts pour se dégager et pour mordre, tantôt un quadrupède à tête de porc.

S'il ne faut pas reconnaître ici toute l'histoire de l'Église, avouons que si on devait la représenter par des emblèmes, on ne pourrait le faire d'une manière plus vraie et plus énergique.

Cette colonne est bien un symbole de l'Église, définie par

saint Paul, la base et la colonne de la vérité (1) ; la base est sur la terre, le sommet s'élève vers les Cieux. Le lion est le symbole de la force matérielle, ce sont les princes de la terre qu'il représente. Les lions mordent la base de cette colonne inébranlable (2) ; en effet, dès l'origine du christianisme, les princes l'attaquèrent par sa base pour essayer de la renverser. « Nous vous avons défendu, dirent-ils aux Apôtres de Jésus-« Christ, de prêcher au nom de cet homme (3). » La foi ne pouvait éclairer les ames que par la prédication (4) ; c'est la prédication qu'ils attaquent. Les Apôtres ne se laissent pas ébranler ; fidèles à la mission que Jésus-Christ leur avait confiée, d'enseigner toutes les nations, ils ne tiennent aucun compte de la défense qui leur est faite et continuent à proclamer les vérités saintes. De nouvelles attaques sont dirigées contre l'Église ; cette fois les lions ne se contentent plus de mordre la base de la colonne, ils dévorent les enfants de l'Église, ils broient sous leurs dents meurtrières des agneaux qui indiquent si bien la patience de leurs victimes, des hommes, des guerriers armés, car la foi a eu des martyrs de toute condition. Ce sont leurs glorieuses histoires que nous racontent les portails de St.-Gilles et de St.-Trophime. Oh ! comme elle est touchante, la scène qu'on remarque sur le portail de cette dernière basilique ; c'est une femme triste, mais résignée, qui reçoit les précieux restes de ces hommes que les lions laissent échapper de leur gueule : comme elle nous peint bien la sollicitude de l'Église pour recueillir les re-

(1) Columna et firmamentum veritatis. Tim., 1-3.

(2) Il est à observer que, tout en cherchant à renverser la colonne, ils la soutiennent ; c'est qu'en effet le Christianisme s'est fortifié, s'est affermi par les persécutions.

(3) Act. apost., 5.

(4) Fides ex auditu, auditus autem per verbum. Rom. 10-17.

liques de ses martyrs ; c'est elle, en effet, qui est chargée d'accomplir les promesses du Seigneur ; il ne veut pas que les os de ses Saints périssent, et il les prend sous sa garde (1).

Mais la fin des épreuves approche et les dents des lions doivent être brisées (2). Cette victoire est figurée par cet homme qui déchire la mâchoire d'un lion qui veut le dévorer. Plus loin, à St.-Gilles, nous voyons les colonnes soutenues par des ours, et entre les ours des hommes en méditation. C'est toujours la suite de l'histoire de l'église, ce sont ces hommes dont le monde n'était pas digne, qui erraient dans les solitudes, qui se retiraient dans les cavernes au milieu des bêtes féroces (3) ; ils soutiennent aussi par leurs vertus, leurs prières et leurs mortifications, l'édifice que Jésus-Christ a fondé.

Enfin, l'Église avait donné au monde des preuves de sa céleste origine dans le courage que sa foi avait inspiré à ses martyrs ; et d'un autre côté ses solitaires et ses anachorètes avaient appris aux hommes le détachement et la mortification ; l'édifice était affermi et les ministres de cette religion sainte pouvaient sans crainte travailler librement à la mission qui leur était confiée. N'est-ce pas cette pensée que l'artiste de St.-Gilles voulait rendre en nous montrant les dernières colonnes du côté gauche soutenues par des hommes. A Saint-Trophime, le pilier symbolique est soutenu aussi par quatre hommes, mais ils sont à genoux. Magnifique pensée ! la foi, la prière, l'union avec Dieu, voilà où l'Église puise sa force.

Considérons maintenant, au portail de Moissac, ce lion en repos sous les pieds du prince des Apôtres : il est las du car-

---

(1) Custodit Dominus omnia ossa eorum. Psalm. 33.
(2) Molas leonum confringet Dominus. Psalm. 57.
(3) Ad Hæbreos, 11.

nage , ou plutôt il est vaincu. Les princes de la terre se sont
soumis au joug de la foi , ils ont revêtu la douceur de l'Agneau
et reconnaissent l'autorité de Celui auquel le Christ vainqueur
a confié ses pouvoirs ; maintenant enfants de l'Église ils deviendront les défenseurs de leur mère , car elle aura d'autres
ennemis à combattre , d'autres luttes à soutenir ; ils écrase-

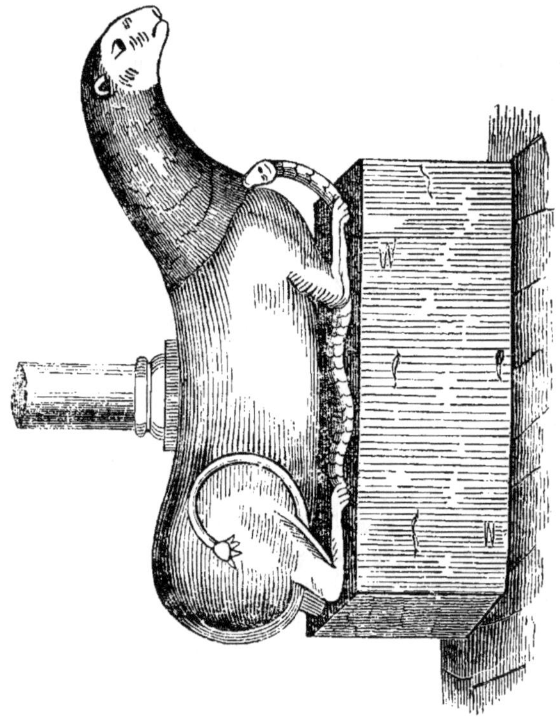

ront le serpent de l'hérésie qui chercherait à se glisser dans
son sein , les vices immondes qui tenteraient de s'opposer au

progrès et au développement de sa sublime morale (1).

Nous ne terminerons pas ce chapitre sans faire remarquer, sous une autre face, les rapports qui existent entre le soubassement du portail de St.-Gilles et le sujet dont nous venons de parler. Nous avons vu, sur un des médaillons du soubassement, la lionne allaitant ses petits, emblème de la société payenne, du règne de la force matérielle ; les lionceaux ont grandi, ils se sont trouvés en face du christianisme qui venait pour remplacer le règne de la force par celui de la Charité ; ils ont épuisé cette force au milieu du carnage, et la Charité a enfin triomphé (2).

CHAPITRE 17.

Les quatre fleuves du Paradis terrestre. — Les quatre grands Prophètes. — Les quatre Évangélistes et leurs animaux symboliques. — Les Tétramorphes.

C'est une magnifique pensée du moyen-âge, de réunir dans un même tableau ou de mettre en regard les quatre fleuves du Paradis terrestre, les quatre grands Prophètes, Daniel, Jérémie, Isaïe et Ezéchiel, et les quatre Evangélistes.

Les quatre fleuves portaient dans les jardins d'Eden la fertilité par l'abondance de leurs eaux ; les plantes et les arbres de ces vastes jardins puisaient sans cesse de nouveaux sucs et une nouvelle vigueur dans la fraîcheur de ces eaux salutaires. Les quatre Evangélistes sont aussi les quatre sources

(1) M. de Caumont, en parlant du serpent et du porc, placés sous les griffes du lion, dit que ces animaux représentent les vices domptés. Nous partageons cette opinion, seulement nous reconnaissons l'hérésie dans le serpent et la corruption dans le porc.

(2) Susceperunt me sicut leo paratus ad prædam : et sicut catulus leonis habitans in abditis. Psalm. 16.

fécondes qui doivent arroser l'église pour y faire germer toutes
les vertus, dont le Seigneur nous a donné l'exemple.

« L'église , dit saint Cyprien , comme le Paradis terrestre ,
« renferme dans son domaine des arbres qui doivent porter
« des fruits. Ceux de ces arbres qui ne produisent pas de
« bons fruits, sont coupés et jetés au feu. Ces arbres sont ar-
« rosés par quatre fleuves , c'est-à-dire par les quatre Evan-
« giles , qui , de leur source céleste , répandent sur nous les
« eaux salutaires du baptême (1).

« La source principale , dit saint Ambroise, est Jésus-Christ,
« et les quatre fleuves indiquent aussi les quatre Vertus Cardi-
« nales qui découlent de cette source sacrée : la Prudence, la
« Tempérance , la Force et la Justice. Les sages de ce monde
« ont bien pu parler de ces vertus et les exalter , mais c'est
« dans nos livres saints qu'ils en ont puisé les notions. »

Les quatre grands Prophètes ont été réunis quelquefois aux
Evangélistes , car ils ont annoncé par avance la bonne nouvelle ; ils ont montré aux hommes les merveilleux détails de
la vie du Désiré des nations ; ils leur ont parlé de son amour
immense , des douleurs qu'il devait endurer avant de con-
sommer le grand sacrifice de la rédemption , des combats et
des triomphes de l'église ; ils étaient véritablement les Evangélistes de la Loi Ancienne et les prédicateurs de la Loi de
grâce qu'ils ne faisaient qu'entrevoir à travers les ombres
de l'avenir.

Les quatre fleuves, les quatre grands Prophètes, les quatre
Evangélistes ne sont pas toujours réunis.

Les quatre fleuves du Paradis terrestre qui figurent les quatre
Evangélistes, se trouvent dans les Catacombes ; on y voit le Sauveur sous la forme humaine ou sous celle de l'Agneau symbolique monté sur un tertre , du pied duquel sortent les quatre
sources mystérieuses. Cette idée de nos premiers pères s'est

____

(1) D. Cyprianus : de hæreticis baptisandis.

propagée parmi leurs enfants, car au XII°. siècle nous la retrouvons encore. Ici ce sont quatre urnes répandant des eaux
abondantes ; ailleurs, comme à Vézelay (1), les fleuves
sont personnifiés, les quatre personnages sont appuyés sur
des urnes, desquelles s'échappent des sources fécondes. Un
de ces personnages, à Vézelay, vomit le fleuve.

Nos artistes chrétiens ont établi une grande différence
entre les Evangélistes de la Loi Ancienne et ceux de la Loi
Nouvelle. La gloire du Seigneur n'avait pas encore rejailli sur
les Prophètes ; et leur tête, du moins en Occident, n'est point
ornée du nimbe, reflet de cette gloire. Les Prophètes ne pouvaient connaître la Loi de grâce dans toute son étendue, et
ce qu'ils en connaissaient était couvert d'un voile épais ;
c'est pourquoi on leur met habituellement entre les mains un
volumen à moitié roulé (2). Quelquefois, au lieu du volumen,
ils ont un phylactère tantôt lisse, tantôt avec une inscription
qui rappelle un de leurs plus remarquables oracles. Au portail de Moissac, Isaïe porte sur un phylactère : *Ecce Virgo con-
cipiet.*

Les Evangélistes, au contraire, au lieu du volumen obscur,
portent le livre de la science qui ne leur cache rien et dont
toutes les pages leur dévoilent la vérité.

Daniel est ordinairement représenté assis dans la fosse aux
lions ou revêtu du riche costume des grands de Babylone.
Jérémie est abattu par la tristesse à la vue des ruines de Jérusalem ; quelquefois on voit dans un nuage, au-dessus de sa

(1) Chapiteau du collatéral méridional. Le même sujet se retrouve à la
cathédrale d'Autun, les personnages sont couronnés, comme à Vézelay.

2) Cette observation que Durand, de Mende, a consignée, souffre
cependant quelques exceptions ; on rencontre quelquefois, surtout aux
premiers siècles, les Apôtres et les Evangélistes avec le *volumen*, et les
Prophètes avec le livre, c'est pourquoi nous avons cru devoir ajouter le
mot, *habituellement*, pour rendre cette proposition moins absolue.

tête, la verge et la chaudière enflammée qu'il aperçut dans sa vision mystérieuse (1).

Isaïe porte la scie, instrument de son martyre, ou le charbon ardent qui purifia ses lèvres.

Ezéchiel dévore un volume (2), c'est ainsi qu'il est représenté sur les stalles de Notre-Dame de Brou ; d'autrefois on met près de lui les quatre animaux et les roues enflammées que Dieu lui fit voir.

Les Evangélistes sont ordinairement accompagnés de leurs animaux symboliques qui, quelquefois leur servent de soutien. Saint Mathieu est accompagné de l'Ange ; saint Jean, de l'aigle ; saint Marc, du lion ailé ; et saint Luc, du taureau, ayant aussi des ailes. Ces animaux, dit saint Grégoire, conviennent parfaitement aux quatre Evangélistes, puisque l'un a décrit la naissance du Fils de Dieu, selon la nature humaine ; l'autre, l'oblation du sacrifice sans tache, indiqué par le bœuf, victime ordinaire du sacrifice ; le troisième, sa force et sa puissance, marquées par les rugissements du lion ; et, le quatrième, la naissance éternelle du Verbe ; comme l'aigle, il a pu considérer fixement le soleil levant.

Ces animaux, ajoute le saint Docteur, peuvent bien aussi figurer le Sauveur lui-même, car il a pris notre nature en se faisant homme ; il s'est laissé égorger comme les anciennes victimes ; lion terrible, il a rompu par sa puissance les liens de la mort ; enfin, comme l'aigle, il s'est élevé vers les cieux par son Ascension (3).

Quand les Evangélistes ne sont pas accompagnés de leurs animaux, le Livre de la Bonne Nouvelle qu'ils ont entre les mains, porte une inscription qui aide à les distinguer ;

(1) Jerem., cap. 1-11 et 13.
(2) Ezéch., cap. 11-8.
(3) Moral. lib. XXXI, cap. 21.

saint Jean , par exemple, a , sur son livre , *In principio erat Verbum.* Les autres ont de même le commencement de l'Evangile écrit par eux , ou du moins un des principaux traits du livre divin. Ils ont aussi les pieds nus ainsi que les Apôtres , distinction qu'ils partagent avec saint Jean-Baptiste , avec les Anges et avec Dieu lui-même; il n'en est pas ainsi des autres Saints (1). Les seuls envoyés de Dieu , chargés de faire connaître sa volonté aux hommes , sont déchaussés ; en les voyant, on peut s'écrier avec Isaïe : qu'ils sont beaux sur la montagne , les pieds de ceux qui annoncent et prêchent la paix ; qui annoncent le bonheur et qui prêchent le salut , qui disent à Sion : le règne de ton Dieu va s'établir (2). Très-souvent les Evangélistes sont remplacés par leurs animaux symboliques , et dans ce cas , ces animaux sont ordinairement nimbés , tantôt sans aucun attribut , tantôt soutenant le Livre Evangélique, ou bien un phylactère, lisse ou marqué du nom du saint qu'ils remplacent.

Les Evangélistes ou leurs animaux se rencontrent fréquemment sur les tympans des portails de la fin du XIe. siècle, sur ceux du XIIe. et du commencement du XIIIe. On les voit recevant leur mission du Sauveur et paraissant écrire sous sa dictée, comme au portail latéral de St.-Pierre-les-Moutiers , diocèse de Nevers , comme aussi à Maguelonne , où les quatre animaux seuls regardent Jésus-Christ; ou bien ils assistent au jugement dernier , portant encore le Livre d'après lequel seront jugées les actions des hommes.

(1) En Occident, on trouve quelquefois Moïse et Isaïe déchaussés comme les Anges et les Apôtres ; nos livres saints nous en donnent la raison : Dieu avait ordonné à Moïse d'ôter sa chaussure quand il lui apparut sur le mont Horeb, dans le buisson ardent : et Isaïe avait reçu l'ordre de se dépouiller de ses vêtements et de parcourir pieds nus les rues de Jérusalem. On voulait donc rappeler ces circonstances de leur vie.

(2) Isa. , XI-7.

Il est à remarquer que ces animaux ne sont pas placés in-distinctement d'après le caprice ou le goût de l'artiste ; tel est le rang qui leur est ordinairement assigné : au haut, à droite (gauche de celui qui regarde) (1), est l'ange ; à gauche, l'aigle ; au bas, à droite, le lion ; à gauche, le taureau.

Sur un des vitraux de l'église de Brou, dont nous aurons plusieurs fois occasion de parler, on voit la marche triomphale du Sauveur ; son char est traîné par les quatre animaux évangéliques. A St.-Etienne-du-Mont, à Paris, on les voit aussi attelés au char de l'église.

Enfin, les Evangélistes sont encore confondus complète-ment avec leurs symboles ; ils conservent la forme humaine, mais au lieu d'une tête d'homme, ils ont la tête de leur at-tribut ; saint Mathieu a une tête d'ange, saint Jean une tête d'aigle, saint Luc une tête de taureau, saint Marc une tête de lion. Ce genre se rencontre assez fréquemment en France, sur les manuscrits du Xe. au XIIIe. siècle ; on le remarque au portail de la cathédrale de Strasbourg, mais il est plus fréquent en Allemagne et en Italie qu'en France.

C'est ici le lieu de parler des tétramorphes, si communs dans l'Iconographie grecque ; on donne ce nom à une seule figure composée des quatre animaux évangéliques, réunis et ne formant qu'un seul corps. Le tétramorphe a six ailes garnies d'yeux ; deux de ces ailes servent de vêtements à l'Ange et l'enveloppent par devant en se croisant ; deux autres se croisent au-dessus de sa tête et deux sont étendues sur les côtés. La tête de l'aigle s'élève au-dessus de la tête de l'ange, entre les deux ailes ; la tête du lion paraît sortir de l'épaule droite, et la tête du taureau de l'épaule gauche ; au-dessous de ces deux têtes, on voit paraître les mains de l'Ange, et ses

____

(1) Toutes les fois que nous parlons de la droite ou de la gauche, c'est toujours la droite de l'église, le côté de l'évangile ; et la gauche, le côté de l'épitre.

pieds sont appuyés sur des roues ailées et enflammées. C'est ainsi que M. Didron nous représente le tétramorphe dans son Iconographie grecque et latine, p. 440.

CHAPITRE 18.

Application des principes émis dans le chapitre précédent. — Vases sacrés et ustensiles en usage dans le service divin. — Encensoirs du XIIe. siècle.

L'Iconographie chrétienne ne se développait pas seulement sur les masses architecturales ; tandis que les sculpteurs et les *tailleurs d'ymaiges* exerçaient leur ciseau sur les portails, les niches, les chapiteaux, les cuves baptismales et les autels ; tandis que les peintres couvraient de riches fresques les murailles du temple saint et décoraient les vitraux des couleurs les plus vives ; de leur côté les orfèvres, les ciseleurs, les émailleurs, rivalisaient de zèle et de talent dans l'ornementation des vases et ustensiles nécessaires au culte divin. Tous les meubles, tous les ornements d'une église ; calices, custodes, châsses, flambeaux, encensoirs, évangéliaires, etc., étaient autant de livres ouverts qui portaient l'ame à de saintes et sublimes méditations, par les traits historiques ou les symboles dont ils étaient couverts. Les mêmes pensées de foi guidaient les uns et les autres ; et, en reconnaissant partout cette unité de principes qui est le caractère distinctif de l'église de Jésus-Christ, on s'étonne de cette variété admirable répandue sur les œuvres magnifiques qu'elle a su inspirer. Elle seule pouvait remplir l'ame de sentiments qui paraissent tout-à-fait opposés, sans cependant lui faire éprouver ni chocs, ni déchirements, ni tristesse ; elle seule pouvait adoucir la crainte par la confiance, faire succéder instantanément les extases de l'amour aux agitations du remords, et insérer dans un cœur, peut-être flétri par le crime, le germe des plus sublimes vertus. Si le portail glace notre ame par les terreurs salutaires de la dernière catastrophe qui doit ébranler les Vertus des cieux ; si, au milieu de sujets consolants, nous rencontrons souvent des scènes qui nous engagent à opérer notre salut avec crainte et tremblement ; si les chapiteaux de la nef nous annoncent les combats ; en approchant de l'autel, tout est tendresse, tout est amour.

Sancta sanctis, s'écriait autrefois le diacre au moment où allaient commencer les saints Mystères, et en un clein-d'œil ceux dont la conscience était chargée de crimes allaient s'agenouiller dans le parvis du temple et méditer, en pleurant, devant l'image de celui qui devait les juger un jour.

Cependant, les fidèles, déjà purifiés par les larmes du repentir, mêlés à ceux qui avaient su conserver la grâce dans leur cœur, se disposaient à participer au même banquet; en approchant de l'autel, ils ne devaient pas être troublés dans leur pieuse ferveur ; leurs yeux ne devaient rencontrer que des images consolantes, ils pouvaient lire partout, *confiance et amour*. Les châsses des saints leur rappelaient les vertus et la gloire de ceux qui avaient combattu le bon combat ; les Missels et les Evangéliaires leur montraient Jésus-Christ bénissant, répandant la divine semence, ou inspirant les Docteurs de la Loi Nouvelle. Les calices, les patènes, les custodes ne présentaient que des traits en rapport avec l'auguste sacrifice; c'est Abel, offrant à Dieu le plus beau de ses agneaux ; c'est Melchisédech, offrant le pain et le vin ; Noé, recevant dans l'arche l'innocente colombe, ou, immolant après le déluge, les animaux purs en holocauste ; c'est Aaron balançant l'encensoir ; puis on aperçoit l'Agneau immolé ou portant une croix triomphale, les différentes scènes de la vie de Jésus-Christ, les emblèmes des vertus nécessaires pour s'asseoir dignement à la Table Sainte, ou fécondés par la communion ; on y voit encore les quatre fleuves du Paradis terrestre, qui sont ici la figure des grâces abondantes, qui découlent des plaies de Jésus-Christ pour fertiliser le vaste jardin de l'église; cette vue rappelait aux fidèles les paroles prophétiques d'Isaïe : « Vous puiserez avec joie aux sources du Sau-« veur (1). »

On sait qu'à chaque phase architecturale, les vases et les ustensiles à l'usage du culte divin ont varié sous le rapport des ornements et de la forme. L'encensoir, en particulier, a suivi de plus près la marche de l'architecture ; d'abord peu élevé et offrant une image des coupoles primitives, il devint plus léger, et s'élança avec les clochers pyramidaux du XIe. et du XIIe. siècle ; pendant la période ogivale, il maria les festons et les découpures gracieuses aux fleurs variées accrochées à ses tourelles. Un encensoir était donc une petite église ou au moins la partie la plus apparente et la plus ornée de l'église, le portail et la tour.

Nous verrons plus tard que nos iconographes ont représenté l'ame par un petit être humain aux formes déliées et aériennes ; la même pensée ne les aurait-elle pas portés à faire de l'encensoir une église en miniature ; l'encens, en effet, est le symbole de la prière qui est l'ame de l'église. Les Anges en balançant leurs encensoirs d'or devant le trône de l'Agneau, lui offrent les prières des Saints comme le plus agréable parfum (2).

On se fera une idée de la forme d'un encensoir du XIIe. siècle, par les détails que nous allons donner ; c'est un extrait de l'ouvrage du moine Théophile (3).

La coupe de l'encensoir destiné à recevoir le feu, avait

(1) Haurietis aquas in gaudio de fontibus Salvatoris. Isa., 12.

(2) Ascendit fumus incensorum de orationibus sanctorum de manu Angeli. Apoc., 8.

(3) Diversarum artium schedula.

quatre arcs ciselés, formant sur cette coupe quatre médaillons, dans lesquels on représentait assis les fleuves du Paradis terrestre, sous la forme humaine, avec leurs urnes, desquelles s'échappait une eau ruisselante.

Entre chaque arc, dans la partie supérieure de la coupe, étaient des têtes d'hommes ou de lions qui se séparaient en deux parties, de telle manière que la face seule était adhérente à la coupe, tandis que la crinière ou la chevelure était jointe à la partie supérieure. Les chaînons arrêtés dans chaque face passaient dans la chevelure comme dans un anneau.

Dans la partie supérieure ou couvercle de la coupe, quatre arcs correspondants à ceux de la partie inférieure s'allongeaient en tiers-point. On y voyait les quatre Evangélistes ou seulement leurs animaux symboliques. Au-dessus des têtes dont nous avons parlé, qui servaient à cacher la naissance des chaînons, s'élevaient quatre tourelles carrées, séparées par les arcades ogivales et ornées de figures d'Anges ailés; au deuxième étage, quatre autres tourelles rondes avec leurs fenêtres étaient garnies de fleurs, d'oiseaux, de quadrupèdes, de reptiles. Enfin, le tout était couronné par une tour octogone ayant des fenêtres sur toutes faces; mais à la base se trouvaient encore quatre tours carrées, correspondantes aux autres dont nous avons parlé; chacune de ces tours était garnie sur le devant de trois colonnes servant de pied-droits à une fenêtre géminée, un œil-de-bœuf surmontait la colonne médiane et un petit pignon couvrait chacune de ces tours, ou si on aime mieux, ces édicules à double baie. Les chaînes allaient se réunir à un lis dans le calice duquel se jouaient de petits oiseaux ou d'autres animaux.

On voit que les détails de cet encensoir ne nous éloignent pas de nos études iconographiques, c'est le complément de ce que nous avons dit dans le chapitre précédent. Prenant le même auteur pour guide, nous allons considérer un autre encensoir de la même époque et nous préparer par là aux observations que nous avons à faire dans les chapitres qui doivent suivre.

La coupe de l'encensoir présentait le plan d'une croix grecque dont les vides, entre chaque croisillon, auraient été garnis de segments de nimbe. Les chaînettes étaient fixées dans une tourelle placée aux extrémités des croisillons.

La partie bombée entre chaque croisillon, contenait trois Prophètes avec leurs tablettes, portant leurs témoignages et correspondant à autant d'Apôtres placés dans le même ordre ; sur la partie supérieure de l'encensoir, le nom de chaque Prophète était inscrit au-dessus de sa tête. La partie sphérique, au-dessous des Prophètes, était ornée de médaillons circulaires renfermant les Vertus représentées par des bustes de femmes ; leurs noms étaient inscrits dans le cercle.

Le dessus de l'encensoir était sur le même plan. Quatre tourelles correspondaient à celles de la partie inférieure, ou plutôt devaient être la continuation de ces tourelles partagées par le milieu ; elles servaient à contenir les chaînettes. Au-dessus des douze Prophètes que nous avons vus sur la partie inférieure, étaient les douze Apôtres sous douze arcades avec deux fenêtres ou portes dans chaque arcade ; l'Apôtre au milieu tenait sa tablette. Le nom de chacun était inscrit dans la bordure des arcs. Un fronton triangulaire soutenait une petite toiture et couvrait trois arcs sur chaque face. Dans les espaces triangulaires, étaient représentées douze pierres correspondantes aux douze Apôtres, et une fenêtre était pratiquée dans les trois angles de chaque fronton. « C'est.
« dit l'auteur dans lequel nous avons puisé ces détails, pour rappeler les paroles du Prophète : on voit à l'Orient trois portes,
« trois à l'Occident, trois au Midi, trois au Septentrion. »

Au-dessus de ce premier étage, s'en élevait un second en retraite à huit pans, comme le premier ; mais disposé de telle manière, que les côtés arrondis correspondaient aux côtés

anguleux du premier étage, et formaient des espèces de tourelles garnies de colonnettes, avec leurs bases et leurs
chapiteaux.

Sur chaque espace carré était un Ange armé de sa lance et
du bouclier, comme veillant à la garde des murs.

Un troisième étage, avec les mêmes dispositions, mais un
peu moins élevé, était aussi garni de colonnettes et d'Anges
en relief. Enfin, la tour supérieure en retraite comme le second et le troisième étage, était à huit pans; chaque pan,
orné d'une longue fenêtre au plein-cintre, était couronné
d'édicules en forme de forteresse, au milieu desquels était
un Agneau portant sur sa tête le nimbe crucifère, et sur le
dos un arc en forme d'auréole ; un anneau était joint à cet
arc pour y attacher la chaîne du milieu. L'auteur ne parle
pas de la forme de la patère à laquelle venaient se réunir
toutes les chaînes : c'était sans doute un lis comme au premier encensoir. Magnifique idée de mettre un lis entre les
mains de celui qui balance l'encensoir, afin d'indiquer que
la prière, dont l'encens est l'image, doit partir d'un cœur
pur pour être agréable à Dieu.

CHAPITRE 19.

Les douze Patriarches, les douze petits Prophètes, les douze Sibylles et les douze
Apôtres. — Attributs des Patriarches. — Portail septentrional de St.-Etienne
de Sens. — Attributs des Prophètes.

Nous avons vu, en étudiant les encensoirs du XIIe. siècle,
combien les artistes du moyen-âge aimaient à rapprocher les
figures et les réalités. Les quatre fleuves du Paradis terrestre
et les quatre Evangélistes leur offraient des rapports qui ne
pouvaient échapper à leur imagination si vive de foi et d'amour;
ils y joignirent quelquefois, comme nous l'avons dit, les
quatre grands Prophètes.

Les nombres identiques leur plaisaient, ce triple quaterne se groupait naturellement.

Les douze Patriarches, les douze petits Prophètes, les douze Sibylles, et enfin les douze Apôtres ne pouvaient être considérés avec indifférence par ces hommes méthodiques et versés dans la science des nombres. Ils y reconnaissaient les douze fondements de la loi de nature, les douze fondements de la loi figurative écrite et les douze fondements que Dieu avait jetés au milieu du peuple païen, pour y asseoir, enfin, les douze colonnes de la loi de grâce (1).

De même que les iconographes ne réunissaient pas toujours les quatre fleuves du Paradis terrestre, les quatre grands Prophètes et les quatre Évangélistes, se contentant quelquefois d'exprimer la réalité par les seules figures ; de même aussi nous ne trouvons pas toujours réunis dans un seul tableau ou dans plusieurs tableaux correspondants les différents témoignages dont nous venons de parler. Sur une des archivoltes du grand portail d'Autun, on trouve les douze Patriarches et les douze Prophètes réunis : ailleurs ce sont les Prophètes et les Apôtres ; d'autres fois, comme on le voit sur les vitraux et sur les stalles de la cathédrale d'Auch, on réunit tous ceux qui ont rendu témoignage à la Vérité : les Patriarches, les Prophètes, les Sibylles et les Apôtres ; ou du moins une députation des dépositaires de la Vérité avant la venue de Jésus-Christ, vient se grouper autour de ceux auxquels le Sauveur a parlé sans paraboles.

Nous traiterons dans les chapitres suivants l'histoire iconographique des Sibylles et des Apôtres ; nous nous bornerons dans ce chapitre à considérer les Patriarches et les petits Prophètes.

(1) Saint Augustin nous dit que le nombre 12 est un nombre sacré et que c'est pour cela que les Apôtres, après la perfidie et le désespoir de Judas, ne voulurent pas laisser leur nombre incomplet, *quià sacratus est numerus*. Tract. 27, n° 10.

Les douze Patriarches, dont il s'agit, sont les douze enfants de Jacob, les pères des tribus d'Israël; on conçoit que ce ne fut pas seulement la raison des nombres qui les fit placer en parallèle avec les Apôtres; ils figuraient les chefs de la grande famille des chrétiens, véritable peuple de prédilection.

Le plus souvent le nom des Patriarches est inscrit dans le cadre qui les contient, ou sur le piédestal qui soutient leur statue; il est facile alors de les reconnaître. Cependant il arrive quelquefois qu'on se contente de leur donner certains attributs qui rappellent assez généralement la célèbre prophétie de leur père mourant.

Le portail septentrional de St.-Etienne de Sens, connu sous le nom de portail d'Abraham, nous servira d'exemple (1).

1°. Benjamin, *ce loup ravissant qui le matin dévore sa proie et qui le soir partage ses dépouilles* (2), a ordinairement un loup pour attribut. Cependant à Sens, il porte une église. Il est assez difficile de rendre compte de cette particularité. A-t-on voulu indiquer que le Fils de la droite naquit auprès de Bethléem, *la maison du pain;* car l'église est la véritable maison du pain qui donne la vie? ou bien voulait-on rappeler que l'Apôtre saint Paul qui était de la tribu de Benjamin est un des plus fermes soutiens de l'église de Jésus-Christ? ou bien, enfin, a-t-on essayé de traduire sur la pierre les paroles de David? on voyait dans l'assemblée des Saints le jeune Benjamin dans une extase d'amour (3);

2°. Aser *devait avoir du pain en abondance et faire les*

---

(1) Quelques-uns des Patriarches, Juda, Joseph, Levi, sont mutilés, mais nous les reconstituons d'après la pensée qui a guidé l'artiste et qu'il est facile de saisir en considérant les autres Patriarches.

(2) Benjamin lupus rapax, etc., Gen., cap. 49.

(3) Ibi Benjamin adolescentulus, in mentis excessu. Psalm. 67.

délices des rois (1) ; il porte à la main une branche chargée de feuilles et de fruits, pour indiquer la fertilité du sol que ses enfants devaient habiter ;

3°. Gad, dit la prophétie, sera terrible dans les combats, *il combattra armé à la tête d'Israël, et il reviendra dans sa patrie couvert de ses armes* (2) : on le représente avec le costume d'un guerrier ;

4°. Nephtali, d'après les Septantes, devait ressembler à un arbre qui pousse des branches nouvelles et qui est environné de magnifiques rejetons; d'après la vulgate, il ressemblerait *au cerf à la course rapide* (3). L'artiste senonnais n'a pas eu la prétention de résoudre la difficulté ; il a trouvé plus simple d'adopter les deux interprétations : il met à la main de Nephtali une branche d'arbre chargée de feuilles et de fruits, et à ses pieds un cerf;

5°. Dan *doit juger son peuple et toutes les tribus d'Israël* (4) ; il est représenté déchirant la gueule d'un lion. Peut-être a-t-on voulu rappeler ici la force de Samson qui était de la tribu de Dan ;

6°. Ruben, comme l'aîné, avait droit à la plus riche part dans les bénédictions paternelles ; il devait *commander en maître* (5) ; mais, par son crime, il a perdu ses prérogatives. Un lion en repos couché à ses pieds semble indiquer que son pouvoir et ses droits sont annulés ;

7°. Juda est ordinairement représenté avec le sceptre, *qui ne devait pas lui être enlevé avant l'arrivée de Celui qui était l'attente des nations* (6). On lui donna ailleurs le lion

----

(1) Pinguis panis ejus, etc., Gen., cap. 49.

(2) Accinctus præliabitur antè eum. Id.

(3) Cervus emissus. Id.

(4) Judicabit populum suum, etc. Id.

(5) Prior in donis, major in imperio. Effusus est sicut aqua. Id.

(6) Non auferetur sceptrum de Juda, etc. Gen., 49.

pour attribut, car il est comparé au lionceau , *catulus leonis Juda* (1) ;

8°. Zabulon est monté sur un navire voguant sur les flots , parce que sa postérité devait *habiter les bords de la mer , posséder les ports et s'étendre jusqu'à Sidon* (2) ;

9°. Issachar a un âne à ses pieds. *Il sera* , dit la prophétie, *comme un âne vigoureux , il demeurera dans les bornes de son héritage , il a vu que le repos est bon et que sa terre est excellente , il a baissé l'épaule sous le fardeau et s'est assujetti à payer le tribut* (3) ;

10°. Siméon a été maudit par son père mourant , comme un vase d'iniquité, ainsi que Lévi ; aussi, *la gloire de leur père ne rejaillira pas sur eux* (4).

A Sens, Siméon ne porte qu'un phylactère qui contient sans doute la malédiction paternelle ;

11°. Joseph est ordinairement représenté avec une robe magnifique qui rappelle sa puissance auprès de Pharaon ; comme saint Jean , il conserve toujours une figure d'adolescent, on lui met entre les mains un livre , symbole de la science et de la sagesse ;

12°. Lévi a été maudit par son père comme Siméon , car il était coupable du même forfait. Sa postérité effaça le souvenir de ce crime par le zèle qu'elle fit paraître pour venger l'injure faite à Dieu dans l'adoration du veau d'or , et fut choisie pour le service des autels. Lévi ne portera donc pas, comme Siméon, le triste souvenir de la malédiction de Jacob; le glaive , qui servit aux lévites d'instrument pour annuler cette malédiction , et l'encensoir, récompense de leur zèle , doivent être ses attributs.

(1) Gen. Cap. 49.

(2) In littore maris habitabit, et in statione navium, etc., Id.

(3) *Issachar asinus fortis accubans* , etc. Id.

(4) In cœtu illorum non fit gloria mea. Genes. 49.

Outre les douze enfants de Jacob, on trouve souvent les justes de l'Ancienne Loi auxquels on a donné aussi le nom de Patriarches ; Noé soutenant l'arche qui a sauvé du déluge ceux qui devaient repeupler la terre ; Abraham armé du coutelas du sacrifice ; Isaac bénissant les Pères des deux peuples, Jacob luttant avec l'Ange, etc.

Ce que nous avons dit des grands Prophètes, quant au nimbe, à la chaussure et au volumen, s'applique aux petits Prophètes ; et souvent on voit les grands et les petits Prophètes confondus, comme aussi on voit les Evangélistes rangés parmi les Apôtres.

Les douze petits Prophètes, Osée, Joël, Amos, Abdias, Jonas, Michée, Nahüm, Habacuc, Sophonie, Aggée, Zacharie, Malachie, n'ont souvent aucun attribut particulier ; on ne pourrait les reconnaître, si leurs noms n'étaient inscrits dans le cadre qui les renferme ou sur le socle qui les soutient ; mais habituellement ils portent des tablettes ou des phylactères avec un passage de leurs plus célèbres prophéties.

Quelquefois, on voit dans un médaillon ou sur une frise quelque trait de leur vie qui aide à les distinguer ; Amos, le berger de Técué, garde les moutons ; Jonas est rejeté par la baleine sur le rivage, ou se repose à l'ombre d'un lierre ; Habacuc semble fuir avec effroi pour ne pas se trouver dans Jérusalem à l'arrivée de Nabuchodonosor. A Saint-Etienne de Sens, au milieu d'autres Prophètes qui portent des phylactères, on en voit quelques-uns qui joignent à l'inscription de leurs prophéties, le fait qu'ils ont annoncé : Osée, qui a entonné le chant de l'immortalité : *je serai ta mort, ô mort* (1), a une tête de mort à ses pieds ; le Prophète Michée, qui a prédit que le Sauveur naîtrait à Bethléem (2), contemple un petit

1, Ero mors tua, ò mors, etc., cap. 13.

2 Et tu Bethleem Ephrata parvulus es in millibus Juda. Mich. 5-2.

enfant couché auprès de lui sur un peu de paille ; Zacharie
prend la place de celui qu'il annonce ; monté sur un âne
et tenant en main une branche d'olivier, il porte sur un
long phylactère cette inscription : *Ecce rex tuus*, etc. (1).
Voici, Sion, ton Roi, qui vient à toi, ce Roi juste qui est le
Sauveur, il est pauvre, et il est monté sur une ânesse et sur
le poulain de l'ânesse.

Ailleurs, le Prophète semble se confondre avec le peuple
auquel il parle ; sa pose, ses gestes, sont en rapport avec les
sentiments de crainte ou d'espérance que ce peuple doit éprouver en l'entendant. C'est ce qu'on remarque en considérant
les statues des Prophètes, qui ornent les magnifiques stalles de
Notre-Dame de Brou.

CHAPITRE 20.

Les Sibylles. — Leur nombre. — Livres Sibyllins et Tarquin-le-Superbe. — Opinion
des Pères sur les Sibylles. — Oracle attribué à la Sibylle Erythrée. — Les
Sibylles prennent place parmi les Prophètes et les Apôtres. —
(Le Teste David cum Sibylla.)

Les Sibylles ont joué un rôle important dans notre Iconographie chrétienne ; on les trouve dès les commencements
du XIIIe. siècle sur quelques-uns de nos monuments religieux;
mais au XVe. et au XVIe., on les rencontre et aux portails,
et sur les vitraux, et sur les stalles et aux cancels.

Pour se rendre compte de leur présence si fréquente dans
nos basiliques, il est important de rappeler en peu de mots
l'histoire de ces Vierges mystérieuses.

Rien n'est plus obscur dans l'antiquité que ce qu'on raconte
des Sibylles ; l'origine de ce nom, les différentes époques où
elles ont vécu, leur nombre, tout est incertain.

Quelques antiquaires prétendent que le nom de Sibylle vient

____
(1) Zach. cap. IX, 9.

d'un mot phénicien composé Siba-el, retour de Dieu, révolution divine , ce serait le *magnus ab integro sæclorum nascitur ordo,* de Virgile ; ils s'appuient sur ce que les livres Sibyllins reviennent sans cesse à ce nouvel ordre de choses , parlent continuellement de ce grand Roi dont l'empire est sans bornes ; *magnus rex maximi regni* ; de ce Juge éternel, de ce Dieu-Monarque ; *judex æternus , Deus rex.* Varron tirait le nom de Sibylle du mot grec Théobule ou Siobule , en dialecte éolique , conseil, dessein de Dieu. Il prétend aussi, ce qui paraît certain , que le mot de Sibylle est un nom générique qu'on donnait à toutes les Prophétesses (1).

Les Sibylles n'ont pas toutes vécu dans le même temps ni dans le même lieu ; il est à croire que dans les différents lieux célèbres qu'elles ont habités , elles auront eu des adeptes , vierges comme elles, et chargées de continuer leurs fonctions. C'est ainsi qu'on peut expliquer rationnellement la longévité qu'on donne à quelques-unes d'entre elles, par exemple , à la Sibylle de Cumes , dans l'Asie-Mineure, qui aurait vécu mille ans , c'est-à-dire que le collége des Sibylles de Cumes aurait subsisté pendant cette période.

On est aussi incertain sur le nombre des Sibylles ; les uns en comptent huit , les autres dix avec Varron , les autres douze et d'autres un plus grand nombre. On les distingue par le lieu dans lequel elles rendaient leurs oracles.

Nous allons d'abord faire mention de celles dont parle Varron.

1. La Sibylle de Perse.   Persica.
2. La Sibylle de Libye.   Libyssa.
3. Celle de Delphes.   Delphica.
4. Celle de Cimmère.   Cimmeria in Italiâ.
5. Celle d'Erythrée.   Erythrea.

(1) Apud Lactant. lib. 1 , cap. 6.

6. Celle de Samos.   Samia.
7. Celle de Cumes.   Cumana. On l'appelle
    aussi Babylonienne, du lieu de sa naissance.
8. Celle de l'Hellespont,   Hellespontina.
9. Celle de Phrygie.   Phriga.
10. Celle de Tibur.   Tiburtina.

A ces Sibylles d'autres ajoutent : la Thespotrique, la Sar-
dienne, la Judaïque, la Colophonienne, la Thessalienne,
l'Européenne, l'Africaine, l'Egyptienne et la Sibylle Agrippa.
Il est probable que comme la Babylonienne, elles doivent en
partie se confondre avec celles dont nous venons de parler.

Les anciens font vivre les Sibylles dans des antres et des
grottes mystérieuses ; on sait aussi que c'est dans les cavernes
du Carmel que se retiraient souvent Elie et les enfants des
Prophètes. Les oracles de ces Vierges étaient rendus en vers,
et les livres qu'on appela Sibyllins renfermaient la collection
de ces oracles.

Ce fut sous le règne de Tarquin-le-Superbe, que les livres
Sibyllins furent apportés à Rome. Une femme inconnue (on
croit que ce fut la Sibylle de Cumes) se présenta devant ce
prince et voulut lui vendre les neuf volumes de cette collection. Le roi refusa de lui donner le prix qu'elle en demandait.
Elle en brûla trois et lui offrit de nouveau les six autres,
exigeant le même prix. Cette nouvelle démarche eut le même
résultat que la première. Elle en jeta encore trois au feu, et
revint auprès de Tarquin, le menaçant de brûler le reste,
si on ne lui donnait la somme qu'elle avait exigée en premier
lieu. Etonné de la fermeté de cette étrangère, Tarquin con-
sulta les augures qui l'engagèrent à acheter les trois livres
qui restaient. Le prince suivit cet avis, et confia à des
hommes choisis la garde de ces livres qui contenaient les
destins du monde. Après que Rome eut chassé les rois, la
république déposa les livres Sibyllins dans un coffre de pierre

qu'on plaça sous les voûtes du Capitole et qu'on confia à la garde des prêtres nommés pour remplir cette fonction ; on les consultait par ordre du sénat, toutes les fois que la république était menacée de quelque malheur. Dans l'incendie du Capitole, pendant les guerres entre Marius et Sylla, les livres Sibyllins périrent. Aussitôt, pour réparer cette perte, on envoya dans toutes les provinces de l'Empire et chez tous les princes alliés de Rome, pour ramasser ce qu'on pourrait trouver des oracles des Sibylles, et on en fit un recueil qu'on consultait comme auparavant. Lactance prétend que ce nouveau recueil n'était composé que des vers de la Sibylle de Cumes.

Ici, il y aurait une question à examiner ; les Sibylles ont-elles été véritablement inspirées ? La solution de cette question n'est pas sans intérêt pour notre Iconographie chrétienne; car elle nous expliquerait comment nos sculpteurs et nos imagiers du moyen-âge ont fait marcher de front les Prophètes, les Sibylles et les Apôtres.

Les Pères de l'église sont partagés sur ce point; les uns les ont crues soumises à l'action du démon; les autres, parmi lesquels on compte Clément d'Alexandrie, saint Jérôme, Lactance, saint Augustin, saint Jean-Chrysostôme, etc., les ont regardées comme inspirées de Dieu.

Nous n'avons pas la prétention de résoudre la question ; nous dirons seulement que 1°. ces Vierges mystérieuses ont pu avoir connaissance des écrits des Prophètes et les répandre au milieu des idolâtres en leur imprimant un caractère de poésie propre au pays qu'elles habitaient, et cette pensée seule devait être suffisante dans l'esprit de nos pères pour les engager à admettre les Sibylles auprès des Prophètes dont elles avaient propagé les oracles et des Apôtres dont elles avaient préparé la mission ;

2°. Leur bouche eût-elle été vouée à l'erreur, Dieu a pu

permettre pour disposer le monde payen à recevoir les vérités évangéliques, que ces filles si vénérées de leurs contemporains, fussent forcées de proclamer la vérité. C'est la pensée
du cardinal Baronius; il ne balance point à dire qu'il entrait
dans les desseins de Dieu de préparer le monde à la venue
de Jésus-Christ: les Juifs par leur histoire figurative et leurs
Prophètes, les Gentils par leurs oracles, Mercure-Trismegiste, Hydaspes et surtout les Sibylles que les Pères ont ap-
pelées les Prophétesses des nations (1) ;

3°. Nous croyons avec plusieurs des plus savants Pères de
l'église que les Sibylles, au milieu de la corruption payenne,
avaient compris tout ce que la chasteté avait de sublime ;
par là, elles s'étaient rapprochées de Dieu et avaient découvert des secrets inconnus aux autres (2). Leur virginité fit
leur gloire, dit saint Jérôme, et l'esprit de prophétie fut la
récompense de leur virginité : *quarum insigne virginitas est
et virginitatis præmium divinatio.* Lactance combattant les
erreurs du paganisme apporte le témoignage des Sibylles en
faveur de la religion, et cite de nombreux passages de leurs
oracles entièrement conformes à nos Saintes Ecritures. A
chaque page de son livre, il prouve par les vers Sibyllins
l'unité de Dieu, ses Perfections, la Création, l'Incarnation
du Verbe, la vie détaillée du Sauveur, la Condamnation du
vice, l'Exaltation de la vertu, l'Immortalité de l'ame, les
Signes qui doivent précéder le jugement dernier et les terribles
arrêts du souverain Juge. Il ajoute (3) : « Pour échapper à
« tant de témoignages, nos adversaires sont réduits à pré-
« tendre qu'ils ne sont que l'invention des chrétiens; mais
« celui qui aura lu Cicéron, Varron, ou les anciens auteurs

(1) Annal. eccles. apparatus.
(2 Incorruptio facit esse proximum Deo. Sap. 6.
(3) Lactan. lib. 1, cap. XV.

« qui rapportent les oracles d'Erythrée et des autres Sibylles ,
« et qui nous ont fourni ces témoignages , ne seront pas de
« cet avis; car ces auteurs sont morts avant la naissance de
« Jésus-Christ. »

Quelques écrivains du dernier siècle ont prétendu aussi
que ces oracles avaient été falsifiés au second siècle de l'église
par les chrétiens eux-mêmes, et que ce fut l'origine des huit
livres qui nous restent des vers Sibyllins. Cependant Joseph ,
qui vivait à la fin du premier siècle , cite les vers Sibyllins
qui se rapportent à l'histoire de la Genèse ; saint Justin ,
saint Théophile d'Antioche , Clément d'Alexandrie citent
aussi les vers Sibyllins , et Origène défie Celse de produire
d'anciens exemplaires non altérés pour prouver que les chrétiens les avaient falsifiés. C'était sans doute d'après les
oracles Sibyllins que le peuple romain, au rapport de Tacite
et de Suétone, croyait que des hommes partis de la Judée
seraient les chefs du monde. C'était là , du moins, que Virgile avait puisé ses inspirations pour composer sa IVe. églogue.
Constantin converti rappelle les oracles des Sibylles en faveur
de la religion chrétienne , sans crainte d'être convaincu d'im-
posture (1). Si maintenant nous consultons le grand docteur
d'Hippone , il nous dira que la « Sibylle Erythrée , ou plutôt
« celle de Cumes, qui a annoncé sans mélange d'erreurs
« payennes ce qui regarde la vie du Sauveur , faisait partie
« de la cité de Dieu (2). »

Plusieurs d'entre elles ont dû être de ces créatures privi-
légiées qui , comme Job, ont su , au milieu des ténèbres du

1) Qui n'a été frappé, en parcourant le VIe. livre de l'Enéïde, de
trouver une doctrine si rapprochée de la doctrine catholique, l'enfer
et l'éternité des peines, sedet æternumque sedebit , infelix Theseus,
le dogme du purgatoire, etc. C'est la Sibylle qui parle , et le poète
avait emprunté ce langage aux livres Sibyllins.

(2) De civit. Dei , lib. XVIII, cap. 23.

paganisme , conserver la lumière de la raison , et par là ont mérité d'être éclairées d'une lumière plus pure.

Il est hors de doute , ajoute saint Augustin, que la Sibylle Erythrée a écrit d'une manière évidente des choses qui regardent la vie de Jésus-Christ , et aussitôt il raconte qu'un nommé Flaccianus, homme aussi célèbre par ses connaissances que par son éloquence, s'entretenant un jour avec lui sur Jésus-Christ, lui montra un volume écrit en grec et renfermant les vers de la Sibylle Erythrée. Dans un endroit de ce livre une tirade de vers présentait un acrostiche dans lequel on lisait ιησουσ χριστοσ θεου υιοσ σωτηρ. Jésus-Christ , Fils de Dieu Sauveur. Cette suite de vers exprimait dans tous ses détails la terrible catastrophe de la fin du monde et le jugement dernier ; on croirait entendre un Prophète ou un Evangéliste. Nous en donnons ici la traduction :

« A l'approche du jugement, la terre éprouvera les sueurs
« de l'agonie. Le Roi qui doit régner pendant l'éternité, des-
« cendra du Ciel revêtu de son humanité , pour juger l'uni-
« vers.

« Le juste et l'impie verront ce Dieu élevé sur les nuées
« du ciel, ayant ses Saints pour cortége ; ce sera la fin de
« ce monde ; 'es ames qui doivent être jugées seront unies
« à leurs corps.

« Déjà la terre sans culture est couverte de ronces épaisses ;
« les hommes s'éloigneront de leurs idoles et de leurs trésors,
« un feu actif consumera la terre , la mer et le ciel , et
« détruira les portes de l'enfer.

« Les Saints dans leur chair jouiront d'une lumière inal-
« térable ; et les secrets seront découverts ; ce qu'il y a de
« caché sera avoué devant tous, et Dieu dévoilera les secrets
« des cœurs.

« Alors il y aura des pleurs et des grincements de dents.

« Le soleil ne donnera plus de lumière, le chœur harmo-

« nieux des astres cessera d'exister, la lune s'obscurcira et
« le ciel tout entier sera bouleversé.

« Les collines et les vallées seront de niveau, comme aussi
« l'égalité la plus parfaite règnera parmi les hommes.

« Les montagnes, les plaines, la mer, seront confon-
« dues ; tout cessera et la terre ébranlée s'écroulera. Les
« fontaines et les fleuves eux-mêmes deviendront l'aliment
« du feu.

« Alors des extrémités de l'univers on entendra les effroya-
« bles sons de la trompette qui répètera et les crimes et les
« châtiments qui leur sont réservés, et en même temps la
« terre entr'ouverte découvrira l'épouvantable cahos des en-
« fers.

« Tous les rois du monde seront en présence de ce Mo-
« narque Suprême, enfin un fleuve de soufre et de feu tom-
« bera du ciel dans les abîmes éternels. »

Le même saint Augustin a réuni différents passages des
vers Sibyllins rapportés par Lactance, et qui annoncent la
Passion du Sauveur. On croirait lire Jérémie ou le récit
évangélique.

« Il tombera au pouvoir des méchants qui, de leurs mains
« sacrilèges, frapperont la face de leur Dieu ; de leurs bou-
« ches immondes, ils le couvriront de leurs crachats infects ;
« et lui tendra, sans se plaindre, le dos pour recevoir leurs
« coups. Les soufflets ne lui feront pas rompre le silence, et
« une couronne d'épines ceindra son front. Ils lui ont donné
» du fiel pour nourriture et du vinaigre pour boisson ;
« voilà les mets qu'ils lui ont servi sur cette table inhospitalière.
« Insensée ! tu n'as pas reconnu ton Dieu, celui qui se joue
« du dessein des mortels, mais tu l'as couronné d'épines et
« tu lui as préparé, avec du fiel, une horrible nourriture.

« Cependant le voile du temple se déchirera, et, au mi-
» lieu du jour, pendant trois heures, une nuit épaisse cou-

« vrira la terre. Il mourra, et, après trois jours de sommeil,
« il ressuscitera ; ce sera le premier qui sera revenu, à la
« lumière, des ombres de la mort, et sa résurrection sera le
« gage de la résurrection des autres (1). »

Dans le huitième livre des oracles Sibyllins, le nom du
grand Monarque-Dieu, dont il est fait si souvent mention
dans ces livres, est désigné par le nombre 888, qui est la
valeur numérale en grec des lettres ιησους, Jésus (2).

Il est facile maintenant de se rendre compte de l'espèce
de culte que nos pères ont rendu aux Sibylles, soit en impo-
sant leurs noms comme ceux des saintes à leurs filles (3),
soit en les plaçant à l'intérieur et à l'extérieur de nos temples,
parmi les Prophètes et les Apôtres. Ils en admettaient généralement douze qu'ils faisaient concourir avec les douze petits
Prophètes et les douze Apôtres. Abailard croyait à l'inspiration surnaturelle des Sibylles (epistol. 7). On les trouve
ou toutes réunies, ou en partie dans un grand nombre de nos
églises. Saint Etienne d'Auxerre nous les montre dès le
XIIIᵉ. siècle ; mais ce fut surtout au XVᵉ. et au XVIᵉ.
qu'on les vit plus communément représentées. A St.-Ouen-
de-Rouen, à la cathédrale de Beauvais, à celle d'Auch, à
Notre-Dame de Brou, on les voit sur les vitraux ; on les
retrouve encore sur les stalles d'Auch et sur celles de St.-
Bertrand de Comminges, dans une des chapelles de la cathédrale d'Autun, au portail septentrional de Sens, au portail
occidental de l'église de Clamecy, sur les magnifiques portes
de St.-Sauveur d'Aix en Provence, etc. Plusieurs églises

(1) D. Aug. de civ. Dei. Lib. XVIII, cap. 23.

(2) Voyez ce qui a été dit dans le chapitre qui traite du symbolisme
des nombres, sur le mode d'indiquer les noms par des chiffres.

(3) Guillaume Iᵉʳ., comte de Nevers, en 1040, petit-fils du roi Ro-
bert, donna à une de ses filles le prénom de Sibylle. La femme de Guy
de Lusignan portait le même prénom.

d'Allemagne et d'Italie les ont admises aussi dans leurs dé
tails iconographiques.

Le XVIIᵉ siècle n'avait pas encore répudié les Sibylles,
car le Concile de Narbonne, canon 39, défend, en 1609,
de continuer les spectacles qui avaient lieu dans les églises,
la nuit de Noël, dans lesquels on représentait les Prophètes
et les Pasteurs, et on faisait entendre les chants des Sibylles.
Ce concile cependant ne blâme en aucune manière la croyance
qu'on avait à l'inspiration de ces filles ; il était réservé à nos
antiliturgistes parisiens de rompre avec le passé et de fouler
aux pieds les anciennes traditions. D'un trait de plume, ils
firent le procès à Lactance, à saint Jérôme, à saint Augustin
et aux autres Pères dont nous avons parlé ; ils firent le procès
à tous nos artistes si religieux du moyen-âge ; ils avaient eu
tort, selon eux, de mettre sur le même rang les Sibylles et
les Prophètes, et le *teste David cum Sibylla* dut disparaître
de notre magnifique chant des morts.

CHAPITRE 21.

Attributs des Sibylles. — Fresques d'Auxerre. — Fresques d'Amiens. — Ara cœli. —
Vitraux de la cathédrale d'Auch.

Tantôt, les Sibylles portent un lambel contenant un de
leurs plus célèbres oracles sur la vie du Sauveur du monde ;
c'est ainsi que nous les représentent les fresques d'Amiens et
le portail septentrional de St.-Etienne de Sens ; tantôt, elles
ont des attributs distinctifs en rapport avec les mêmes oracles,
comme on le voit sur les vitraux de la cathédrale d'Auch, à
Clamecy et ailleurs ; d'autrefois, comme sur les fresques
d'Auxerre, elles réunissent l'attribut au cartouche ou au
lambel dont nous avons parlé.

A Auxerre, on fixe l'âge qu'avait chaque Sibylle, quand elle rendit ses oracles. Ces fresques qui accusent les commencements du XVIe. siècle, garnissent les parois de la tribune de l'orgue. Sur les huit Sibylles qu'elles représentent, trois sont presqu'effacées ; hâtons-nous de décrire les cinq autres avant que le temps les ait réduites au même état.

La Sibylle Lybica , âgée de XXIV ans , prédit que Jésus-Christ pour humain lignage viendrait rempli du St.-Esprit.

Elle tient un cierge à la main.

La Sibylle Cumana n'avait que XV ans d'âge parfaite , la Nativité prédisait de Jésus Christ souverain Prophète.

Elle porte un berceau.

La Sibylle , Cimeria , âgée de XVIII ans , a dit que la Vierge alaitera son enfant sans contredit.

Elle tient à la main le petit vase nommé vulgairement biberon.

La Sibylle Agrippa, âgée de XV ans, dit comment l'ange Gabriel prédit de la Vierge l'enfantement.

Elle tient une branche de roses.

La Sibylle Europa , âgée de XV ans , récite que Nubile Vierge pucelle et le Fils fuiront en Egypte.

Elle est armée d'un glaive.

Les fresques d'Amiens, bien préférables à celles d'Auxerre, sous le double rapport du dessin et de l'ornementation , indiquent aussi l'âge de plusieurs des Sibylles ; MM. Jourdain et Duval en ont donné une explication pleine d'intérêt. Nous nous contenterons de faire mention de la Sibylle Érythrée, de la Cumane et de la Tiburtine , qui présentent des détails tout particuliers.

Érythrée est debout sur le globe céleste , et tient en main le glaive de la vengeance.

La Cumane tient de la main gauche un livre fermé, et de

la droite un livre ouvert ; on y lit le fameux passage de Virgile :

« Magnus ab integro sæclorum nascitur ordo
« Jam redit et virgo redeunt saturnia regna ,
« Jam nova progenies cœlo dimittitur alto. »

La Tiburtine est debout auprès d'une montagne ; un prince à genoux à ses pieds a déposé son sceptre et sa couronne. La prophétesse lui montre , dans le ciel , la Sainte Vierge tenant entre ses bras son divin Enfant, au milieu d'une glorieuse auréole ; sur un lambel sont écrites ces paroles : *hæc ara Filii Dei est ;* voilà l'autel du Fils de Dieu. De sa main gauche s'échappe un autre lambel avec cette inscription : *Nascetur* χς *in Bethleem, annuntiabitur in Nazareth, regnante Tauro pacifico fundatore quietis.* Le Christ naîtra à Bethléem ; il sera annoncé dans Nazareth sous le règne du taureau pacilique , fondateur de la paix.

Quelques historiens rapportent que l'empereur Auguste aurait consulté la Sibylle Tiburtine, pour savoir s'il devait consentir à se faire honorer comme Dieu. La Sibylle , après plusieurs jours de préparation , aurait montré à Auguste le ciel ouvert , et sur un autel , au milieu de la gloire , une Vierge tenant entre ses bras un petit enfant ; en même temps, une voix mystérieuse fit entendre les paroles inscrites sur le lambel d'Amiens: *hæc ara Filii Dei est.* Ce serait à la suite de cette vision qu'Auguste aurait fait ériger sur le Capitole un autel au Fils de Dieu , avec cette inscription : *Ara Primogeniti Dei,* dans l'endroit même où , plus tard , on bâtit l'église connue sous le nom d'*Ara cœli.* D'autres historiens racontent le fait d'une autre manière , mais comme nous n'avons ici qu'à expliquer le motif des fresques d'Amiens , nous ne devons pas nous occuper des dissertations historiques et chronologiques auxquelles ce fait a donné lieu.

Après avoir considéré les Sibylles en général, et étudié leurs principaux oracles , disons maintenant quelques mots sur chacune d'elles en particulier , et sur les attributs qu'on leur assigne le plus communément.

1°. La Sibylle Persique tient en main une lanterne, parce qu'elle a annoncé la venue de Jésus-Christ , lumière du monde qui devait éclairer les peuples assis dans les ténèbres. Assez souvent , un soleil brille au-dessus de sa tête ;

2°. La Libyque , tient une torche enflammée, parce qu'elle a prédit la manifestation du Sauveur aux Gentils ;

3°. La Delphique , nommée Artémis, par Clément d'Alexandrie ; Daphné, par Diodore de Sicile , et Manto, par Virgile et Pausanias, porte une couronne d'épines à la main, comme ayant annoncé les humiliations de l'Homme-Dieu ;

4°. La Cimmérienne , qui prophétisa le crucifiement , à Cumes , en Italie , porte une croix de passion ;

5°. L'Erythréenne , que Strabon nomme Athénaïs, mais qui est plus connue sous le nom d'Erythrée , est la plus célèbre de toutes ; d'après saint Augustin , elle vivait du temps de la guerre de Troyes , dont elle avait prédit la ruine (1). C'est la prophétesse des vengeances divines , qui n'a cessé de rappeler à ses contemporains les terribles arrêts du Souverain Juge. On lui met en main une épée nue ;

6°. La Samienne , d'après le même saint Docteur , vivait du temps du prophète Isaïe et de Numa. On la représente avec une croix de passion, et de plus , elle porte à la main une couronne d'épines comme la Delphique , et un roseau. Elle a prédit toutes les circonstances de la Passion ;

7°. La Cumane , appelée Amalthée , Démophile , Hérophile , a prophétisé à Cumes, dans l'Asie-Mineure. Elle porte une crèche ou un berceau, parce qu'elle a annoncé que Jésus-Christ naîtrait dans une étable;

_____

(1) Div. August. de civ. Dei , cap. 23.

8°. L'Hellespontique, née dans la campagne Troyenne, au bourg de Marpesse, a prophétisé l'Incarnation du Sauveur. On lui donne pour attribut un rosier fleuri et quelquefois une croix, parce qu'elle a prédit aussi quelques circonstances de la Passion ;

9°. La Phrygienne a prophétisé à Ancyre la victoire du Christ et sa glorieuse résurrection : elle porte une croix pascale, trois flammes rouges flottent au haut de cet étendard ;

10°. La Tiburtine, nommée Albunée, rendait ses oracles à Tivoli ; elle tient en main des verges, parce qu'elle a prédit la flagellation du Sauveur.

A ces dix Sibylles dont Varron fait mention, nos artistes du moyen-âge, pour compléter le nombre sacré dont parle saint Augustin, ont joint :

11°. La Sibylle Agrippa ou Agrie, qui porte le même attribut que la Tiburtine ;

12°. L'Européenne, qui porte un glaive, parce qu'elle a annoncé le massacre des Innocents.

Sur les vitraux de la cathédrale d'Auch, on voit une Sibylle dont le nom n'est point indiqué ; elle tient de la main gauche une tête de mort, et de la droite un miroir élevé où ses traits se réfléchissent. Le même sujet est reproduit sur les stalles de la même église et on le retrouve au portail de l'église de Clamecy, diocèse de Nevers. Que signifient ce miroir et cette tête de mort ? En vain nous avons consulté et fait de sérieuses recherches, nous n'avons pu nous éclairer sur ce point. Ce double attribut doit avoir rapport à une de nos grandes vérités. Ne devrait-on pas reconnaître ici la Sibylle qui aurait annoncé la résurrection des corps ? Le corps est détruit, ses traits sont effacés, mais ils revivront ; les voyez-vous dans ce miroir élevé en l'air et réfléchissant avec eux l'image du ciel ; ne vous semble-t-il pas entendre Job s'écrier : je verrai mon Sauveur dans ma chair, ou bien saint

Paul demandant à la mort où est sa victoire, *ubi est, mors, victoria tua ?*

Il est à remarquer que ces Sibylles ne sont pas placées sans ordre dans nos monuments, surtout lorsqu'elles avoisinent des personnages ou des traits de l'Ancien et du Nouveau Testament. L'artiste n'agit pas par caprice, il sait établir une certaine harmonie entre elles et les personnages et les faits ; jetons, pour nous en convaincre, un coup-d'œil rapide sur les vitraux de la cathédrale d'Auch.

Auprès du patriarche Jacob qui a prophétisé que le Christ naîtrait de la tribu de Juda, se trouve l'Hellespontique, la Sibylle à la tige fleurie, et au-dessous on voit l'Ange saluant Marie et lui présentant le lis mystérieux.

Au-dessous de la Sibylle de Cumes, ayant un berceau pour attribut, on voit la naissance de Jésus-Christ.

Moïse portant les tables de la loi, figure de Jésus-Christ qui doit par la loi nouvelle éclairer le monde, est accompagné de la Sibylle Libyque avec sa torche enflammée.

Jérémie, qui a annoncé les douleurs et les humiliations de l'Homme-Dieu, se trouve auprès de la Sibylle Agrippine, armée de verges ; au-dessous le Sauveur se soumet au supplice de la flagellation.

La Sibylle de Delphes au-dessus de la frise qui représente le couronnement d'épines, tient en main la couronne douloureuse. La Sibylle Cimmérienne qui prophétisa le crucifiement et la mort du Christ, est placée entre Daniel qui a prédit l'époque précise du grand sacrifice, et saint Mathieu qui nous en a laissé tous les détails.

Ce n'est pas non plus sans motif qu'on a placé sur le même vitrail la Sibylle Europa et Amos, et sur la frise de ce vitrail la fuite en Egypte ; Amos a annoncé les malheurs qui devaient fondre sur le peuple Juif par suite de ses infidélités : il a appelé les nations, et l'Egypte en particulier, à être les témoins de la vengeance divine (1). La fuite en Egypte est tout à la fois une preuve de l'infidélité de ce peuple et le commencement de sa réprobation par l'éloignement de son Dieu ; l'Europe représentée par la Sibylle qui porte son nom, l'Europe qui devait avoir la plus belle portion de l'héritage des Juifs , se trouve prête à recevoir les faveurs du Ciel.

CHAPITRE 22.

Derniers hommages rendus aux Sibylles. — Galerie des Sibylles à Chitry.

Sur les bords de la rivière d'Yonne , à trois kilomètres de la petite ville de Corbigny , en Nivernais , s'élève le château de Chitry. Dans une des salles de ce château, nommée Galerie des Sibylles , on admire un des derniers hommages que rendit l'art chrétien à ces antiques prophétesses.

En parlant dans le chapitre précédent des attributs distinctifs des Sibylles , auxquels on peut reconnaître chacune d'elles , nous n'avons fait qu'établir des principes généraux, sans prétendre par là que les attributs qu'on donne d'ordinaire à une Sibylle, ne puissent pas être appliqués à une autre. Chacune d'elles n'a pas prophétisé qu'une seule vérité ou un seul fait de la vie du Sauveur , en sorte que les attributs que l'artiste lui donnait dépendaient des oracles qui avaient frappé son imagination. On ne sera donc pas étonné de rencontrer dans la salle des Sibylles de Chitry , des dispositions qui ne seraient pas entièrement conformes aux signes distinctifs généralement reconnus ; chaque Sibylle a son nom inscrit au-dessous d'elle.

1°. Agrippine a la tête empanachée de plumes recourbées,

(1) Amos., cap. 3-9.

ses bras nus sont garnis de bracelets à deux rangs de perles; elle soutient de sa main droite les bords de sa robe , de la gauche elle porte une tige fleurie.

Dans le lointain le Sauveur est environné de rayons lumineux qui cessent vers la partie inférieure du corps; on y lit ces vers :

> Ce Dieu dont la splendeur, malgré tous nos efforts,
> Forçait nos faibles yeux de baisser la paupière,
> A voulu tempérer l'éclat de sa lumière ,
> Et se fait ici voir sous les ombres d'un corps.

2°. La Sibylle Libyque est couronnée de laurier; elle porte à la main droite une branche de laurier et soutient de la gauche des chaînes brisées.

Dans le lointain , Jésus-Christ , armé d'une croix de résurrection garnie d'un étendard , tire de la main droite deux hommes qui lui tendent les bras; c'est la descente du Sauveur aux enfers , comme l'indiquent les vers suivants :

> Enfin on forcera les portes des enfers ;
> Un vainqueur descendant dans ces demeures sombres ,
> D'un rayon de ses yeux en chassera les ombres,
> Et d'un coup de sa main brisera tous les fers.

3°. La Cimmérienne est couronnée de fleurs légères ; elle tient sous le bras gauche un livre fermé et dans la main une tige verdoyante ; de la main droite elle montre le livre.

Dans le lointain , l'Ange annonce à Marie que Dieu l'a choisie pour être la Mère de son Fils. Il n'y a d'autre inscription que le nom de la Sibylle.

4°. L'Hellespontique , la tête ornée de plumes formant panache , tient une branche de roses fleuries.

Dans le lointain Jésus-Christ est présenté au temple , on lit cette inscription :

> Ce Dieu dont les beautés couvertes sous les Cieux,
> Ne nous apparaissaient qu'obscurément dépeintes ,

Emu par nos ennuis et nos tristes complaintes .
Les rendra clairement visibles à nos yeux.

5°. La Sibylle Tiburtine montre de la main gauche une
étoile qui brille dans les Cieux ; dans le lointain est représentée la Naissance de Jésus-Christ.

6°. La Sibylle Delphique soutient de sa main droite son
manteau doublé d'hermine et semble de la gauche montrer
quelque chose placé au-dessous, c'est l'étoile brillante qui a
dirigé les Mages jusqu'à Bethléem; ces saints rois rendent
leurs hommages au divin enfant, on lit :

> Bas , superbe grandeur, royale majesté,
> Déposez la couronne, adorez votre maître.
> Rois , adorez l'Enfant qui commence de naître ,
> Il n'est rien de petit dans la divinité.

7°. L'Européenne porte sur la tête un panache surmonté
d'une aigrette; aucun attribut ne lui est assigné. Au-dessous,
Dieu, sous la forme humaine est assis sur les nuages, il bénit
de la main droite , et soutient le globe de la main gauche; il
n'a pour tout vêtement qu'une large écharpe de pourpre qui
flotte autour de lui, à partir de la ceinture. On lit au-dessous:

> Cet Esprit qui conduit le mouvement des Cieux
> Ne quitte pas pourtant le soin de ce bas monde ;
> Il est le Créateur de la terre et de l'onde ,
> *Et du haut de son trône* il y porte les yeux.

8°. La Cumaine a aussi le panache en tête : elle porte une
croix de résurrection au croisillon de laquelle est attachée
une bannière blanche sur laquelle brille une croix rouge.

Jésus-Christ glorieux après sa Résurrection est armé de sa
Croix pascale , de laquelle flotte un grand étendard blanc ,
surmonté d'un plus petit, couleur de pourpre. On lit au-
dessous :

> En vain enferme-t-on Jésus dans le tombeau,
> Sa chair porte avec soi le germe de la vie,
> Elle en fleurira mieux étant ensevelie,
> Et au lieu d'un sépulcre on lui fait un berceau.

9°. La Phrygienne tient de la main gauche une torche enflammée, ce n'est plus la torche qui doit éclairer le monde dont nous avons parlé au chapitre précédent, c'est celle qui est destinée à consumer l'univers.

Jésus-Christ paraît dans les airs, deux personnages l'accompagnent ; sur la terre les hommes nus sont frappés d'épouvante et paraissent vouloir fuir.

On lit au-dessous :

> Mortels qu'un vain espoir de trop d'impunité
> N'endurcisse vos cœurs dans le libertinage,
> Les bons et les méchants trouveront leur partage :
> Ou la vie ou la mort pour une éternité.

10°. La Samienne tient de la main droite une couronne d'épines et de la gauche un roseau.

Jésus-Christ est suspendu en croix entre les deux larrons, Marie et saint Jean sont au pied de la croix.

On lit au-dessous :

> Cet ingrat favori de la divinité
> Judas sur qui le ciel épuisait ses richesses,
> Pour acquitter enfin de si grandes largesses
> Ne rend à tant d'amour que haine et cruauté.

11°. Erythrée est couronnée de lauriers ; ses deux mains soutiennent sur sa poitrine un objet circulaire qu'on ne distingue pas clairement, c'est sans doute un pain (1).

Marie allaite l'Enfant Jésus.

Au-dessous on lit :

____

(1) Ailleurs c'est la Sibylle Phrygienne qui porte le pain.

Une Vierge trouvant du lait de dans son sein
En nourrira son Père ; et toute la nature
Jouira du bienfait de cette nourriture ,
Lorsque ce Dieu caché se fera notre bien (1).

12°. La sibylle Persique porte un panache comme la plupart de ses sœurs, elle tient un livre à double fermoir.

D'un côté un tronc d'arbre brisé est entouré de l'antique serpent ; de l'autre côté Marie , environnée d'étoiles , tient dans ses bras son divin Enfant.

Au-dessous on lit :

Ce serpent orgueilleux , ce célèbre trompeur
Que la mort d'une femme a rendu si superbe ,
Mourra quand une Vierge enfantera le Verbe ;
L'homme régénéré bénira son Sauveur.

Ces fresques du château de Chitry paraissent indiquer le XVIᵉ. siècle déjà avancé.

CHAPITRE 23.

Les Apôtres. — Signes caractéristiques. — Attributs particuliers de chacun. · Le Symbole.

L'histoire Iconographique des Apôtres n'est pas exempte de difficultés ; il serait impossible de les distinguer si on se contentait d'observer le rang qu'ils occupent entr'eux.

Les Evangélistes n'ont point suivi le même ordre dans la nomenclature qu'ils en font , et saint Luc , dans les actes des Apôtres , ne conserve pas l'ordre qu'il a adopté dans son évangile. Nous retrouverons encore des variétés dans le canon de la messe et dans les litanies. Durand de Mende , dans la

(1) Il faudrait peut-être le mot *pain* au lieu de *bien*. Ce dernier mot effacé semble offrir les traces d'un *b* à la première lettre. On voit qu'il s'agit évidemment ici du mystère de l'Eucharistie.

division des différents articles du Symbole se rapproche de
l'évangile de saint Luc , seulement il place saint Mathieu
après saint Thomas. Il faut conclure de ces variétés que les
auteurs sacrés n'ont pas eu l'intention d'indiquer, dans l'ordre
qu'ils ont suivi , le degré de mérite de chacun , ils se sont
contentés de donner la prééminence et d'assigner le premier
rang à saint Pierre , et ont considéré les autres comme autant
de frères marchant indistinctement à la suite de leur frère
aîné , de celui qui devait paître les agneaux et les brebis.

Les Apôtres ont les pieds nus comme les Trois Personnes
Divines , les Anges et les Evangélistes ; ils partagent avec ces
derniers la sublime mission de répandre par toute la terre
la lumière de l'évangile , et en les voyant on doit s'écrier :
qu'ils sont beaux les pieds de ceux qui annoncent la paix et
qui prêchent le bonheur. D'ailleurs, le Seigneur leur a recom-
mandé de ne point s'embarrasser dans leurs courses évangéliques de besaces ni de sacs , et de laisser de côté toute
chaussure (1).

Durand de Mende prétend que les Apôtres qui ont laissé
quelques écrits, portent ordinairement le livre de la science,
tandis que ceux qui n'ont point d'écrits authentiques , ne
portent que des rouleaux comme les Prophètes (2). Nous
pourrions citer un grand nombre de monuments qui démen-
tent cette assertion ; à Amiens, à Vézelay et ailleurs, on
voit tous les Apôtres ayant en main le livre de la doctrine, et
les sarcophages de saint Maximin, nous montrent saint Pierre
et saint Paul avec le volumen. Cependant, malgré quelques
exceptions , on peut établir, en principe général , que la
dernière époque romano-byzantine et la période ogivale ont
donné le volumen aux Prophètes et le livre aux Apôtres.

(1) Neque pera neque calceamenta. Luc , 10-4.
(2) Ration. div. offic. Lib. 1 de pictura.

Il est important maintenant d'étudier les signes caractéristiques à l'aide desquels nous pouvons distinguer chaque
Apôtre. Quelquefois on a inscrit leurs noms dans le disque
du nimbe dont leurs têtes sont ornées, comme on le voit au
portail de St.-Gilles (1), ou bien quelques passages de leurs
Épîtres sur le livre que portent ceux qui ont écrit ; d'autres
fois on place sur une frise ou dans un médaillon quelque
trait particulier de la vie de l'Apôtre représenté en pied.

Sur les vitraux d'Auch, au-dessous du portrait en pied
du prince des Apôtres, on le voit marchant sur les eaux ;
au-dessous de celui de saint Paul, on aperçoit le persécuteur
de l'église de Dieu renversé de son cheval sur le chemin de
Damas, etc.

Enfin, ce qui devint presque général à partir du XIVe.
siècle, on finit par mettre entre les mains de l'Apôtre les instruments de son supplice à défaut d'autres attributs.

Saint Pierre n'a pas toujours été représenté, comme nous le
voyons, sur les vitraux et dans les statues des derniers siècles,
avec une figure ronde, le nez légèrement écrasé, une barbe
épaisse et crépue, des yeux creux et vifs, les pommettes des
joues saillantes, le front découvert et ombragé seulement par
un léger bouquet de cheveux qui l'empêche d'être complètement chauve sur le devant ; ce n'est pas là le type du prince
des Apôtres que nous ont laissé les premiers siècles de l'église,
et que les artistes chrétiens avaient tenu à conserver. On le
rencontre toujours avec une large tonsure sur le haut de sa
tête, mais non pas naturellement presque dépouillé de ses

____

(1) M. Didron, Iconographie chrétienne, page 52, dit : « Au XIVe.
« siècle la mode prévalut, surtout en Allemagne, d'écrire dans l'in-
« térieur du nimbe le nom du saint dont on ornait la tête, » on voit,
par l'exemple de Saint-Gilles, que dès le XIIe. siècle on agissait ainsi
dans le midi de la France.

cheveux. A Amiens, il a la taille haute, la figure ovale comme saint Paul, et le nez de plus grande dimension.

Dès les premiers siècles nous trouvons auprès de lui le coq qui rappelle son triple parjure, la croix sur laquelle il fut crucifié, et les clefs que le Seigneur lui confia.

On ne trouve pas constamment saint Pierre avec sa croix ni avec son coq ; mais les clefs ne le quittent presque jamais. Sur les vitraux et les miniatures, ces deux clefs ne sont pas de même métal, l'une est peinte en or et désigne le pouvoir de lier et de délier, l'autre est peinte en argent et désigne le pouvoir de paître les brebis et les agneaux. Jean Molan, dans son traité des images, dit que la clef d'or indique le pouvoir d'absoudre et la clef d'argent le pouvoir d'excommunier. Aux XIVe. et XVe. siècles on ne donne souvent qu'une seule clef à saint Pierre, ce qui est rare aux siècles précédents ; cependant, sur le tympan de Saint-Sauveur de Nevers, XIIe. siècle, dont nous avons déjà eu l'occasion de parler, Jésus-Christ livre à saint Pierre une seule clef.

Saint Paul, compagnon presqu'inséparable de saint Pierre, semble lui disputer le premier rang et souvent il l'obtient. On voit, en effet, sur plusieurs de nos monuments, saint Paul à la droite du Sauveur, tandis que le Prince des Apôtres est à gauche ; sur les sceaux de plomb des Souverains Pontifes, on remarque la même disposition. Si nous interrogeons les anciens auteurs pour connaître la cause de cette espèce de contre-sens, ils nous répondront que Saul était de la tribu de Benjamin, le fils de la droite ; que la droite du Sauveur indique la vie céleste, et la gauche la vie terrestre ; que saint Paul est l'Apôtre des Gentils, tandis que saint Pierre est l'Apôtre des Juifs ; ce sont ces motifs qui ont déterminé les iconographes à donner à saint Paul la prééminence dans cette circonstance, non-seulement il était fils de la droite, mais encore il avait découvert la gloire du Ciel, il avait vu ce que l'œil de l'homme ne peut voir, il avait entendu ce que l'oreille de l'homme ne saurait entendre , et senti ce que le cœur de l'homme ne saurait goûter ici-bas ; sa mission était de porter aux Gentils la lumière de l'évangile et de former un nouveau peuple pour remplacer les Juifs maudits. Telles sont les raisons que donnent Innocent III et Guillaume Durand , pour expliquer la place qu'occupe le plus souvent l'Apôtre des Nations. Ses traits ont moins varié que ceux de saint Pierre, sa figure ovale , son nez légèrement arqué, son front large et découvert , sa barbe et ses cheveux ondulés le feraient déjà reconnaître , mais l'épée dont il fut décapité et sur laquelle il s'appuie (1) , et son manteau largement drapé, indiquant le citoyen romain , ne permettent aucune erreur.

Saint Jean, le Bien-Aimé du Sauveur, conserve presque à toutes les époques la fraîcheur de la jeunesse, c'est ainsi qu'on le distingue facilement des autres Apôtres, au portail de Vézelay (2). Il tient en main le calice empoisonné duquel s'échappe la mort sous la forme d'un dragon. On lit dans la légende dorée, qu'un prêtre des idoles dit un jour à l'Apôtre : qu'il croirait en son Dieu , s'il consentait à boire une coupe empoisonnée et qu'il n'en éprouvât aucun mal ; l'Apôtre accepta la proposition , il saisit la coupe et avala la boisson après avoir invoqué le nom de Jésus-Christ, et il n'en fut aucunement incommodé.

Saint André est toujours accompagné de la Croix , instrument de son martyre ; cette croix est droite ou couchée ho-

----

(1) Au portail de l'ancienne cathédrale de Maguelonne, saint Paul est représenté tenant son épée levée, ce qui se rencontre rarement.

(2) Saint Jean garda la virginité toute sa vie et peut être proposé pour modèle aux jeunes gens ; c'est pourquoi , dit Pierre Couturier, auteur du XVe. siècle, on le représente ordinairement imberbe. Il n'en est pas de même chez les Grecs, il est barbu, et son âge est celui des autres Apôtres.

rizontalement, à tige allongée : c'est ainsi qu'on la représente sur un des vitraux de Bourges. Ce ne fut qu'au XIVe. siècle qu'on donna à saint André la croix en sautoir.

Saint Jacques le Majeur a pour attribut, comme saint Paul, le glaive avec lequel il fut décapité ; on le rencontre aussi de bonne heure en costume de pélerin avec le bourdon, la panetière et la pélerine ornée de coquilles : quelquefois, comme on le remarque au portail de Chartres, son vêtement est couvert de coquilles.

Saint Philippe fut, dit-on, crucifié et lapidé à Hiéropolis ; on lui donne pour attribut une croix triomphale.

Saint Barthélemy, dont on ne sait au juste le genre de martyre, est représenté avec différents attributs. Les uns prétendent qu'il fut crucifié et lui donnent une longue croix, se rapprochant par sa forme de la croix processionnale ; les autres lui mettent en main un large coutelas dont ses bourreaux se servirent, disent-ils, pour l'écorcher. Sur un des vitraux de la cathédrale d'Auch, au-dessous du portrait du saint, on le voit étendu sur un chevalet, endurant ce cruel genre de martyre. On le trouve ailleurs portant sa peau sur un bâton (1).

Saint Mathieu porte la pique dont il fut transpercé.

Saint Simon soutient la scie qui servit à son supplice.

Saint Jude, dont on ignore le genre de mort, a pour seuls attributs la palme du martyre et le livre de la doctrine, quelquefois on le représente avec un bâton ou une massue.

Saint Jacques le Mineur fut précipité du haut du temple et achevé par un foulon qui l'assomma de sa masse ; il a pour attribut un bâton de foulon.

Saint Thomas est représenté tenant en main une grosse

____

(1) Michel-Ange, dans son jugement dernier, représente saint Barthélemy tenant sa peau dans ses mains comme prix de l'éternelle félicité, il semble dire avec Job : *rursùm circumdabor pelle meâ.*

pierre , soit parce qu'il fut lapidé , soit parce qu'il a construit
un grand nombre d'églises dans les Indes. Les architectes du
moyen-âge l'honoraient comme leur patron et lui donnaient
quelquefois une équerre pour attribut. Au portail d'Amiens
ils l'ont distingué des autres Apôtres par sa stature plus élevée. Il porte aussi une lance.

Saint Mathias, qui a pris la place du perfide Judas , tient
en main la hachette qui a servi à son martyre , ou un glaive
comme saint Jacques le Mineur et l'Apôtre saint Paul.

D'après une ancienne tradition admise par saint Augustin,
saint Léon , Fortunat et autres , les Apôtres , avant de se
disperser , se réunirent pour composer le Symbole, et chacun
d'eux apporta un des douze articles. Rufin , prêtre d'Aqui ée,
qui vivait pendant le cours du IV. siècle , dit au commencement de son exposition du Symbole : « Nos Pères nous ont
appris qu'après l'Ascension du Sauveur , le Saint-Esprit , en
forme de langue de feu , se reposa sur chacun des Apôtres ,
indiquant par là qu'ils devaient porter le flambeau de la foi
à tous les peuples de la terre et qu'ils comprendraient sans
efforts les langues les plus barbares , car Jésus-Christ leur
avait ordonné de prêcher la parole de Dieu à toutes les Nations. Avant donc de se séparer, ils établirent en commun la
règle qui devait servir de base à leurs prédications , craignant
qu'étant éloignés les uns des autres , ils ne conservassent pas
l'unité de doctrine auprès de ceux qui étaient appelés à embrasser la foi de Jésus-Christ. S'étant donc réunis , ils arrêtèrent avec le secours du Saint-Esprit qui les éclairait, le plan
de leurs futures prédications. Chacun d'eux communiqua sa
pensée et on composa ainsi le symbole, qui devait être proposé
aux nouveaux fidèles comme la règle de leur foi. Ce fut avec
raison qu'on donna à cette règle le nom de Symbole qui ,
en grec , signifie *mot d'ordre* et *concours* , car tous avaient
contribué à le composer.

« Tel fut, au moment de leur départ, le signe d'unité et de foi qu'ils établirent entre eux pour se reconnaître.

« Les enfants de Noé, avant de se disperser, avaient entrepris de concert d'élever une tour, composée de briques et de bitume dont la hauteur devait atteindre les Cieux ; les Apôtres, pour se mettre à l'abri des ennemis de la foi, dressèrent cette citadelle formée de pierres vivantes et ornée des perles précieuses que le Sauveur leur avait laissées en héritage ; fortifications inébranlables qui devaient résister aux vents et aux torrents, et braver les tempêtes et les orages.

« Ceux qui ont élevé la tour de l'orgueil ont été condamnés à ne plus s'entendre, leur langage est devenu inintelligible entre eux, ceux au contraire qui ont élevé la tour de la foi ont été gratifiés de la science et du don des langues ; en sorte qu'on peut distinguer, sans crainte de se tromper, d'un côté le caractère du péché, et de l'autre le caractère de la foi. »

Les iconographes exploitèrent cette pensée de Rufin, et quand ils réunirent les douze Apôtres, ils mirent quelquefois entre les mains de chacun un philactère contenant l'article du Symbole dont on le croyait l'auteur. Durand de Mende établit de cette manière le rang que chaque Apôtre doit occuper ; ce rang, comme nous l'avons fait observer, ne différerait pas de l'ordre suivi dans l'évangile de saint Luc, si saint Thomas était placé immédiatement après saint Mathieu au lieu de le précéder.

Saint Pierre : Credo in Deum Patrem omnipotentem, creatorem cœli et terræ.

Saint André : Et in Jesum Christum, Filium ejus unicum, Dominum nostrum.

Saint Jacques : Qui conceptus est de Spiritu Sancto, natus ex Mariâ Virgine.

Saint Jean : Passus sub Pontio Pilato, crucifixus, mortuus et sepultus.

Saint Philippe : Descendit ad inferos , tertià die resurrexit à mortuis.

Saint Barthélemi : Ascendit ad cœlos , sedet ad dexteram Dei patris omnipotentis.

Saint Thomas : Indè venturus est judicare vivos et mortuos.

Saint Mathieu : Credo in Spiritum Sanctum.

Saint Jacques : Sanctam ecclesiam catholicam, sanctorum communionem.

Saint Simon : Remissionem peccatorum.

Saint Thadée : Carnis resurrectionem.

Saint Mathias : Vitam æternam.

A Sainte-Cécile d'Alby , chacun des Apôtres qui garnissent la clôture du chœur , porte son article sur une banderole , mais ils ne conservent pas exactement le rang que nous venons d'indiquer ; il y a quelques variantes.

Durand de Mende et les iconographes ne font point entrer saint Paul dans la composition du *credo* ; ce qui est rationnel , si comme plusieurs le prétendent , le Symbole fut composé l'année même de la mort de J.-C. , peu de temps après la descente du Saint-Esprit.

Outre les différentes scènes de la vie du Sauveur dans lesquelles les Apôtres se trouvent , ou réunis , ou dispersés , nous les voyons siéger dans les scènes du jugement. C'est un droit que Jésus-Christ leur a donné ; chargés de promulguer sa loi et de la développer en présence des Nations , ils doivent siéger comme juges et prononcer , contre les infracteurs de cette loi , la sentence de condamnation , de concert avec le grand Juge des vivants et des morts (1).

____

(1) Sedeatis super tronos judicantes duodecim tribus Israël. Luc, 22.

CHAPITRE 24.

L'Ame. — Colombe. — Petit être humain. — Ame de Marie. — L'Ame avec l'auréole.—
Ame divine.

Qui donnera à mon ame les ailes de la Colombe afin que je puisse m'envoler et me reposer dans le sein de Dieu (1). Ce cri d'amour et d'espérance avait retenti aux oreilles de nos artistes chrétiens ; la Colombe devint pour eux le symbole de l'ame fidèle, qui sans cesse cherche à se mettre en union avec Dieu.

Déjà l'Esprit-Saint avait été représenté sous la figure de la Colombe au nimbe crucifère, et ses sept dons divins avaient fait naître la pensée de répéter autant de fois l'image de cet oiseau symbolique. La même forme fut donnée à l'ame pure 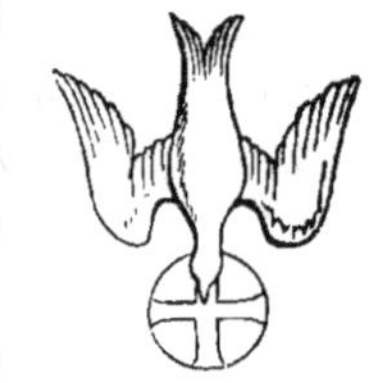 qu'il sanctifie par son onction sainte, qu'il éclaire de ses divines inspirations.

Emblème de la simplicité, de la douceur, de la candeur et de l'innocence, la Colombe rappelle ces vertus modestes qu'on se plaît à admirer dans le véritable chrétien. On la trouve sur nos plus anciens monuments, portant dans son bec, une branche d'olivier, ou la palme de la victoire. On la voit becqueter le raisin Eucharistique, sur un sarcophage de Saint-Maurice de Vienne, en Dauphiné, et s'abreuver dans le calice, à la Charité-sur-Loire. Sur un autre sarcophage, conservé à Marseille, timide et craintive, elle reste perchée sur un arbre pour se soustraire aux morsures envenimées d'un énorme serpent.

(1) Quis dabit mihi pennas sicut columbæ, et volabo, et requiescam. Psalm. 54-7.

C'est encore sous cette forme que l'ame des Martyrs, d'après nos anciens légendaires, s'échappait de leurs corps.

Cependant ce gracieux emblème devait disparaître pour faire place à un petit être humain aux membres légers et aériens. L'Iconographie payenne en avait offert le type, car sur d'anciens monuments on trouve des ames représentées par de petits corps ailés.

Comme nos imagiers et nos sculpteurs n'avaient pas reculé devant la pensée de revêtir d'un corps humain l'Être par excellence, ils ne craignirent pas dès le commencement du XIIe. siècle et plus tôt peut-être, de donner des formes matérielles à l'ame, substance toute spirituelle ; mais à ces formes ils surent imprimer un aspect vaporeux. Ce sont bien des membres humains, mais amoindris, déliés, spiritualisés. Une fois admis, ce type se reproduisit de siècle en siècle. C'est sous cette forme qu'au moment de la mort on voit l'ame s'échapper avec le dernier soupir. Les Anges la reçoivent, ou les démons s'en emparent ; c'est ainsi qu'on l'aperçoit dans la balance de la justice divine, dans le giron du Père des croyants, ou entre les horribles bras de satan qui l'entraîne vers l'abîme.

Ces ames sont ordinairement entièrement nues et sans sexe, car leur nature est celle des Anges (1). Quant à l'ame de Marie, par exception, elle est revêtue d'une robe blanche ; le respect dû à la Reine des Vierges ne permettait pas de la représenter autrement ; les siècles de décadence, si peu scrupuleux sous le rapport des bienséances, ont eu peine à s'éloigner de cette tradition. Le magnifique triptyque de Ternan, diocèse de Nevers, qui date du XVIe. siècle, nous montre

---

(1) Neque nubent neque nubentur, sed erunt sicut Angeli Dei. Marc. 12-25.

l'ame de Marie reçue par les Anges au moment de sa mort , revêtue d'une robe dorée.

Il est à remarquer que l'Iconographie de l'ame a suivi la marche de l'Iconographie de la Troisième Personne Divine ; d'abord Colombe avec le Saint-Esprit , l'ame revêt la forme humaine presque à la même époque que le Saint-Esprit.

L'auréole est réservée à Dieu , et quelquefois on en a gratifié la Très-Sainte-Vierge , car la gloire du Fils devait rejaillir sur la Mère. Jamais le corps des Saints n'a la gloire pour vêtement , leur tête seule en est ornée ; il n'en est pas de même de leur ame , déifiée en quelque sorte par la sainteté ; la gloire de Dieu devient son héritage : *intra in gloriam Domini tui.* Aussi il n'est pas rare de voir l'ame du Juste environnée de l'auréole.

Il est un sujet souvent reproduit dans notre Iconographie chrétienne , au XIVe. siècle et aux siècles suivants , qui se rattache à l'histoire iconographique de l'ame : au moment où l'Archange annonce à Marie le mystère qui doit s'opérer en elle , ou plutôt, aussitôt que la Vierge privilégiée eut donné son consentement , le Saint-Esprit la couvre de ses rayons au milieu desquels on aperçoit un petit corps humain. Saint Antonin (1) condamnait avec véhémence de semblables images comme contraires à la foi ou comme pouvant entraîner les fidèles dans des erreurs condamnées par l'église. Valentin avait été condamné comme hérétique , parce qu'il prétendait que Jésus-Christ était descendu du Ciel avec son corps et que Marie n'avait été en quelque sorte que le canal et le reposoir du Fils de Dieu. Origène , sans partager cette erreur , s'en rapprochait cependant , car il avançait que l'ame de Jésus-Christ avait été formée avant d'être unie à son corps et qu'elle jouissait dans le Ciel de la souveraine béatitude ; en sorte que

____

(1) Titul. 8, tertiæ partis summæ historialis.

cette ame , au moment de l'Incarnation du Verbe serait descendue du Ciel pour reposer dans le sein de Marie.

Sans partager les erreurs de Valentin, d'Origène et des Anabaptistes, ne pourrait-on pas croire avec Jean Molan (1) que nos iconographes n'ont eu d'autre pensée que de représenter ainsi l'ame divine, le Verbe divin, au moment où il quitta le sein de son Père pour se revêtir de notre nature. Nous l'avons déjà vu, sur le point d'entreprendre sa pénible mission , se présenter sous cette forme et recevoir la panetière et le bâton du pélerin. Il vaudrait mieux, ajoute Jean Molan , éviter de semblables images qui peuvent favoriser l'erreur.

CHAPITRE 25.

Les quatre fins de l'homme. — La mort. — Mort du juste. — Mort du pécheur. — Un chapiteau de Vézelay. — Résurrection des morts. — Pèsement des ames. — Jugement. — St.-Sernin de Toulouse. — L'enfer. — L'enfer des impudiques. — Ste.-Cécile d'Alby. — Le Paradis. — Abraham recevant les justes.

Souvenez-vous de vos fins dernières et vous ne pècherez jamais (2).

Cette salutaire pensée de nos livres saints devait être une source de méditations profondes pour nos Pères, dans les siècles de ferveur et de foi ; ne nous étonnons pas de la voir exposée si souvent et avec tant d'énergie dans notre Iconographie chrétienne.

C'était après s'être prosternés le front dans la poussière du sanctuaire , c'était après avoir conjuré Dieu avec le Roi-Prophète, de percer leurs chairs de la crainte de ses jugements (3).

(1) De hist. ss. imag. lib. III , cap. 13.

2) Memorare novissima tua et in æternum non peccabis. Eccl. 7-40.

3) Confige timore tuo carnes meas. Psalm. 118-120.

que nos artistes religieux allaient confier à la pierre les sublimes et salutaires terreurs qui avaient agité leurs ames. Le ciseau encore inhabile du XIe. siècle, s'était déjà hasardé à indiquer par quelques traits épars et grossiers ces vérités terribles ; mais le XIIe. siècle sut sortir de cet état d'hésitation. La main du sculpteur, devenue plus ferme et plus assurée, les grava profondément sur les tympans des portails et sur les chapiteaux des colonnes, tandis que les peintres les imprimaient sur les parois des murailles et en couvraient les coquilles absidales.

La période ogivale abandonna presque entièrement l'ornementation historique et emblématique des chapiteaux, pour y substituer les plantes indigènes et les crosses végétales ; mais les portails et les vitraux peints permirent de développer la série des grandes vérités catholiques, l'histoire de la religion et des Saints qu'elle a produits, et surtout de rappeler le souvenir salutaire des fins dernières de l'homme.

La mort, le jugement, l'enfer, tels étaient les effrayants sujets que le moyen-âge se plaisait à méditer ; mais à côté des motifs de terreur on retrouve avec bonheur des motifs d'espérance ; la vue du Ciel avec ses éternelles récompenses et les joies pures de ses fortunés habitants, vient de temps à autre reposer l'esprit fatigué de ces scènes accablantes.

La mort ne se présente pas toujours avec la même physionomie ; son aspect, en effet, ne doit pas partout être le même. Le geolier qui ouvre les portes d'une prison, déride quelquefois ses traits, ordinairement sombres et sévères ; dans certains moments le sourire erre sur ses lèvres malgré le bruit de ses lourdes clefs et le son aigre des verroux ; c'est que ses fonctions ne se bornent pas à tirer le criminel de son cachot pour le mettre entre les mains du bourreau, il est encore chargé de briser les chaînes de l'innocent éprouvé par le malheur, et de le rendre à la liberté. C'est sous ce point de vue que nous devons envisager la mort ; c'est ainsi que l'envisageaient nos pères.

Nous pouvons sans effroi considérer le juste mourant, tel qu'il est représenté sur nos anciennes basiliques, tel qu'on le voit, par exemple, au portail occidental de Notre-Dame de Paris. Il semble que déjà un reflet de la gloire de la céleste Jérusalem, dont les habitants jouissent d'une éternelle jeunesse, a rejailli sur sa figure ; c'est pour cela qu'on le voit sans barbe ou avec une barbe naissante. Etendu sur son lit de douleur, il est calme et résigné, il paraît insensible à la souffrance ; ses mains sont jointes sur sa poitrine, ses yeux sont fermés aux choses de ce monde, ou ne s'ouvrent que pour regarder le Ciel ; on ne remarque dans ses traits aucune altération : une modeste couverture est étendue sur son corps ; tout, en un mot, annonce en lui l'espérance et la paix : on croirait l'entendre répéter avec le Roi-Prophète : Ah ! qu'il est long le temps de mon pélerinage (1) ! et avec l'Apôtre : qui me délivrera de ce corps de mort ? Oh ! combien je désire de le voir tomber en dissolution, afin que je puisse régner avec Jésus-Christ (2).

Presque partout on voit le bon Ange à la tête du lit du juste mourant ; ami fidèle, compagnon inséparable, il est là pour le soutenir dans ce moment décisif, et pour le défendre contre les derniers efforts de l'ennemi du salut. Parfois cet ennemi se tient aux pieds du lit du moribond, mais la présence de ce démon horrible ne sert qu'à indiquer que les combats du juste ne cessent qu'avec sa vie ; c'est une nouvelle fleur à ajouter à son immortelle couronne, et qui en fera le plus bel ornement. Quand il rend le dernier soupir, le bon Ange reçoit

(1) Heu mihi, quia incolatus meus prolongatus est, multum incola fuit anima mea. Psalm. 119.

(2) Quis me liberabit de corpore mortis hujus. Rom. 7-24. Desiderium habens dissolvi, et esse cum Christo. Philipp. 1-23.

son ame et la transporte dans les Cieux , tandis que satan se retire confus de sa défaite.

Assez souvent la mort du pécheur est en regard de la mort du juste. Ce n'est plus cet homme aux traits calmes et empreints de résignation , c'est un homme au corps moitié nu , car dans l'agitation du désespoir il a écarté les riches tapis qui le couvraient. Tout chez lui est humain , tout est matériel ; une barbe sale cache en partie sa figure sillonnée de rides ; sa bouche se contourne , ses membres se crispent , ses yeux hagards expriment les terreurs qui bouleversent son ame ; les démons environnent sa triste couche , ils craignent que leur proie ne leur échappe , ils ne veulent pas la perdre de vue. Souvent un d'eux , comme on le voit à Moissac (1) , se charge d'entretenir le désespoir dans son cœur et de lui ôter tout sentiment de confiance en mettant devant ses yeux l'image de sa passion ; il mourra donc dans son péché (2).

Quand l'ame de ce pécheur s'échappe de son corps , les démons s'en emparent avec avidité. Cependant le bon Ange de ce malheureux , qui a fait encore à ses derniers moments d'inutiles efforts pour lui inspirer des sentiments de pénitence , se retire en pleurant. Un des chapiteaux provenant de l'ancienne église de Saint-Sauveur de Nevers , nous présente ces derniers détails.

Cette double scène semble être copiée ordinairement sur l'évangile ; car c'est le pauvre Lazare qui est en regard du riche impitoyable , et dont la mort est si différente. Il n'est peut-être pas , après le jugement dernier , de sujet plus souvent reproduit dans l'Iconographie chrétienne que la parabole du Lazare et du mauvais riche , on la retrouve dans les

---

1) A Moissac , le démon au pied du lit de l'avare mourant , lui montre la bourse qu'il faut abandonner et qui a été pendant sa vie l'objet de ses pensées et la cause de ses crimes.

(2) In peccato vestro moriemini. Joan. 8-21.

différentes régions architectoniques ; à Saint-Sernin de Toulouse et à Saint-Lazare d'Autun ; à Moissac et à Vézelay, etc. Les grecs comme les latins se sont plu à la représenter. Nous nous contenterons de décrire ici brièvement un chapiteau de la Magdeleine de Vézelay ; nous parlerons de Moissac et de Saint-Sernin au chapitre des Vertus et des Vices.

Le mauvais riche est étendu sur un lit magnifiquement orné, deux personnes sont auprès pour le servir, cependant son ame sort de sa bouche, et deux démons s'en emparent. Dans un angle du même chapiteau est Lazare, seul, abandonné de tous ; il est accroupi, car, comme le Fils de l'Homme il n'a pas, à ses derniers moments, où reposer sa tête ; son corps glacé n'est pas même couvert de mauvais haillons, il est complètement nu. Sa résignation ne demeurera pas sans récompense, son ame s'élève vers le Ciel au milieu d'une gloire elliptique, et l'autre angle du chapiteau nous montre cette ame pure reposant dans le sein d'Abraham.

Ne cherchons point de détails sur le jugement particulier, je doute que nous les rencontrions. L'ame du juste, aussitôt après sa mort, est reçue par les Anges ou s'élève d'elle-même dans la gloire, tandis que satan s'empare de l'ame du pécheur pour l'entraîner dans sa sombre demeure ; c'est là qu'il la retiendra en état de prévention, jusqu'au moment où la dernière trompette l'appellera devant le tribunal du redoutable juge.

Mais si nos iconographes ont laissé de côté le jugement particulier, avec quelle énergie ils ont développé le jugement général. Après avoir échauffé leur imagination par la lecture du livre de l'Apocalypse, ils ont couvert des détails de cet effrayant sujet, les portails et les vitraux de nos basiliques, car il en est peu qui ne nous montrent Jésus-Christ, Juge. Sur le plan inférieur, les Anges sonnent de la trompette pour faire sortir les morts de leurs tombeaux, on voit ces morts soulevant la pierre sépulcrale qui les couvre, ou la terre qui

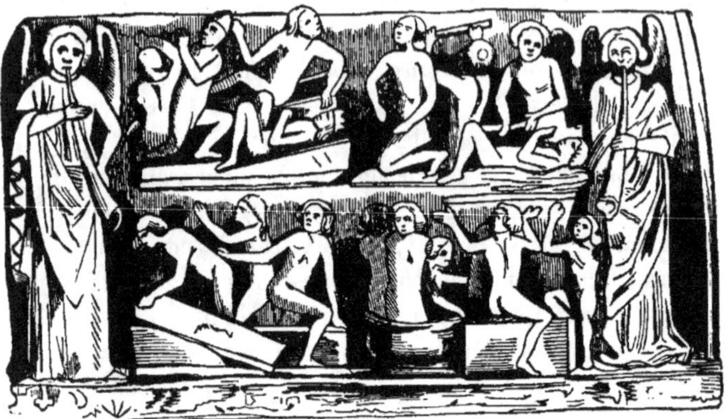

avait été amoncelée sur eux. La plupart expriment un sentiment de frayeur : déjà les Vertus des Cieux ont été ébranlées à l'approche du grand Juge.

Au second plan sont les douze Apôtres qui doivent juger

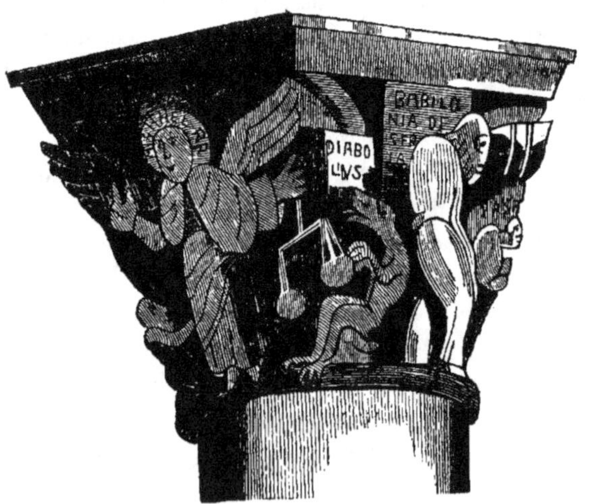

les douze tribus d'Israël ; puis l'Archange Saint-Michel, la balance en main , procède au pèsement des ames. A droite sont celles auxquelles le jugement doit être favorable ; à gauche , satan amène celles sur lesquelles il a des droits. Quelquefois, comme à Saint-Lazare d'Autun et à Saint-Trophime d'Arles , un ange armé d'un glaive se tient entre le séjour réservé aux justes et le lieu du supplice, pour empêcher les méchants de passer à droite.

Le souverain Juge domine cet effrayant tableau. Au-dessus de sa tête, comme à Bourges, deux Anges soutiennent , l'un, le disque du soleil , l'autre, celui de la lune ; ces deux astres qui ont éclairé tant de crimes , semblent paraître comme témoins devant le redoutable tribunal. Ailleurs , comme à Notre-Dame de Paris et à St.-Etienne d'Auxerre, deux personnages sont agenouillés aux pieds du Sauveur ; ce sont Marie et Jean (1) ; ils ont été témoins de son immense charité sur le calvaire , ils cherchent par leurs prières à tempérer les rigueurs de sa justice.

A Saint-Sernin de Toulouse, la scène du jugement offre un type particulier. Le Sauveur paraît sur les nuées du Ciel, accompagné de ses Anges : deux d'entre eux portent la croix ; c'est le Code sacré d'après lequel le monde doit être jugé ; deux autres portent des flambeaux renversés , ce sont peut-être les torches qui ont servi à incendier l'univers , ou plutôt ils indiquent que celui qui sonde les cœurs et les reins n'a pas besoin de lumière étrangère , lui qui est l'éternelle lumière qui doit éclairer les Elus (2).

Au-dessus sont les douze Apôtres, accompagnés de deux Anges, l'un à droite et l'autre à gauche, tenant chacun un phylactère déroulé ; ce sont les bonnes et les mauvaises actions qui doivent faire la matière du jugement ; ce sont

(1) Souvent au lieu de saint Jean l'Evangéliste, c'est saint Jean-Baptiste qu'on voit aux pieds du Sauveur.

(2) Lucerna ejus est agnus. Apoc. 21-23.

les livres ouverts dont il est parlé dans l'Apocalypse (1). Comme il est facile de le reconnaître, ce portail de Saint-Sernin n'est qu'une traduction littérale des passages de l'Evangile et de l'Apocalypse concernant le jugement dernier. Ici point de balance, il n'est pas nécessaire de peser les ames; on a sous les yeux les livres ouverts qui contiennent la vie de chacun, il ne s'agit plus que de prononcer la sentence ; ce n'est point encore le jugement, c'est le dernier avènement du Fils de l'Homme.

Nous avons vu plus haut que l'Archange saint Michel porte lui-même la balance ; cependant, quelquefois, comme on le remarque à St.-Lazare d'Autun et à St.-Révérien, diocèse de Nevers, la balance est soutenue par la main de la justice divine qui sort des nuages, et alors l'Archange place les ames dans le plateau, tandis que de son côté, satan cherche à faire prévaloir ses droits (2).

Enfin le jugement terminé, l'Archange conduit les justes vers le lieu de l'éternel bonheur ; déjà le long du chemin les fleurs croissent sous leurs pas. Un vitrail de Bourges nous montre ce chemin parsemé de fleurs, et ceux qui le parcourent ont la couronne royale en tête, car ils doivent régner éternellement (3).

Cependant satan conduit ses victimes ; leur trajet est le commencement de leurs supplices, comme celui des Elus est le commencement de leur bonheur ; les flammes brillent sous leurs pas (4).

L'enfer est représenté de différentes manières ; le plus ordinairement, c'est une énorme tête de monstre ressemblant

(1) Libri aperti sunt. Id. 20-21.
(2) Voyez ce que nous avons dit, dans l'Iconographie des démons, sur satan accusateur.
(3) Regnabunt in sæcula sæculorum. Apocal. 22-5.
(4) C'est ce qu'on remarque au portail de Saint-Trophime d'Arles.

à une baleine. Elle vomit des flammes qui enveloppent ses victimes, et des jets de feu sortent de ses nazeaux. C'est dans cette gueule béante que les démons entassent les réprouvés avec une joie infernale, ou une froide cruauté ; ils sont souvent armés de crocs qu'ils enfoncent dans les entrailles de leurs victimes. On voit cette tête de baleine sur les vitraux de St.-Étienne de Bourges, au portail d'Auxerre, sur un des chapiteaux de St.-Révérien, etc. Sur un autre chapiteau de St.-Sauveur de Nevers, c'est une tête de monstre à gueule

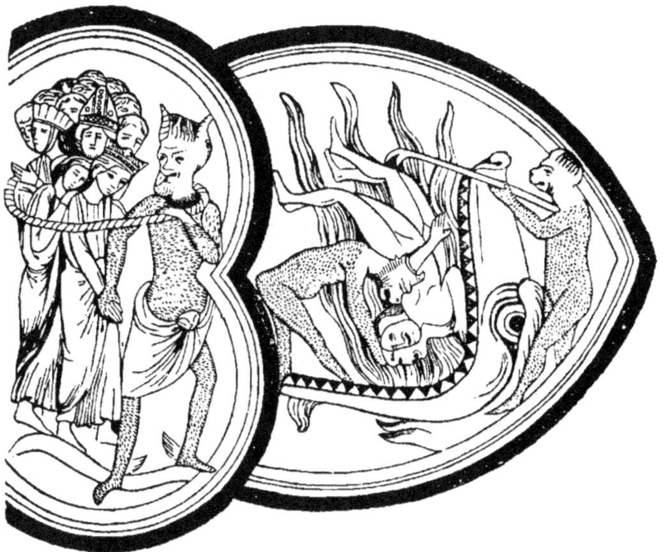

enflammée, mais n'ayant aucun rapport avec la baleine (1).

(2) Cette tête de monstre avoisinait le chapiteau qui représentait le mauvais riche mourant ; parmi les victimes qu'on remarque dans sa gueule enflammée se voit le mauvais riche ; sa tête sort de la gueule et il montre au père Abraham sa langue desséchée.

Dans l'église de Sémelay, diocèse de Nevers, un chapiteau du XIIe. siècle représente des porcs dévorant les victimes, comme un autre chapiteau voisin nous montre les excès du vice impur ; il est facile de reconnaître la pensée de l'artiste, la baleine est un animal trop noble, le feu, même le feu de l'enfer, est trop pur pour le vice immonde ; il fallait créer un genre de supplice qui fût en rapport avec l'état de l'homme avili par l'impureté : on le fait donc dévorer par des porcs.

Au portail occidental de Bourges, l'enfer est une énorme chaudière dans laquelle les démons précipitent ceux qui leur ont été livrés après le jugement : un démon armé d'un soufflet entretient l'activité du feu allumé sous cette chaudière.

Nous ne parlerons pas de l'enfer des fresques de Sainte-Cécile d'Alby. On a abandonné les traditions chrétiennes pour ne se laisser guider que par les caprices d'une imagination que l'art païen a échauffée. Les sept péchés capitaux sont punis d'une manière différente. Les orgueilleux, par exemple, sont attachés au haut d'une montagne à des moulins tournant à tous les vents ; les envieux, nus, sont plongés jusqu'à la ceinture dans un fleuve glacé, et ceux qui veulent éviter le vent qui les pique sont obligés de se plonger sous la glace, etc. Qui ne reconnaîtrait ici une espèce de parodie des supplices d'Ixion et de Tantale.

Le Paradis comme l'enfer n'est pas représenté partout de la même manière. Souvent on voit le Sauveur dans sa gloire, environné des vingt-quatre vieillards tenant d'une main une coupe de parfums, une espèce de violon de l'autre, et portant en tête la couronne royale ; c'est ainsi que le tympan du portail de Moissac nous montre le Paradis. A Chartres, à St.-Denis, à Reims, etc., on retrouve les vingt-quatre vieillards avec les mêmes attributs ou à peu près. A Saint-Lazare d'Autun, le Paradis est représenté par un palais élevé où les Anges portent les ames des justes. A St.-Etienne d'Au-

xerre , les Anges reçoivent dans des linges les ames de ceux
dont la sentence a été favorable : ce sont sans doute les robes
blanches dont ces ames vont être bientôt revêtues (1).

Le plus souvent on se contente de représenter le Patriarche
Abraham recevant dans son sein les ames des prédestinés.
Nous le trouvons sur un des vitraux de St.-Etienne de Bourges
et au portail principal , à Moissac , à Vézelay , etc.

A St.-Trophime d'Arles , Abraham n'est pas seul ; il est
accompagné d'Isaac et de Jacob qui reçoivent aussi les ames
des justes dans leur giron (2). Pourquoi nos artistes du moyen-

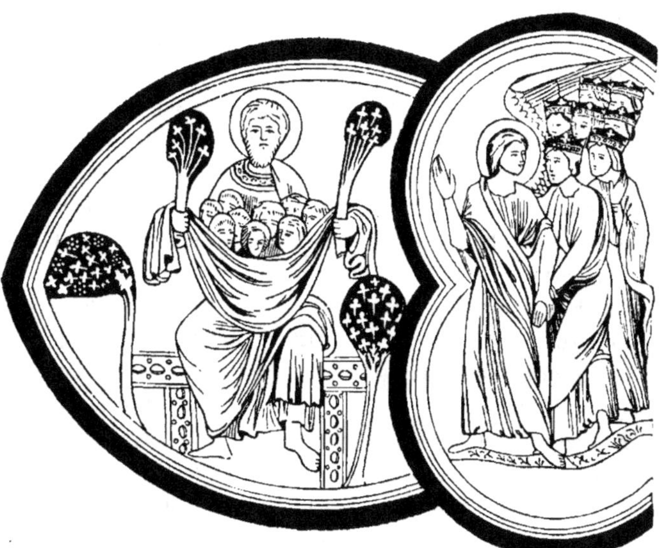

âge , d'une imagination si féconde , paraissent-ils si stériles
quand il s'agit de peindre les splendeurs du Paradis. C'est

____

(1) Datæ sunt illis singulæ stolæ albæ. Apoc. 6.

(2) Recumbent cum Abraham , Isaac et Jacob in regno cœlorum.
Math. 8-11.

parce qu'ils ont entendu l'Apôtre avouer son impuissance pour nous en donner une idée et se contenter de nous dire, que l'œil de l'homme n'a jamais vu, que l'oreille de l'homme n'a jamais entendu, que son cœur n'a jamais senti rien qui soit comparable au bonheur que Dieu réserve à ceux qui l'aiment (1).

Nous terminerons ce chapitre par la description d'un des chapiteaux de l'église de St.-Révérien, diocèse de Nevers (XIIe. siècle).

Sur une des faces, deux Anges nimbés sonnent de la trompette et au-dessous les morts sortent de leurs tombeaux ; une autre face nous montre la main de la justice divine au-dessous du tailloir, soutenant, non pas une balance, mais une espèce de romaine à un seul plateau ; une tête humaine est placée dans ce plateau. D'un côté, un diable à figure horrible et grimaçante, au corps velu, semble attendre avec impatience le résultat du pèsement ; de l'autre, un Ange nimbé prend par la main deux ames qui ont soutenu l'épreuve. Sur la troisième face, c'est la tête du monstre dont nous avons parlé plus haut ; un diable armé d'un énorme maillet, enfonce dans cette cruelle gueule une victime qui lui a été livrée ; un autre diable, tirant la langue avec moquerie, tient une autre victime attachée par le cou, tandis qu'un troisième lui enfonce un croc dans les entrailles pour l'entraîner dans cet abîme vivant. Enfin sur la dernière face se voit le Paradis. C'est un édifice garni de trois tours, et celle du milieu est surmontée d'une croix ; dans l'intérieur paraissent deux personnes assises se contemplant ou conversant ensemble ; au-dessus d'elles, on voit une tête disposée de telle manière que les trois têtes forment un triangle. C'est, comme nous l'avons dit : l'emblème de la Trinité.

____

(1) 1, ad Corinth., 2-9.

CHAPITRE 26 [1].

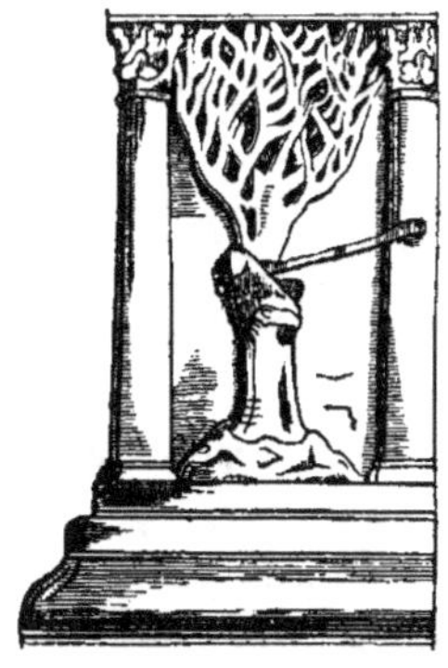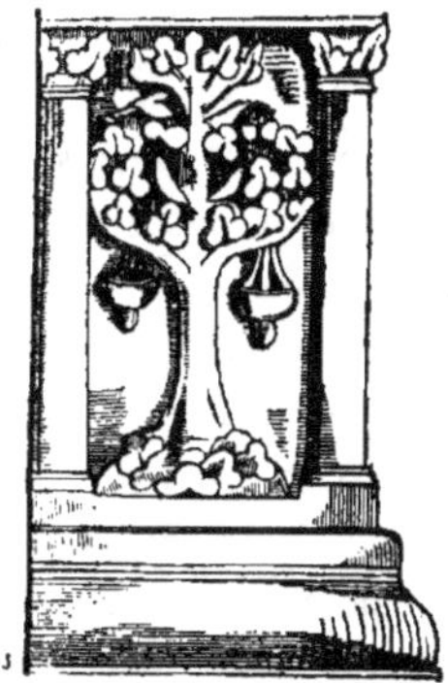

Le catéchisme monumental eût été incomplet, s'il n'eût
mis sous les yeux des peuples le double tableau des Vertus et
des Vices. Après avoir développé les fins dernières de l'homme,
il était important de leur montrer les Vertus qu'ils doivent
pratiquer pour parvenir au souverain bonheur, et les Vices
qu'ils ont à combattre pour se soustraire aux terribles arrêts
de la Justice divine.

Jusqu'au XIe. siècle les emblêmes des Vices sont rares, si
toutefois on en rencontre; il n'en est pas de même des Vertus
qu'on avait déjà personnifiées. Abbon de Fleury avait envoyé,
au Xe. siècle, au pape Grégoire V, deux vases sculptés sur
lesquels on voyait la religion qu'il nomme *ethica*, et la Charité, accompagnées des quatre Vertus Cardinales.

---

(1) Presque toutes les figures ci-jointes nous ont été obligeamment prêtées par M.
de Caumont, quelques unes ont été exécutées pour notre ouvrage, mais la plus
grande partie avaient été faites pour le Bulletin monumental. Telles sont les figures
qui vont suivre et qui avaient été gravées pour un mémoire sur le grand portail de
la cathédrale d'Amiens, par MM. Jourdain et Duval.

Au XIIe. siècle, Pierre Le Poitevin, chancelier de l'église de Paris, inventa, à l'usage des étudiants pauvres, des arbres aux branches desquels on voyait, selon la série qui leur convenait, les emblêmes des Vertus et des Vices. Ces arbres étaient peints contre les murailles des classes (1).

Il était facile de représenter les Vices, ils se manifestent pour la plupart, par des actes extérieurs et matériels; il n'en est pas ainsi des Vertus, êtres abstraits et tout célestes, que le voile de la modestie dérobe souvent aux regards des hommes. Il fallut donc avoir recours aux symboles et aux figures allégoriques. Durand de Mende veut que les Vertus soient personnifiées sous la forme de femmes voilées, pour indiquer leurs charmes secrets et la douce nourriture par laquelle elles fortifient l'ame qui les possède (2).

En donnant la description d'un encensoir du XIIe. siècle, d'après le moine Théophile (3), nous avons dit que la coupe de l'encensoir était garnie de médaillons circulaires renfermant des bustes de femmes, allégories des Vertus; le nom de chaque Vertu était inscrit dans le cercle ou nimbe qui encadrait le médaillon. C'est ainsi qu'on représentait les Vertus au XIIe. siècle, dans des médaillons ou bien par des figurines qui ornaient les bas-reliefs et les chapiteaux. Nous ne croyons pas qu'on les trouve en pied d'une certaine dimension (4).

Le XIIIe. siècle adopta avec empressement les types que

(1) Hug. Vict. t. 3, p. 254.

(2) Virtutes in mulieris specie depinguntur quæ mulcent et nutriunt. Rat. div. offic., lib. 1.

(3) Voyez page 135.

(4) M. Charles Des Moulins nous parle, il est vrai, des quatre Vertus Cardinales qui ornent le portail de Moissac (Bull. mon. t. XI, p. 271), mais nous pouvons certifier que notre savant collègue est dans l'erreur. Les dégradations qu'a éprouvées cette partie du portail l'ont empêché de reconnaître la Salutation Angélique et la Visitation dans les quatre personnages dont il fait mention.

lui avait laissés le XIIe. ; il sut classer plus méthodiquement les Vertus et les Vices; il leur imprima son cachet, et leur donna un nouveau caractère. Dans les portails, les Vierges folles, les Vices et les traits historiques qui s'y rattachaient, les paraboles qui les rappelaient, furent relégués au côté

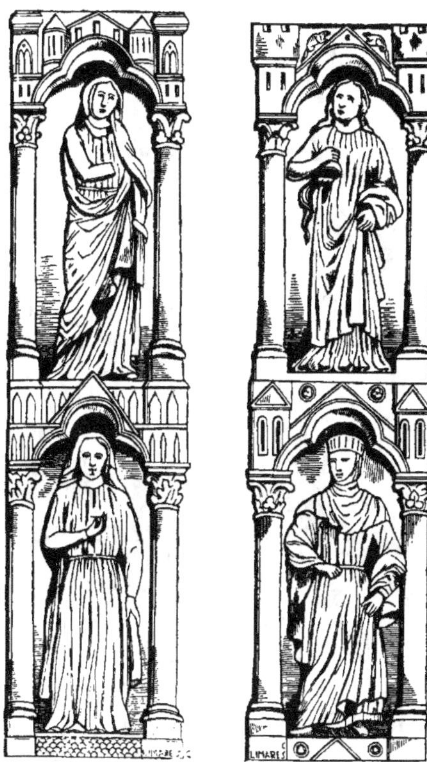

gauche; les Vierges sages, les Vertus, tous les traits honorables ornèrent le côté droit.

Déjà nous avons pu remarquer que le moyen-âge avait établi dans ses différents tableaux un système *d'opposition*.

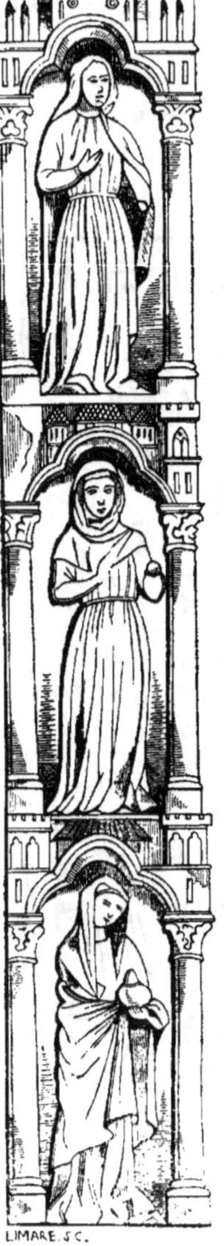

LIMARE. SC.

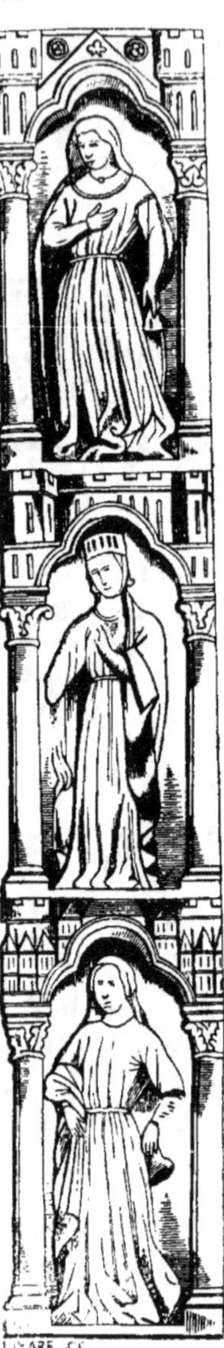

LIMARE. SC.

L'église était en regard de la synagogue ; la bonne mort et la mauvaise, le paradis et l'enfer, le bon Ange et Satan, Lazare et le mauvais riche, etc., faisaient pendants ; le même système dut se continuer dans les allégories des Vertus et des Vices, ou dans leur personnification. Les scolastiques eux-mêmes établissaient d'après ce principe leurs divisions théologiques. De même, dit saint Thomas, que nous admettons seulement quatre Vertus Cardinales, nous ne devons reconnaître que quatre péchés capitaux (1).

Le même docteur avait établi, en suivant la même pensée, la classification des Vertus et des Vices.

Les Vertus Théologales, la Foi, l'Espérance et la Charité sont suivies des Vertus Cardinales, la Prudence, la Justice, la Tempérance et la Force.

Puis viennent les Vertus Morales, sœurs ou filles de ces quatre Vertus, et comprenant les Vertus Sociales et les Vertus Privées.

En regard de chaque Vertu est placé le Vice qui lui est opposé. Ainsi la sculpture, la peinture, la scolastique adoptent le même plan.

Souvent, comme on le voit à Chartres, la Vertu porte une double couronne, celle de la Terre et celle du Ciel, un diadème et un nimbe. Il doit en être ainsi, car sur la Terre elle règne par le respect qu'elle commande, et dans le Ciel par la gloire dont Dieu la revêt.

Comme chaque Vertu a son caractère propre et son mérite particulier, on ne peut la distinguer des autres que par ses signes attributifs.

Nos anciens chevaliers pouvaient être reconnus malgré la visière de leur casque rabattue sur leur figure ; ils portaient sur leurs pennons et leurs écus les insignes d'honneur que

1) Thom. Primæ secundæ quest. 84, art. 4.

leur avaient légués leurs pères , ou qu'ils avaient eux-mêmes
acquis par leur bravoure. Les Vertus ne tardèrent pas à prendre
les insignes de la chevalerie , qui s'était identifiée avec elles.
Elles conservèrent leur voile protecteur , mais en même temps
elles portèrent un écusson chargé d'un symbole qui indiquait
le nom et le mérite de chacune. Nous voudrions pouvoir ici
insérer en entier les explications si intéressantes que MM.
Jourdain et Duval ont données sur les vingt-quatre médaillons
qui ornent le grand portail de la cathédrale d'Amiens ; nous
nous contenterons de les indiquer avec leurs emblèmes.

Douze tableaux renferment les Vertus, douze autres for-

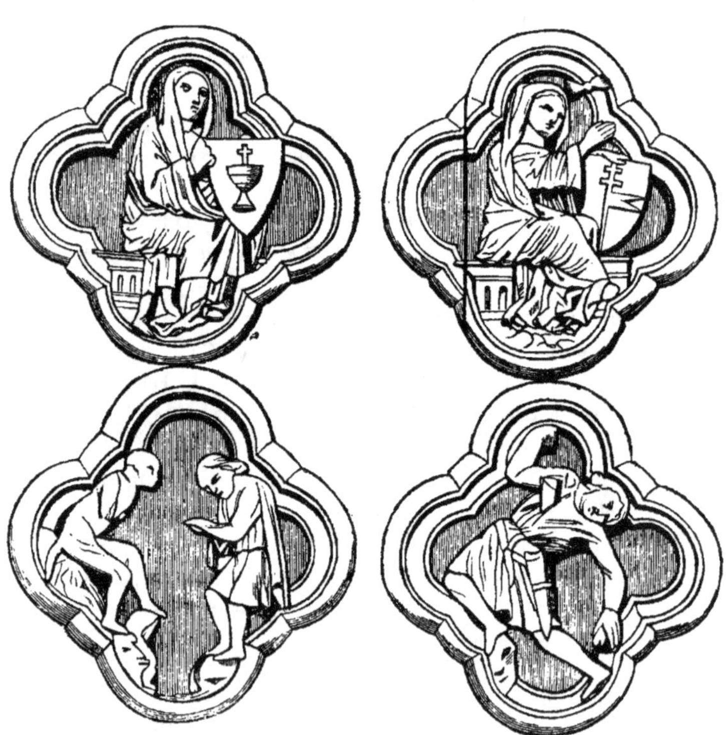

mant une ligne inférieure, sont réservés aux Vices. Les trois premiers tableaux sont consacrés aux Vertus Théologales, la Foi, l'Espérance et la Charité, au-dessous desquelles on a placé l'Idolâtrie, le Désespoir et l'Avarice.

La Foi porte sur son écusson un calice surmonté d'une croix, car l'Eucharistie est le mystère de la Foi (1).

L'Idolâtrie est représentée par un homme priant devant un singe.

L'Espérance a pour attribut une croix de résurrection : *Dieu*

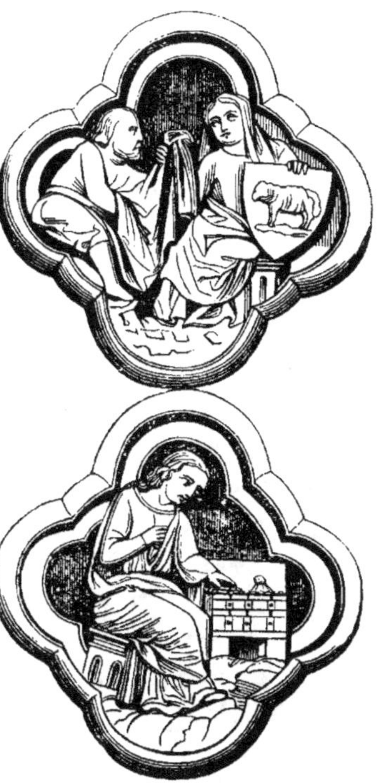

nous a régénérés, et a confirmé notre espérance par la résurrection de Jésus-Christ (2).

Le Désespoir se perce le cœur d'un glaive (3).

La Charité se dépouille de son vêtement pour le donner à un pauvre, assis auprès d'elle ; et la brebis qui donne sans se plaindre son lait et sa toison, orne son écu.

L'Avarice assise auprès de son coffre-fort, palpe avec passion les pièces de monnaie qu'elle en a sorties.

(1) Mysterium fidei.

2 Regeneravit nos in spem vivam per resurrectionem. J.-C. 1 Pet., 1-3.

(3) Gladius eorum intret in corda ipsorum. Psalm. 36-15.

On est étonné de voir ici, parmi les Vertus Théologales qui doivent avoir Dieu pour objet immédiat, la Charité ainsi représentée ; mais l'étonnement cesse quand on se rappelle que le second commandement est semblable au premier et se confond avec lui.

Et en voyant l'avare, on croit entendre les paroles du Sauveur : *Vous ne pouvez servir Dieu et la déesse de l'argent.* Dieu n'est plus la fin dernière de celui qui se laisse dominer par cette passion : son argent est devenu son idole, il lui a consacré les pensées de son esprit et les affections de son cœur.

Aux Vertus Théologales succèdent les Vertus Cardinales, la Justice, la Prudence, la Tempérance et la Force ; au-dessous

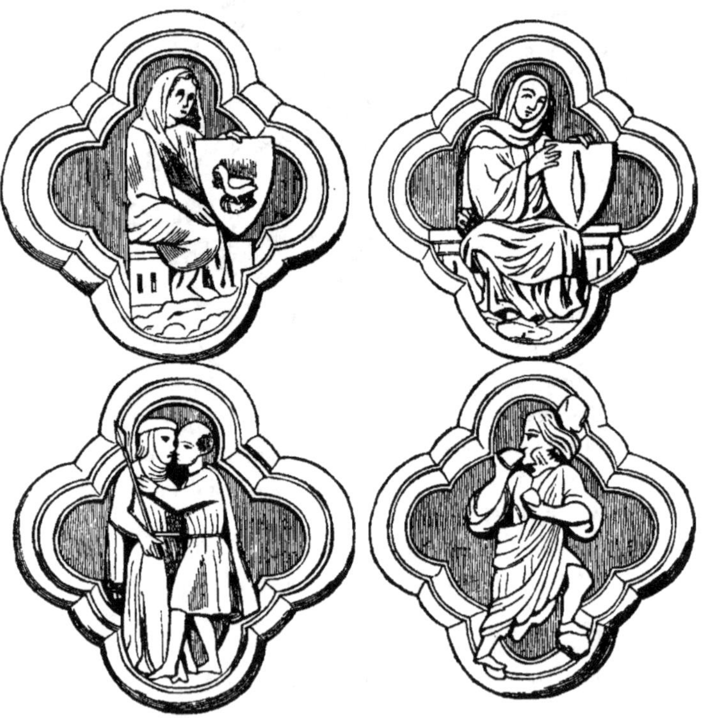

desquelles on voit, l'Injustice, la Folie, la Présomption et la Peur.

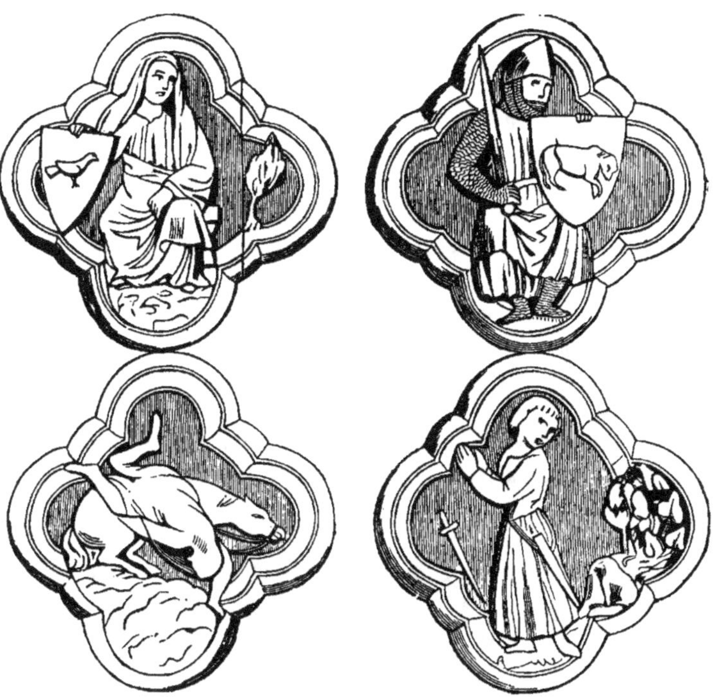

La Justice tient une palme dans sa main droite, car le juste doit fleurir comme le palmier (1) ; et comme sa mémoire ne doit pas périr, on a placé sur son écusson le phénix, symbole d'immortalité.

(1) Justus ut palma florebit. Ps. 91-13. In memoriâ æternâ erit justus. Ps. III, 7.

L'Injustice est indiquée par un individu qui cherche à corrompre son juge.

Le Sauveur a dit : *Soyez prudents comme des serpents.* C'est le serpent qu'on donne pour attribut à la Prudence (1).

La Folie marche inconsidérément sur des pierres roulantes, et mord une pierre qu'elle tient à la main , tandis qu'une autre pierre lui tombe sur la tête. *Il ne faut pas suivre la voie de la ruine, si on ne veut pas que les pierres deviennent une occasion de chute* (2).

La Tempérance se confond avec la simplicité et l'humilité chrétienne , elle porte une colombe sur son écusson (3) ; la colombe , au reste , est le symbole de la Pureté , fille de la Tempérance.

La Superbe est renversée avec le coursier qu'elle montait (4).

La Force, vêtue en guerrier et armée d'une épée nue, a le lion pour attribut, tandis que la Peur fuit devant un ennemi imaginaire , et jette loin d'elle le glaive qui pourrait lui servir de défense (5).

Après les Vertus Cardinales viennent les Vertus Sociales qui en dérivent : la Patience , la Douceur , la Concorde et l'Obéissance, et au-dessous la Colère , la Fierté , la Discorde et l'Indocilité.

(1) Estote ergo prudentes sicut serpentes. Math. 10-6.

(2) In viâ ruinæ non eas, et non offendes in lapidibus. Eccles. XXI, 2.

(3) Simplices sicut columbæ. Math. 10-6.

(4) Collidam in te equum et equitem ejus. Jerem. 51-21.

(5) Illic trepidaverunt timore ubi non erat timor. Psalm. 52-6.

Le Bœuf charge l'écusson de la Patience.

La Colère nous montre une femme cherchant à percer d'un glaive un moine qui l'instruit et qui lui adresse sans doute quelque reproche.

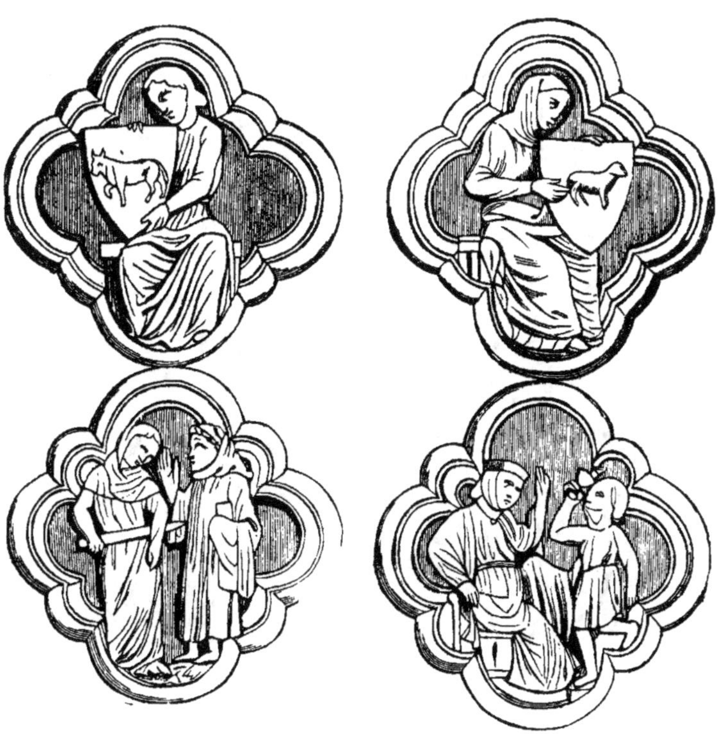

La Douceur a l'agneau pour emblème.

La Fierté est représentée par un seigneur assis repoussant du pied un vassal qui lui rend hommage.

La Concorde porte une branche d'olivier sur son écu.

La Discorde est indiquée par une querelle de ménage ;

c'est une lutte violente entre un homme et une femme ; on
voit d'un côté le fuseau et la quenouille que la femme a jetés,
de l'autre un vase renversé , cause probable de la querelle.

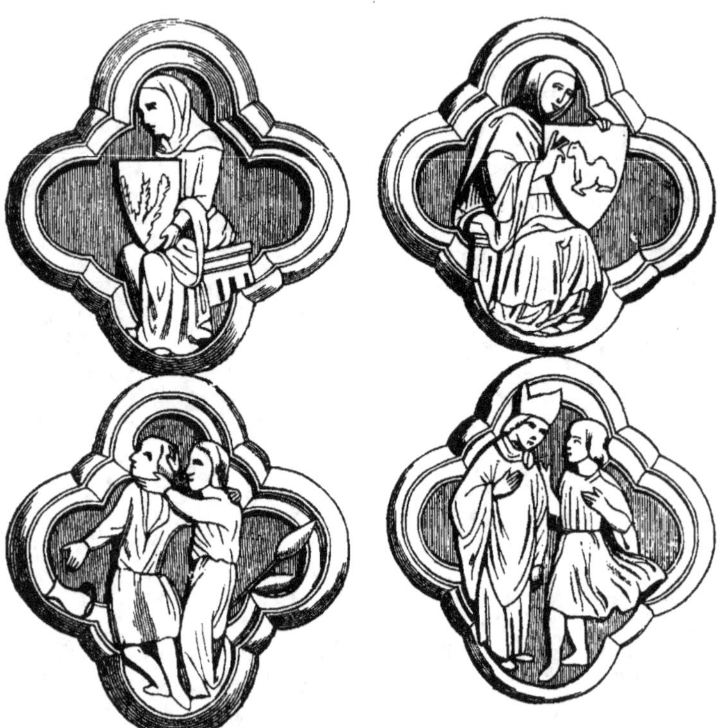

L'Obéissance se reconnaît au chameau , animal docile ,
accroupi sur l'écusson.

L'Indocilité se manifeste par l'attitude fière et indépendante
d'un individu adressant la parole à un évêque.

En vain nous passerions une partie de notre vie à méditer
les charmes de la Vertu et à considérer la laideur du Vice, en
vain nous réglerions notre conduite d'après ces salutaires mé-

ditations , si nous nous laissions à la fin abattre par le découragement. Il n'y aura de sauvé que celui qui aura persévéré jusqu'à la fin (1) ; il n'y aura de couronné que celui qui aura combattu le bon combat (2), en se montrant courageux et fidèle à son chef.

Cette série de Vertus et de Vices eût été incomplète, si on n'y eût adjoint la Persévérance et l'Inconstance. Nous les voyons dans les deux derniers tableaux.

La Persévérance est couronnée ; elle soutient d'une main la tête de la victime, et la queue retombe sur l'écusson qu'elle porte et qui est aussi orné d'une couronne. Il a mérité la couronne , celui dont la vie a été un holocauste continuel et qui ne s'est rien réservé de la victime.

Le médaillon de l'Inconstance nous montre un moine abandonnant le couvent qu'il avait jusque - là considéré comme un lieu de refuge et un port de sûreté.

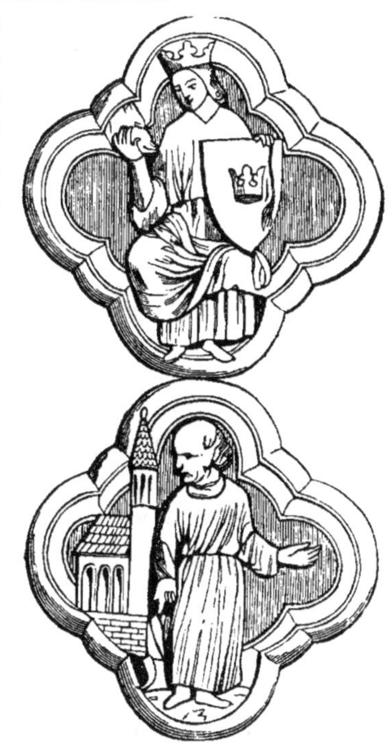

(1) Qui autem perseveraverit usque in finem , hic salvus erit. Math. 10-22.

(2) Non coronatur nisi qui legitimè certaverit. 2, Timoth. 2-5.

On comprend facilement pourquoi les Vertus seules portent des écussons, c'est un signe honorable qui ne convient qu'à la Vertu ; le Vice ne saurait y prétendre : c'est aussi une arme défensive ; elle devient inutile à celui qui ne veut pas combattre, et qui méprise les palmes de la victoire.

A Chartres, la filiation des Vertus Cardinales est plus complète ; on y voit la *Sécurité*, fille de la Prudence, dont l'écu est chargé d'un château-fort ; elle semble dire : Si vous voulez conserver la paix, préparez-vous à la guerre ; l'*Agilité*, *Velocitas*, la *Santé* et l'*Amitié*, filles de la *Tempérance*. L'une porte sur son écu trois flèches, l'autre trois poissons, la troisième deux couples de colombes adossées, et cependant se regardant avec douceur. La *Majesté*, fille de la *Force*, porte pour étendard une croix, qui rappelle celui par qui règnent les rois, et de qui découle toute autorité ; trois sceptres ornent son écu.

L'*Honneur* et la *Liberté* sont filles de la *Justice ;* l'une a pour attribut deux mitres, et l'autre deux couronnes. La Liberté, en effet, ne peut exister qu'autant que les droits des inférieurs et des supérieurs seront garantis ; il faut donc qu'elle protège ces doubles droits ; elle exerce un double empire.

Aux Vertus et aux Vices, un grand nombre de nos édifices religieux adjoignent les Vierges sages et les Vierges folles ; il est facile de les reconnaître, les unes à leur modestie, au voile qui couvre leur tête, et à la lampe allumée qu'elles tiennent à la main, et dont elles abritent avec soin la flamme ; les autres, au contraire, sont vêtues d'une manière mondaine ; leurs vêtements accusent leurs formes, et leur lampe est renversée.

Les piédroits du grand portail d'Auxerre sont garnis de ces Vierges. A droite, au-dessus des Vierges sages, un Ange tient une couronne ; à gauche, au-dessus des Vierges folles, un Ange est armé d'un glaive. On remarque au portail de St.-Etienne de Sens, la même disposition, mais la récompense et le châtiment sont exprimés d'une autre manière, plus conforme au texte de l'Evangile ; au-dessus de l'archivolte servant de larmier au portail, se trouvent deux édifices renfermés dans deux médaillons, indiquant la céleste demeure. Du côté des Vierges sages, la porte est ouverte, et, malgré les mutilations, on reconnaît encore la silhouette de l'époux au nimbe crucifère, qui attend les Vierges fidèles ; au sommet de l'édifice, l'Ange des récompenses (aujourd'hui brisé), leur montrait la couronne immortelle. Du côté des Vierges folles, la porte est fermée; elles n'apercevront pas même les splendeurs de la salle du festin; elles ne verront pas un seul instant la face de l'époux qui leur crie de l'intérieur : *Nescio vos*, *Je ne vous connais pas.* L'Ange des vengeances, armé d'un glaive, se montrait seul au sommet de l'édifice ; il est mutilé comme l'Ange des récompenses.

Nous avons aussi remarqué au même portail des détails que nous n'avons pas rencontrés ailleurs; comme ils se rattachent aux Vertus, ils trouvent ici naturellement leur place. Une des archivoltes est garnie de figurines dont chacune tient à la main un disque timbré d'une fleur. La fleur, comme on le sait, est le symbole de la Vertu, par ses brillantes couleurs et par la bonne odeur qu'elle répand autour d'elle ; le disque n'est autre chose que le nimbe, récompense de la Vertu. Voilà donc tout à la fois l'espérance du juste et les motifs de son espérance ; qu'il soit fidèle à suivre les préceptes de l'Apôtre : *Tene quod habes;* qu'il ne laisse pas échapper ce qu'il possède, et la gloire sera son partage. Mais ce n'est pas l'acte seul qui constitue la bonté d'une action, il faut que cet acte soit fait avec générosité et une grande pureté d'intention; à ce prix seulement, il aura son éternelle récompense. C'est ce que semblent indiquer les deux figurines

placées au-dessus des autres , au sommet de l'arcade : l'une
porte sur son disque une colombe ou un aigle , symboles de
la simplicité et de la générosité ; et l'autre , un phénix , symbole de l'immortalité.

CHAPITRE 27.

Les Péchés capitaux. — Portail de St.-Sernin de Toulouse. — Les trois Concupiscences.
— La femme aux reptiles. — Portail de Moissac. — Les deux types de l'Avarice.
— Nouvelle étude du portail de St.-Sernin.

Parmi les personnes qui ont traité avec talent différents
points de l'Iconographie chrétienne, plusieurs ont cru remarquer dès le XIIe. siècle et même dès le XIe. des emblêmes
ou des symboles indiquant les sept Péchés capitaux.

On a donné une explication assez ingénieuse des différentes figures qui couvrent les chapiteaux de la crypte de
l'église de St.-Parize-le-Châtel , diocèse de Nevers. Ces figurines seraient les symboles des sept Péchés capitaux ; l'Envie
serait représentée par le hibou ; l'Orgueil par le singe jouant
du violon et le porc pinçant de la harpe ; l'Avarice par un
homme serrant entre ses mains, des bourses pleines, qu'il craint
qu'on ne lui ravisse ; l'Impureté par une sirène à deux
queues ; la Colère par un centaure poursuivant un cerf ; la
Paresse par la tortue, et la Gourmandise par un diable cornu
placé devant une chaudière.

M. Charles Des Moulins , membre de l'Institut des provinces et de la Société française, retrouve les mêmes sujets ,
mais sous un autre type à l'église de St.-Sernin de Toulouse,
au portail appelé vulgairement portail des Péchés capitaux.

Telle est la description qu'il en fait :

« Le portail des sept Péchés capitaux , dont le nom popu-

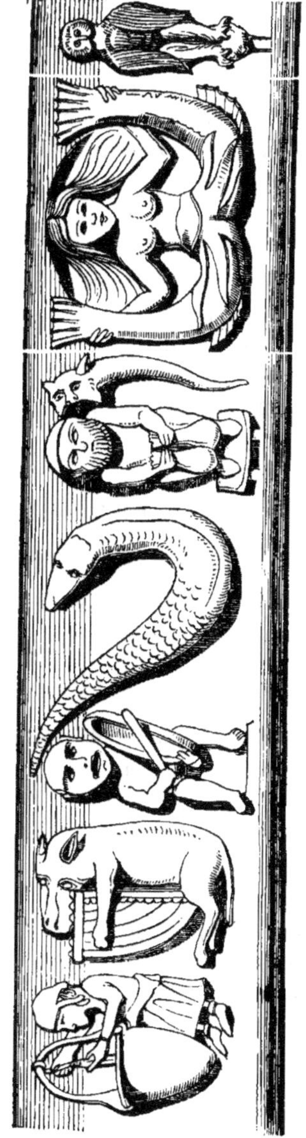
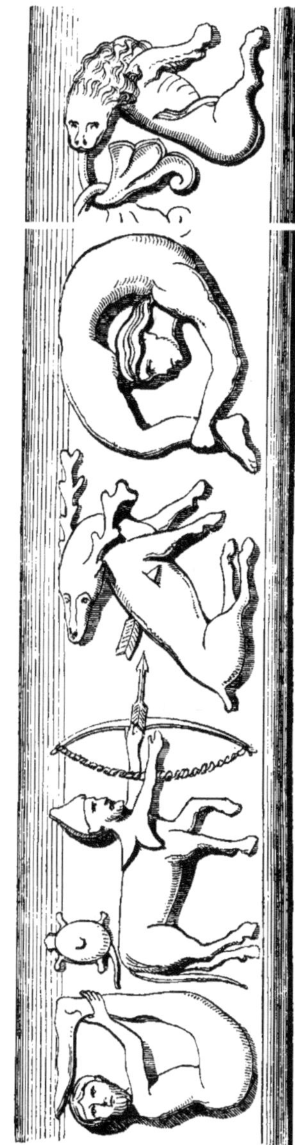

FIGURES DANS LA CRYPTE DE ST.-PARIZE-LE-CHATEL.

laire est une preuve évidente et bien rarement conservée jusqu'à nos jours, de la signification catéchismale attribuée par le moyen-âge à nos emblèmes , est divisé, comme je l'ai dit , en deux arceaux à double retrait. Chaque voussure retombe sur une colonne ; en tout, huit chapiteaux pour représenter sept sujets seulement. Rien n'y est étranger à ce thème inaltérable ; mais un des sept sujets est représenté identiquement sur deux chapiteaux contigus, qui sont au front du pilier central. Voici , en allant de gauche à droite , comment sont représentés les sept Péchés capitaux. »

« 1°. L'Envie. Un homme assis entre deux démons pourvus d'ailes et de plusieurs cornes, assis aussi, qui tiennent d'une main une des mains de l'homme , et de l'autre une fourche à deux dents crochues, au moyen de laquelle ils lui déchirent l'estomac. Les anciens, on le sait, représentaient l'Envie sous les traits d'une femme qui se fait déchirer le cœur par des serpents ;

« 2°. L'Avarice. Un homme assis entre deux démons , pourvus d'ailes et de plusieurs cornes, assis aussi , qui tiennent d'une main un objet empaqueté (de l'argent sans doute). L'homme serre de ses deux mains une énorme aumônière suspendue à son cou ;

« 3°. La Luxure. La femme aux reptiles est nue, assise , mamelles pendantes , peu distinctes, mordues par deux serpents couverts d'écailles, à gueules fort larges, qui passent en dehors sous les cuisses, et reviennent sur elles en-dedans, en se croisant d'un côté et de l'autre ; ils passent ensuite dans le pli du coude , et leur queue est tenue relevée par chacune des mains de la femme, puis se termine en crosse au niveau des crochets de la volute du chapiteau. Au lieu d'être assise entre deux démons , comme le sont trois des personnages principaux des autres chapiteaux , la femme est entre deux personnages debout , entièrement vêtus , auxquels je n'ai pu reconnaître aucun attribut particulier , et qui me semblent être des femmes ;

« 4°. et 5°. (pareils). La Paresse. Un homme assis, vêtu d'une longue robe , sans aucun attribut particulier , et ne faisant rien que de soutenir de ses deux mains les volutes du chapiteau. Deux personnages vêtus , sans attributs , et que je ne sais de quel nom appeler , lui tiennent les avant-bras. L'homme n'est-il pas coupable de paresse, s'il ne s'occupe qu'à soutenir ou à embellir sa demeure terrestre et passagère, sans travailler à son salut éternel ;

« 6°. La Colère. Un homme assis, tenant de chaque main le cou d'un dragon ailé , bipède couvert d'écailles, dont la queue est longue , enroulée et se développe en feuillages. Ces dragons ont des serres d'aigle , dont une pose sur chaque cuisse de l'homme ; leurs deux têtes accolées (museaux de chiens, longues dents, longues oreilles), mordent son crâne.

« M. Branche, dont M. de Caumont cite l'interprétation au sujet du chapiteau de Mirat , attribue à l'Orgueil la figure dont les reptiles semblent ronger la tête; à l'Envie ou à la Colère, celle dont ils attaquent le cœur. Forcé de chercher l'Orgueil dans le chapiteau suivant, je crois pouvoir attribuer celui-ci à la Colère, qui d'ailleurs , selon le langage vulgaire, part plutôt de la tête que du cœur ;

« 7°. L'Orgueil. Il faut bien que j'avoue que j'ai eu la plus grande peine à retrouver ce sujet dans les chapiteaux du portail que je décris , et je n'ai pu me décider pour celui-ci, qu'après avoir vainement cherché à y plier les autres , et au moyen d'une explication qui paraîtra peut-être bien alambiquée. Une très-petite figure nue (ame), debout et les mains jointes , est placée dans une sorte de cadre oval, acuminé à sa partie inférieure, vertical, et qui ressemble un peu à *vesica piscis*. Une plate-bande percée de trous , qui semblent attendre des clous, borde ce cadre : on dirait un bateau vu à vol d'oiseau. Deux anges ailés, nimbés, un genou en terre, tiennent ce cadre de leurs deux mains. Est-ce un avertissement pour que l'homme, admis aux faveurs de la contemplation céleste, ne se laisse pas aller aux fumées de l'orgueil ? Est-ce une image des illusions funestes auxquelles l'ambition de la sainteté peut entraîner l'homme même qui aurait abjuré toutes les ambitions mondaines ? On ne saurait disconvenir du moins que ces deux hypothèses conviennent à ce siècle de ferveur et de foi ; et elles s'appliqueraient peut-être plus spécialement encore aux monastères, dans lesquels il ne s'était introduit ni relâchement, ni luxe mondain, depuis les grands saints réformateurs qui y avaient passé et dont plusieurs vivaient encore ;

« 8°. La Gourmandise. Un homme assis, ayant sur ses genoux une table ou une nappe brodée, sur laquelle on voit deux pains ou autres mets. De sa main droite, il soutient un objet aplati (assiette) ; de sa main gauche, il en soutient un autre de même forme à peu près, qu'il semble présenter à un pauvre, nimbé, qui s'avance courbé, et s'appuyant sur un bâton recourbé en crosse ; deux chiens s'élancent pour courir contre ce pauvre. A droite de l'homme, un serviteur lui présente une coupe, et derrière ce serviteur, on voit trois objets empilés l'un sur l'autre, qui ressemblent à des amphores. La pensée qui a dicté ce chapiteau, me paraît être celle-ci : *que l'aumône elle-même n'excuse pas la gourmandise.* »

Nous devons avouer que la plupart des explications données par le savant membre de l'Institut des Provinces, nous ont paru peu satisfaisantes ; une étude plus approfondie du portail de St.-Sernin lui eût fait considérer plusieurs des sujets qu'il contient, sous un point de vue plus rapproché de la vérité. Plus bas, nous en donnerons l'explication, telle que nous la concevons.

Avant tout, il faut bien se convaincre qu'au XII° siècle,

la classification des sept péchés capitaux n'était pas encore admise par nos artistes.

Saint Grégoire, il est vrai, parle bien de ces sept sources empoisonnées, desquelles découlent tous les autres Vices, en indiquant, à la place de la Paresse, la Tristesse *Tristitia;* mais notre grand docteur du XIIIe. siècle, saint Thomas d'Aquin, refuse formellement, comme nous l'avons vu, d'admettre cette classification; nos iconographes se contentaient comme lui de mettre les Vices en opposition avec les Vertus partagées en différentes catégories.

Les artistes chrétiens, à l'époque qui nous occupe, esquissaient à grands traits les tableaux de nos livres saints ; ils avaient entendu l'Apôtre dire aux Éphésiens: « L'impudique et l'avare n'auront point d'héritage à espérer dans le royaume de Jésus-Christ (1). « Ils savaient qu'il ne voulait pas même « qu'on nommât, dans l'assemblée des Saints, l'Avarice et « l'Impureté (2). » Tels étaient les Péchés capitaux qu'ils reconnaissaient, et s'ils en ajoutaient un autre, c'était l'Orgueil qui venait compléter la triple concupiscence dont parle saint Jean ; car tout le mal qui existe dans le monde tire son origine de la concupiscence de la chair, de la concupiscence des yeux et de l'orgueil de la vie (3). Ce sont les seuls péchés capitaux qu'ils admettaient avec saint Augustin, qui traduit *superbia vitæ* par l'ambition des honneurs de la terre; cette triple concupiscence, ajoute le saint évêque d'Hippone, renferme tous les autres péchés (4).

(1) Omnis immunditius aut avarus non habet hæreditatem in regno. Eph. 5.

(2) Omnis immunditia aut avaritia nec nominetur in vobis. Id.

(3) Omne quod est in mundo concupiscentia carnis est et oculorum et superbia vitæ. 1, Joan. 2-66.

(4) Hæc autem tria genera vitiorum omnia peccata concludunt. St.-Aug. in psalm. VIII.

La concupiscence de la chair, outre l'Impureté, comprend la Gourmandise et la Paresse ; la concupiscence des yeux comprend l'Avarice, et l'Orgueil de la vie engendre l'Envie et la Colère (1).

Nous ne prétendons pas dire que les tristes enfants de ces trois grands Vices, n'aient jamais été indiqués par des emblêmes ou même par des traits historiques, nous avons des preuves du contraire.

Nous avons vu à la Charité-sur-Loire, en regard de Daniel dans la fosse aux lions, un homme entouré d'un serpent, qui lui ronge la langue, et auprès, une femme demi-nue, avec deux serpents qui lui dévorent les seins. Le rapprochement de ces deux tableaux nous a fait reconnaître la pensée de l'artiste ; Daniel était la victime de l'Envie et de la Calomnie des grands de Babylonne : cependant, il est calme, tandis que les tourments de ses accusateurs sont indiqués par les personnages aux reptiles ; le serpent qui ronge la langue indique la Calomnie, et on sait que l'Envie était représentée par les anciens sous la figure d'une femme aux mamelles pendantes et dévorées par des serpents. Ces deux Vices se trouvent ici pour indiquer que l'homme vertueux persécuté, est moins à plaindre que ses persécuteurs.

Si on ne veut pas s'écarter du vrai et s'exposer à de fausses interprétations, il ne faut pas chercher, au XIe. ou au XIIe., et même au XIIIe. siècle, la série des sept Péchés capitaux ; qu'on se contente d'étudier les traits dont nous avons parlé et leurs variétés.

Il est même à remarquer que l'Orgueil se rencontre plus

____

(1) Il est à remarquer que le Sauveur consentant à être tenté, éprouve cette triple tentation, de gourmandise (car il ne voulut pas que le démon de l'impureté s'approchât de lui), de vaine gloire et d'avarice.

rarement que les deux autres, et d'une manière moins distincte ; c'est que les Vices intellectuels sont plus difficiles à peindre que les Vices matériels , tels que l'amour des plaisirs de la chair et la passion de l'argent.

La concupiscence de la chair est presque toujours indiquée par le Vice impur , et il serait difficile de constater d'une manière certaine et évidente la présence de la Paresse et de la Gourmandise. C'est peut-être ce dernier Vice que développe un des chapiteaux de l'église de Sémelay , diocèse de Nevers ; un individu accroupi dévore un fruit avec une bestiale avidité : sa posture semble indiquer une grossière machine à digestion plutôt qu'un homme.

Il est peu d'églises où les excès du Vice impur soient plus souvent répétés que dans celle de Sémelay ; on voit sur un des chapiteaux du chœur les épouvantables et dégoûtants détails de la sodomie : deux fois , dans la même église, la femme aux reptiles est déchirée par des serpents ; nous y avons trouvé l'enfer des impudiques , des porcs dévorants des victimes humaines, enfin un des chapiteaux de la nef nous montre la victoire remportée sur le vice impur : une femme reçoit une couronne que lui offre un individu placé auprès d'elle ; elle a vaincu le reptile immonde qu'elle paraît écraser : c'est le triomphe de la Vertu qui a sa récompense assurée même ici-bas.

Ce sujet est très-rare.

La femme aux reptiles est donc la personnification de la Luxure ; c'est un type généralement admis au XIIᵉ. siècle , et qu'on rencontre dans les différentes régions architectoniques ; à Moissac et à Sémelay , à Toulouse et à St.-Nicolas d'Angers , à Montmorion et à Sᵗᵉ.-Croix de Bordeaux, à St.-Sauveur de Dinan , à St.-Jouin de Marne , etc. , etc. (1).

(1) A Saint-André de Bordeaux on retrouve la femme aux reptiles au XIXᵉ. siècle ; Saint-Etienne d'Auxerre , à la fin du même siècle, le reproduit encore à son portail occidental.

Cette femme est tantôt nue, tantôt demi-nue et d'autres fois entièrement couverte et revêtue même d'une guimpe qui s'entrouve pour laisser voir les seins ; c'est ainsi qu'elle se présente à S^{te}.-Croix de Bordeaux et à St.-Nicolas d'Angers.

Un bas-relief du musée de Toulouse nous montre la femme aux reptiles complètement nue et enfantant un serpent qui de suite s'allonge le long de son corps pour lui dévorer le sein gauche.

A Moissac, cette femme indique le dernier degré d'avilissement où peut conduire le Vice impur ; elle est debout, nue, ses cheveux en désordre tombent sur ses épaules, sa figure est contractée par la souffrance, sa bouche se contourne, ses membres se crispent, deux horribles reptiles couverts d'écailles montent le long de son corps, s'appuient sur les plis des coudes et lui rongent les seins ; les parties sexuelles sont dévorées par un énorme crapaud.

A côté d'elle un affreux démon, vêtu seulement de quelques lambeaux qui lui couvrent la partie inférieure du corps, retient le bras droit de cette femme ; ses jambes terminées par des pieds de lion sont garnies de deux talonnières formées de touffes de poils ; il porte sur sa tête des cornes de taureau, un énorme crapaud sort de son nez contourné ou de sa bouche. Il est impossible de rendre d'une manière plus expressive tout ce que le Vice impur a de repoussant.

De même que la Luxure a ses degrés de malice et d'avilissement qui semblent marqués par les différentes nuances dont nous venons de parler, l'Avarice se montre aussi sous des types différents, selon les variétés de cette passion. On l'envisageait, au moyen-âge, sous un double rapport. Ici c'est l'égoïsme qui ne cherche point à accumuler, mais ne songeant qu'à soi, use de ses richesses pour se procurer une vie splendide et satisfaire son appétit ; insensible du reste aux misères des autres, il demeure sourd aux prières du pauvre. Cette nuance est indiquée par la scène du mauvais riche et du pauvre Lazare si souvent reproduite. Là c'est l'amour de l'argent, mais sans aucun but autre que le triste bonheur d'amasser et de palper de misérables pièces de monnaie. Dans le premier cas, l'avare est cruel pour les autres seulement; dans le second, il est encore cruel pour lui-même, car il se laisse manquer de tout; comme Judas, il ne reculera devant aucun crime quand il trouvera une occasion de satisfaire sa passion. Celui qui se laisse dominer par l'égoïsme ne trouve pas, du moins aux yeux du vulgaire, son châtiment sur la terre; l'avare doublement cruel est puni, même ici-bas, par sa propre passion qui devient son bourreau.

Après ces explications, qui nous ont paru nécessaires, nous allons étudier le portail de St.-Sernin, puisque nous refusons d'admettre l'interprétation donnée par M. Charles Des Moulins. Nous conserverons pour l'ordre les numéros des chapiteaux tels qu'il les a établis.

Les chapiteaux 1 et 2 représentent l'avare proprement dit; on le voit, au second chapiteau, soutenant de ses deux mains l'énorme aumônière, suspendue à son cou. Il est assis entre deux démons, qui bientôt prendront empire sur lui et le rendront doublement cruel : c'est la passion qui commence, elle n'est pas encore entièrement développée.

L'autre chapiteau nous montre le même individu toujours assis entre deux démons; il est nu, et les deux démons devenus ses tyrans et ses bourreaux lui déchirent impitoyablement les entrailles (1).

Les chapiteaux numéros 7 et 8, faisant les pendants des premiers, nous montrent la scène du Lazare et du mauvais

(1) C'est ainsi que l'avare est représenté à Lescure. Voyez au chap. 11 le démon tyran.

riche. Ce dernier n'écoutant que l'égoïsme est assis à table ; il soutient son assiette de la main droite, et de la gauche il porte le morceau à sa bouche ; auprès de lui un serviteur lui présente une coupe. Cependant Lazare, un bâton à la main, la tête ornée du nimbe crucifère (1) se présente devant lui et réclame en vain quelques secours ; le riche impitoyable est sourd à ses prières ; les chiens de la maison sont aux pieds du pauvre, ou pour l'éloigner ou pour lécher ses plaies. L'autre chapiteau, numéro 7, que M. Des Moulins a appliqué à l'orgueil, nous montre la récompense du Lazare. Son ame, épurée par l'adversité et la résignation, est transportée par les Anges dans le sein d'Abraham ; déjà cette ame est environnée de gloire ovoïde (2).

Le chapiteau numéro 3 est la Luxure personnifiée par la femme aux reptiles, comme l'a expliqué M. Charles Des Moulins.

Le numéro 6 n'est point, selon nous, la Colère, mais bien plutôt le remords qui suit la faute, ou si on aime mieux un nouveau type de la tyrannie que le démon exerce sur les victimes des passions. C'est ainsi qu'au portail de St.-Gilles, Caïn, fratricide, a la tête déchirée par les griffes d'un dragon.

Quant aux chapiteaux 4 et 5 qui sont absolument les mêmes, un personnage, vêtu d'une longue robe, soutenant les volutes des chapiteaux ou se cramponnant après, est assis entre deux autres personnes vêtues qui le tiennent par les bras ; il est assez difficile de les expliquer.

---

(1) Nous avons dit au chapitre 5 pourquoi ce nimbe timbré d'une croix sur la tête de Lazare.

(2) Le bonheur du pauvre qu'il a méprisé est une des peines du mauvais riche.

Ici nous exposerons timidement notre pensée.

Les autres chapiteaux nous montrent la passion naissante , puis satisfaite ; les remords et les tortures qui en sont la suite, ne pourrait-on pas reconnaître ici la tentation , le germe de la passion ? le démon sait prendre quelquefois les dehors de l'Ange de lumière, la tentation ne montre à l'homme que le plaisir et lui cache l'amertume que doit produire ce plaisir passager. Si l'avare avait vu dès le principe le démon de l'avarice armé d'un croc destiné à lui déchirer les entrailles ; si la femme impudique eût aperçu le démon de la luxure sous la forme d'un dragon qui devait lui ronger le sein , ils eussent combattu l'un et l'autre et n'auraient jamais consenti à se soumettre à un pareil esclavage. Mais les deux serpents , les deux démons se sont présentés autres qu'ils n'étaient , pour les porter au mal ; ils ont cherché à établir doucement leur empire ; ils tiennent leur victime par le bras ; l'autre cherche à se débarrasser , il se cramponne après le chapiteau , malheureusement ses efforts ne sont ni assez constants ni assez généreux.

Nous nous sommes demandés pourquoi, au moyen-âge, on rencontre souvent l'avare mourant, accompagné de démons qui reçoivent son ame , tandis que jamais, à notre connaissance, on ne représente l'impudique à ses derniers moments? Nous nous sommes rappelés 1°. que le mauvais riche de l'Evangile eut l'enfer pour sépulcre (1) ; 2°. que l'Avarice est la passion dont il est plus difficile de se débarrasser , et que l'avare meurt dans l'impénitence finale ; 3°. que l'avare n'éprouve pas toujours dès cette vie les châtiments qu'il mérite et qu'il fallut bien montrer au peuple que son cœur sans pitié trouverait après sa mort Dieu sans pitié. Les mêmes raisons n'existaient pas pour l'impudique. 1°. Cette passion

____

(1) Sepultus est in inferno. Luc. , 16-22.

se calme avec les années , passe ordinairement avec l'effer-
vescence de la jeunesse et ne dessèche pas le cœur comme
l'avarice ; il est plus facile d'exciter chez l'impudique des sentiments de repentir ; 2°. il est puni dès cette vie par la honte
attachée à son crime , le remords et les maladies qu'engendre
sa passion. Ce sont ces peines et ces châtiments temporels
que les catéchistes sculpteurs se sont plu à mettre sous les
yeux des peuples. La vue des châtiments présents , même
dans les siècles de foi , est souvent plus efficace que la crainte
des châtiments à venir pour détruire le vice.

CHAPITRE 28.

Les Sciences et les Arts chez les Romains. — Les Sages et les Philosophes chez
les Grecs. — Apologues et Fables.

Nous ne devons pas être étonnés de voir les emblêmes des
Vertus orner nos basiliques ; leur place est naturellement
auprès des saints qui les ont pratiquées , et la religion qui les
inspire peut bien les admettre dans ses temples ; ne soyons
pas non plus surpris d'y rencontrer les vices que le chrétien
doit combattre pour arriver au céleste bonheur , ils doivent
aussi trouver place dans ce grand cours de morale , mais
pourquoi ces allégories des sciences et des arts qu'on remarque
à Sens , à Amiens , à Reims , à Auxerre , etc. La Théologie
en costume de clerc , la Médecine avec le serpent pour attribut,
la Musique tenant en main une lyre ou un autre instrument ;
la Pédagogie avec ses disciples sur des bancs placés devant
elle ; la Philosophie , la tête couverte d'une toque ou barette ,
ayant aussi ses disciples sur des bancs , mais revêtus d'une
chape ; l'Architecture tenant le bâton qui lui sert de mesure ;

la Géométrie avec un compas ; la Peinture avec sa palette et ses pinceaux ; l'Astronomie avec sa sphère céleste, etc. « C'est « que toute science vient de Dieu » (1) et doit concourir à sa gloire ; c'est que l'église « doit s'enjoindre tout ce qui est « bon » (2) ; c'est enfin que toutes nos cathédrales et nos principaux monastères n'étaient pas seulement des écoles de morale, mais encore des écoles qui entretenaient les sciences humaines. Les Conciles qui se tinrent pendant le IXe. siècle exigèrent que chaque évêque eût un maître attaché à sa cathédrale et dès-lors nos basiliques devinrent comme les foyers de la science qu'entretinrent les Loup de Ferrières, les Hisemare, les Héric, les Rémi, les Gislebert, les Albon, les Fulbert, etc.

Avant de monter sur le siége épiscopal de Londres, Gislebert, surnommé l'Universel, avait présidé les écoles cléricales d'Auxerre et de Nevers. Les allégories des Vertus et des Sciences, placées ordinairement au grand portail, semblaient donc indiquer que toutes partaient du même foyer de lumière. Ces Sciences personnifiées portaient souvent le nimbe ainsi que les Vertus. La Science et la Vertu sont sœurs.

Les Grecs n'admettaient pas toutes ces allégories des Sciences aussi facilement que les Latins, mais leur iconographie adjoignait à ses personnages religieux un grand nombre des Sages et des Philosophes qu'avait produits leur antiquité payenne.

Toutes les fois que dans leurs écrits on trouvait une sentence en rapport avec la vérité catholique, on ne balançait pas à leur donner place dans les rangs des Prophètes. Apollonius, Thucidice, Solon l'Athénien, Plutarque, Platon, Aristote, Philon le philologue, Sophocle, Thoutis, roi d'Egypte,

____

(1) Deus scientiarum Dominus, 1. Reg. 2-3.
(2) Quod bonum est tenete, Thess. 5-21.

etc. , prenaient leur rang dans cette espèce de Concile universel auquel étaient convoqués tous les Sages du monde pour rendre hommage à la vérité.

Les Apologues et les Fables vinrent compléter par leurs moralités l'histoire des Vertus et des Vices ; on s'en servait comme de tableaux de remplissage. A Amiens , au grand portail, on voit la fable du renard et du corbeau , et celle du loup et de la cigogne. Cette dernière scène se rencontre aussi à Autun. Nous ne devons pas être étonnés de voir les fables d'Esope reproduites par nos iconographes du moyen-âge ; pourquoi auraient-ils rejeté ces témoignages de l'Antiquité payenne en faveur de la Vertu ? Ces leçons de morale données par les payens eux-mêmes étaient pour eux comme des perles précieuses ramassées dans la boue. Au reste , ils n'ignoraient pas que les Pères de l'Eglise n'avaient pas dédaigné ces apologues ; Tertulien cite la fable du geai (1) ; saint Basile celle du loup et de l'agneau (2) ; saint Augustin approuve les fables d'Esope et celles qu'Horace a disséminées dans ses œuvres.

CHAPITRE 29.

Le temps. - Allégorie payenne. — Allégorie chrétienne. — Le zodiaque. — Le calendrier.
— La roue de notre existence.

Les anciens avaient personnifié le Temps sous le trait de leur bifrom Janus, Dieu à deux têtes ou à double face ; il regarde le passé et l'avenir , le présent n'est rien pour lui. Si quelquefois on lui donne quatre figures , c'est pour indiquer

(1) Adversùs Valentinianos.
(2) Epist. 80.

les quatre saisons auxquelles il préside, et qui concourent à
son existence. C'est un être purement terrestre. C'est, si
nous pouvons nous servir de cette comparaison, la crysalide
qui ne vit pas, quoiqu'elle est un germe de vie; elle a vécu
et elle vivra.

Il n'en est pas de même dans l'Iconographie chrétienne.
Car, pour le chrétien, le présent est tout, puisque le passé
n'est plus et que l'avenir n'est pas encore. Le souvenir du
passé peut faire naître en lui des regrets ou de la confiance,
l'avenir des espérances ou des craintes; mais le présent est
là : c'est lui qui est le dépositaire de ces sentiments, c'est à
lui de dissiper les regrets du passé et les craintes de l'avenir
par une vie d'expiation, c'est à lui de maintenir sa confiance
et d'assurer ses espérances par la persévérance dans le bien.
Nos artistes ne pouvaient donc oublier le présent dans leurs
allégories du Temps, et c'est pourquoi ils ont remplacé le
bifrom Janus par un personnage à trois têtes et à trois
visages.

Le Temps est un composé d'instants successifs qui concourent à former les heures, les jours, les mois, les saisons,
les années et les siècles, qu'on pourrait nommer les membres
de cet être insaisissable. Les astres, par leurs révolutions,
marquent ces différentes parties, ces fractions du temps, et
ces fractions de temps sont pour le chrétien le prix de l'éternité. Le zodiaque dut donc à son tour entrer dans l'Iconographie chrétienne. Que j'aime à le considérer imprimé sur
le portail de nos grandes basiliques, à Notre-Dame de Paris,
à St.-Marcellin d'Amiens, à la Magdelaine de Vézelay, etc.

Ces signes avec une muette, mais sublime éloquence,
semblent répéter au chrétien qui entre dans le temple :
« Rachetez le temps, car les jours sont mauvais (1). »

____

(1) Redimentes tempus quoniam dies mali sunt. Ephes. 5.

Tantôt ces signes environnent Jésus-Christ dans sa gloire et rappellent les paroles de l'Apôtre : « Le Christ était hier, il est aujourd'hui, il sera dans tous les siècles (1). » Tantôt ils servent d'encadrement au Jugement dernier, et semblent paraître comme témoins pour déposer contre tous les pécheurs de tous les âges. Ailleurs, comme à Vézelay, ils complètent le tableau de la mission des Apôtres et annoncent la perpétuité de l'Eglise qui doit subsister jusqu'à la consommation des siècles.

Le plus souvent, les signes du zodiaque sont accompagnés des travaux qui leur correspondent; d'autres fois, comme au grand portail de St.-Etienne de Sens, on se contente d'un simple calendrier, indiqué par les différentes occupations propres à chaque mois de l'année. Janvier est désigné par un homme assis, paraissant plongé dans une profonde méditation; on dirait qu'il repasse dans son esprit les actes de l'année qui vient de s'écouler ou qu'il prépare les travaux de l'année qu'il commence; Février est un vieillard qui se chauffe; Mars taille sa vigne; Avril sème; Mai, époque des voyages, de la guerre, de la chasse, est indiqué par un homme à cheval, Juin par un faucheur, Juillet par un moissonneur, Août par un batteur de blé, Septembre par un vendangeur, en Octobre on entonne les vins, en Novembre le bûcheron se précautionne contre le froid, et en Décembre on tue le porc.

Un ancien bréviaire, du commencement du XVIe. siècle, fait mention de ces occupations qu'il exprime en vers Léonins, en admettant cependant quelques variantes.

POCULA JANUS AMAT ; SED FEBRUUS ALGEO CLAMAT.
MARTIUS ARVA FODIT ; APRILIS FLORIDA NUTRIT.
MAIO SUNT SOMES AMORUM.

(1) Jesus Christus, heri et hodiè, et in sæcula. **Ad Hæbr. XIII, 8.**

DAT JUNIUS FERRA ; JULIO RECECATUR AVENA,
AUGUSTUS SPICAS , SEPTEMBER CONTERIT UVAS,
SEMINAT OCTOBER ; SPOLIAT VIRGULTA NOVEMBER.
QUERIT HABERE CIBUM PORCUM MACTANDO DECEMBER,

On a prétendu que nos pères plaçaient ces images aux portes de nos églises pour indiquer qu'il fallait en entrant dans le Temple saint laisser dehors le souvenir des affaires ordinaires et communes , et nous , nous prétendons qu'en plaçant le travail auprès des allégories de la Vertu , l'Eglise a voulu apprendre à ses enfants à sanctifier l'un par l'autre.

La vie humaine composée de ces fractions de temps à elle-même , ses différentes phases , car les instants qui coulent si vite ne présentent pas à l'homme une uniformité constante. *Bonheur , malheur* , telle est la grande division de notre fragile existence. La roue mystérieuse de notre vie , mise en mouvement par la main de la providence , tourne rapidement et d'un seul tour nous conduit du berceau à la tombe en nous laissant apercevoir la faiblesse de l'enfance , les aberrations de la jeunesse , les soucis de l'âge mûr et la caducité de la vieillesse. L'homme ne fait que naître ; aussi l'Apôtre saint Jacques appelle notre vie « la roue de notre existence » (1).

Ce sont ces pensées qui ont déterminé nos artistes du moyen-âge à représenter la vie humaine par une roue qui ornait ordinairement la rose du grand portail, et à indiquer sur chaque rayon ou sur la circonférence les sept âges de la vie de l'homme. Les Grecs comme les Latins ont largement exploité ce sujet, avec cette différence que les Latins plus souvent que les Grecs ont multiplié les personnages qui montaient à la roue ou qui en descendaient. Ils ont établi, si nous pouvons le dire , des âges de transition entre l'enfance et la

(1) Rotam nativitatis nostræ. Jacob. 3-6.

jeunesse, entre la jeunesse et l'adolescence, entre l'adolescence et l'âge viril, entre l'âge viril
et la vieillesse, entre la vieillesse et
la décrépitude, c'est pourquoi on
voit souvent un grand nombre de
personnages autour de cette roue.

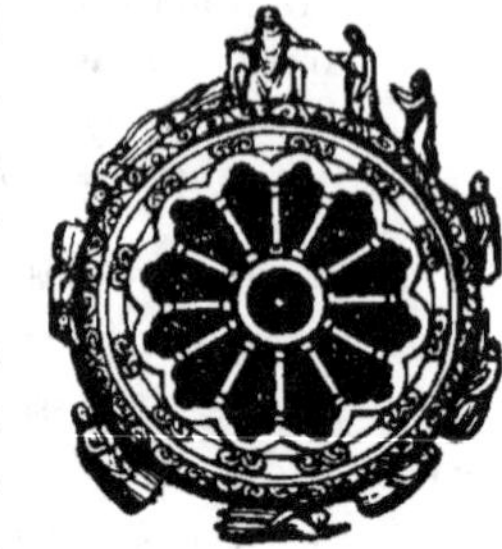

A Troyes un vitrail de la fin
du XVe. siècle indique les sept
âges ; à la cathédrale de Can-
torbéry on a retranché la décré-
pitude ; à Amiens la roue est garnie de dix-sept personnages en relief, huit montent à droite (1) et huit à gauche
descendent. Entre eux, sur le sommet de la roue, se voit un
homme avec une barbe rare, la couronne royale en tête, il
est assis sur un trône ; c'est l'homme arrivé à l'âge viril ; il est
libre, indépendant, il commande en maître, il croit régner.

Ceux qui montent sont sans barbe, ceux qui descendent
sont barbus, ils craignent de glisser le long de la roue, et
vers le bas ils annoncent que les forces leur manquent. Ils
sont tristes, et semblent dire avec Jacob : « Les jours de
« pélerinage ont été courts et mauvais » (2).

CHAPITRE 30.

Attributs des Saints. — Attributs généraux. — Attributs particuliers.

Il est important avant tout de bien reconnaître à quelle
classe appartiennent les personnages qu'on veut étudier ; nous
ne répéterons pas ce que nous avons dit des Anges, des Apôtres et des Evangélistes, leurs signes distinctifs empêchent de
les confondre avec les autres Saints. Nous avons maintenant à

(1) Gauche de celui qui regarde.
(2) Dies peregrinationis meæ parvi et mali. Gen. 47-9.

considérer les différentes classes, en général, avant d'indiquer les attributs particuliers qu'on donne ordinairement aux Saints les plus populaires et les plus connus.

L'Abbé revêtu d'un froc et ayant un capuchon renversé, tient un livre dans la main gauche, une crosse dans la main droite et assez souvent il a la tête couverte d'une mitre sans ornements. La volute de la crosse est tournée en-dedans pour indiquer que sa juridiction ne s'étend que sur son monastère.

L'Abbesse en costume de religieuse porte aussi le livre et la crosse, et quelquefois la croix pectorale.

L'Archevêque a la mitre en tête, le bâton pastoral ou crosse dans la main gauche, bénit de la main droite ou tient un livre ; il est revêtu d'une chappe ou des autres ornements pontificaux, recouverts du pallium. La volute de la crosse est tournée en-dehors, signe de sa juridiction extérieure. Souvent, à partir du XVe. siècle, la crosse de l'Archevêque est remplacée par une croix triomphale à double traverse.

L'Evêque est comme l'Archevêque, si on excepte le pallium et la croix à double traverse.

Le Diacre est revêtu d'une dalmatique, d'une étole en sautoir et du manipule. Souvent on lui met entre les mains le livre de l'évangile.

L'Hermite porte une longue barbe ; il est revêtu d'un froc, il a ordinairement devant lui une tête de mort : un gros chapelet est suspendu à sa ceinture.

Le Moine se distingue de l'hermite par sa large tonsure ; il a ordinairement un capuchon et un scapulaire.

Le Martyr a dans la main une palme ; il porte assez souvent les instruments de son supplice ; s'il occupait quelque rang dans l'église, il est revêtu des insignes de sa dignité.

Le Prêtre est en aube ; il porte le manipule, l'étole et la chasuble.

La Religieuse a ordinairement le scapulaire par dessus sa robe, la mentonnière et le voile.

Le Roi se reconnaît aux insignes de la royauté, au sceptre et à la couronne.

Le Soldat se distingue par son armure.

La Vierge est vêtue d'une simple robe, ses cheveux flottent sur ses épaules; si elle est martyre, elle porte la palme ou une couronne à la main. Assez souvent on voit des Vierges qui, outre la palme, ont encore la couronne sur la tête; ce double attribut semble convenir à celles qui ont combattu pour conserver leur foi et leur virginité.

La Veuve est âgée; elle porte un manteau, un voile et une guimpe.

Quand une fois on a reconnu à quelle catégorie appartient le personnage qu'on veut étudier, il ne s'agit plus que de découvrir son signalement particulier, les signes distinctifs qui empêchent de le confondre avec les autres Saints de la même catégorie.

Sainte Agathe soutient devant elle, sur un plat, ou sur un linge un des seins qu'on lui a arrachés; on voit quelquefois à ses pieds des tenailles, instrument de son supplice.

Saint Agapit est représenté avec un lion couché à ses pieds.

Sainte Afre est placée dans une chaudière enflammée.

Sainte Agnès porte un petit agneau qui rappelle son nom et sa douceur. Nous rencontrerons d'autres attributs, qu'on peut appeler parlants et qui indiquent le nom du personnage: l'attribut de sainte Fare en particulier.

Saint Adrien est représenté ayant devant lui le billot sur lequel on lui coupa les pieds et les mains.

Saint Ambroise a auprès de lui une ruche d'abeilles, on le trouve aussi avec un fouet à la main. Dans un combat livré en 1339, entre les Milanais et les Impériaux, les Milanais vainqueurs, prétendirent avoir vu pendant la bataille leur saint protecteur qui tenait un fouet levé au-dessus de leurs ennemis.

Saint Alban porte, comme saint Denis, sa tête entre ses mains.

Saint Alexis, mourant, est couché sur un escalier.

Saint Anastase, martyr, est attaché à la queue d'un cheval indompté.

Sainte Apolline a pour attribut la pince avec laquelle on lui arracha les dents.

Sainte Anne est occupée à faire lire la Sainte Vierge.

Sainte Apollinaire est frappée par un démon armé d'une massue.

Saint Antoine, solitaire, est tourmenté par un ou plusieurs démons, ou bien il est accompagné d'un bouc dont le démon a pris la forme ; le plus souvent on le voit portant un livre et une clochette, appuyé sur une croix-potence et accompagné d'un porc. Quelquefois on voit auprès du Saint une flamme, parce qu'on avait recours à lui pour être garanti de la peste, qu'on appelait le *Feu de saint Antoine.*

Saint Antoine de Padoue est debout ou à genoux devant l'enfant Jésus, ou le porte sur ses bras.

On lui donne quelquefois l'âne pour attribut.

Saint Antonin, évêque, est monté dans une barque et se laisse aller au courant d'un fleuve.

Saint Aré, évêque de Nevers, est couché dans une barque.

Saint Augustin tient un cœur enflammé.

Sainte Austreberte a un âne pour attribut.

Baltazard, un des trois Rois Mages, porte ordinairement un vase de myrrhe.

Sainte Barbe porte une tour ou un calice surmonté d'une hostie.

Saint Benigne, évêque de Dijon, est représenté avec les instruments de son supplice, deux lances croisées, une massue et des alênes au bout des doigts.

Saint Bernard est agenouillé devant la Sainte Vierge qui lui présente l'Enfant Jésus.

18

Saint Blaise guérit un enfant ; il a pour attribut le peigne de fer, instrument de son supplice.

Saint Boniface, en costume épiscopal, renverse un arbre.

Sainte Blandine est attachée à une colonne.

Saint Brice, disciple et successeur de saint Martin, porte sur la main des charbons ardents, en preuve de son innocence, ou bien soutient entre ses bras l'enfant dont la langue se délia pour confondre ses calomniateurs.

Sainte Catherine de Sienne est quelquefois représentée avec les stigmates.

Sainte Christine est percée de flèches.

Sainte Catherine, la couronne royale en tête, et à la main la palme du martyre, soutient une roue armée de dents de fer ; le plus souvent cette roue est rompue.

Saint Canut est agenouillé, en habits royaux, devant un autel.

Saint Cyr est représenté nu, monté sur un sanglier.

Sainte Cécile est entourée d'instruments de musique.

Saint Charles Borromée est en habit de Cardinal et la corde au cou, agenouillé devant un autel.

Saint Christophe, d'une stature colossale, porte l'enfant Jésus sur ses épaules.

Sainte Chantal, en costume de Visitandine, tient un cœur à la main.

Sainte Claire tient un ostensoir.

Saint Damien et saint Côme, médecins, sont représentés avec une bouteille à la main, ou debout auprès du lit d'un malade.

Saint Denis porte sa tête entre ses mains.

Sainte Dorothée porte des fleurs et des fruits dans un panier.

Saint Dunstan pince de la harpe.

Saint Dominique est ordinairement agenouillé devant la

Sainte Vierge qui lui apparaît avec son divin Enfant ; auprès de lui est un chien armé d'une torche enflammée.

Sainte Elisabeth de Hongrie et *sainte Elisabeth* de Portugal ont l'une et l'autre la rose pour attribut. La première a quelquefois trois couronnes.

Saint Eloi est debout auprès d'une enclume.

Saint Etienne, pape, est immolé auprès d'un autel.

Saint Edouard porte la couronne royale sur la tête et l'Evangile à la main.

Saint Etienne, à genoux, meurt sous une grêle de pierres. On le trouve aussi debout en dalmatique, tenant à la main une pierre qui rappelle son glorieux martyre.

Sainte Euphémie est entre deux serpents qui se dressent contre elle et qui indiquent sans doute le double combat qu'elle eut à livrer pour conserver sa foi et sa virginité. Le même attribut est donné à sainte Thècle.

Saint Edmond, comme saint Sébastien, est dépouillé de ses vêtements et percé d'une flèche.

Saint Eustache se voit enlever ses enfants par des bêtes féroces, des ours ordinairement.

Sainte Flore tient sa tête entre ses mains, des fleurs sortent de son cou.

Saint Exupère tient la charrue, quand on vient lui annoncer qu'il est élu évêque.

Saint Fabien est représenté avec une colombe qui plane au-dessus de sa tête, ou bien il est agenouillé auprès du billot sur lequel il fut martyrisé.

Sainte Fare tient un épi de blé. Cet attribut est en rapport avec son nom : c'est un attribut parlant.

Saint Félix a une ancre pour attribut.

Saint Fiacre a une bêche pour attribut.

Sainte Foi, martyre d'Agen, a pour attribut un faisceau de verges.

Saint François d'Assise se reconnaît à ses stigmates.

Saint François de Sales tient , comme saint Augustin , un cœur à la main.

Saint Genest , qui avait exercé le métier de comédien avant sa conversion , est quelquefois représenté avec un violon.

Gaspard, un des trois Rois Mages , porte ordinairement un encensoir ou une cassolette.

Sainte Geneviève, entourée de ses moutons, tient un cierge allumé et porte à son cou la pièce de monnaie crucifère qu'elle a reçue de saint Germain.

Sainte Geneviève de Brabant est ordinairement accompagnée d'une biche.

Saint Germain d'Auxerre est représenté en chasseur avant sa conversion ; devenu évêque , il donne le voile des vierges ou présente la pièce de monnaie à la bergère de Nanterre.

Sainte Gertrude est représentée entourée de rats. On dit que l'eau d'une fontaine qui porte son nom , garantit les maisons de ces animaux incommodes.

Saint Gilles a une biche couchée à ses pieds.

Saint Georges est à cheval , couvert d'une riche armure et perce de sa lance un dragon couché entre les jambes du cheval.

Saint Grégoire , pape, est devant un autel, offrant le saint sacrifice; ordinairement on voit sur l'autel l'image de Notre-Seigneur montrant ses plaies.

Sainte Gudule couronnée de laurier , travaille devant un métier de tissage ; le diable cherche à éteindre sa lampe qu'un Ange rallume. La même scène se retrouve dans les légendes de sainte Geneviève , pour le cierge qu'elle porte à la main.

Saint Henri est revêtu des insignes de la royauté ; un daim est à ses pieds.

Sainte Hélène tient une longue croix entre ses bras, sa tête est ornée de la couronne impériale.

Saint Honoré est représenté avec une pelle de boulanger.

Saint Hippolyte est traîné au milieu des épines par des chevaux indomptés.

Saint Hubert, en costume de chasseur, est agenouillé devant un cerf qui porte entre ses cornes un crucifix rayonnant.

Saint Hugues porte une lanterne.

Saint Jean l'aumônier porte à la main un pain et un rosaire.

Saint Jérôme, amaigri par les macérations, est en méditation devant une tête de mort ; on voit souvent un lion couché auprès de lui. On lui donne aussi le costume de Cardinal, parce qu'il en remplissait les fonctions auprès du pape Damase.

Saint Joseph se reconnaît à son lis virginal et à ses instruments de charpentier.

Sainte Julitte porte la palme du martyr et donne la main au jeune Cyr, son fils.

Sainte Justine a la licorne pour attribut. Cet animal est considéré comme symbole de la chasteté.

Saint Laurent revêtu d'une dalmatique, soutient le gril sur lequel il consomma son glorieux martyr.

Saint Jean Népomucène, martyr du sceau de la confession, est représenté avec un cadenas à la bouche, ou un doigt sur les lèvres.

Saint Léon, en habits pontificaux, est monté sur une mule et bénit le peuple qui l'entoure.

Saint Léonard, l'ami des prisonniers, a des chaînes brisées à ses pieds.

Saint Leu a une biche pour attribut.

Saint Longin porte la lance dont il a transpercé le côté du Sauveur.

Saint Louis se reconnaît à sa couronne royale, à son sceptre et à son manteau parsemé de fleurs de lis ; il est ordinairement imberbe.

Saint Loup, évêque de Troyes, met une hostie dans la main d'un autre personnage.

Sainte Luce porte des yeux sur un plat ; on l'invoquait dans les maladies des yeux. Quelques auteurs prétendent qu'on lui avait arraché les yeux.

Sainte Madeleine se rencontre dans différentes scènes de la vie du Sauveur ; quand elle est seule, elle médite devant une tête de mort, un vase de parfum est déposé auprès d'elle.

Saint Marc est quelquefois représenté traîné à travers des épines.

Les trois Maries portent des vases de parfums.

Sainte Marie Egyptienne est représentée à genoux, avec une chevelure flottante qui lui sert en partie de vêtement.

Sainte Marthe a la tarasque à ses pieds.

Sainte Marguerite, armée d'un goupillon, dompte le démon qu'on voit à ses pieds, sous la forme d'un dragon.

Saint Maurice, chef de la légion thébaine, est couvert d'une riche armure et monté ordinairement sur un cheval.

Saint Martin, à cheval, partage son manteau dont il donne la moitié à un pauvre.

Saint Médard a un bœuf pour attribut.

Melchior, un des trois Rois Mages, offre à l'Enfant Jésus des pièces de monnaie ; on le représente plus jeune que les autres.

Saint Nicolas bénit des enfants qu'il a sauvés du naufrage.

Saint Norbert porte un ostensoir et quelquefois foule un démon aux pieds.

Saint Patrice, apôtre de l'Irlande, écrase des serpents sous ses pieds.

Saint Paul, hermite, est assis au pied d'un palmier ; un corbeau lui apporte un pain : il a pour vêtement des feuilles de palmier.

Saint Pancrace foule un Sarrazin sous ses pieds.

Saint Piat porte, comme saint Denis, sa tête entre ses mains.

Saint Philbert est accompagné d'un âne.

Saint Pélerin, premier évêque d'Auxerre, a un serpent pour attribut.

Sainte Reine a un agneau pour attribut comme sainte **Agnès**.

Saint Richard est à genoux devant un calice.

Saint Roch, vêtu en pélerin, est accompagné d'un chien qui lèche ses plaies. On le représente ordinairement un genou en terre, sur les bords de la mer; sa pélerine est garnie de coquillages.

Saint Rupert donne le baptême à Théodat, roi de Bohème.

Sainte Radegonde porte le costume d'une religieuse et la couronne royale sur la tête.

Saint Renci donne le baptème à Clovis ; on le distingue du précédent par la colombe qui descend du Ciel lui apportant la Sainte-Ampoule.

Sainte Rose de Lima et *Sainte Rosalie* ont l'une et l'autre la rose pour attribut, ou portent une couronne de roses.

Saint Saturnin est traîné par un taureau furieux.

Saint Sébastien, nu, est percé de flèches.

Saint Siméon Stylite est élevé sur sa colonne.

Sainte Solange, patronne du Berry, est comme sainte Geneviève, entourée de ses moutons, mais elle porte la palme du martyr et quelquefois tient sa tête entre ses mains.

Saint Simon, apôtre, est quelquefois représenté avec un poisson.

Saint Stanislas de Kostka tient sur ses bras l'enfant Jésus.

Sainte Thècle, comme sainte Euphémie, est placée entre deux serpents qui se dressent.

Sainte Thérèse est représentée tenant un cœur à la main; quelquefois ce cœur est percé d'une flèche.

Saint Thomas d'Aquin tient en main un calice surmonté

d'une hostie, pour rappeler qu'il a composé l'office du Saint-
Sacrement.

Saint Thomas Becket est immolé auprès d'un autel.

Saint Théodore est battu de verges.

Sainte Ursule et ses compagnes sont couronnées de roses
et portent la palme du martyr.

Saint Urbain, pape, est représenté avec un cep de vigne
chargé de raisin.

Saint Vincent, revêtu d'une dalmatique, comme saint Laurent, est placé auprès d'un chevalet.

Nous ferons remarquer, en terminant ce chapitre, que les
fondateurs d'ordres et les fondateurs d'églises sont souvent
représentés ayant devant eux une église, ou bien la portant
entre leurs mains.

CHAPITRE 31.

Legendes. — Difficultés qu'elles présentent. — Conseils pour en faciliter l'explication. —
Exemple.

Une des plus grandes difficultés à surmonter pour celui
qui veut étudier l'iconographie chrétienne, est le détail des
légendes.

Quand les légendes sont basées sur l'histoire, la difficulté
est moins grande, surtout pour celui qui connaît les annales
de l'église; mais lorsqu'elles sont composées d'après certaines
chroniques locales et apocryphes, peu connues dans notre
siècle, comment sortir de cet embarras ?

Ces légendes particulières viennent souvent compliquer
l'histoire des Saints les plus connus, et la rendre presqu'in-
déchiffrable.

La légende dorée est d'un grand secours dans ces circonstances , parce qu'elle rapporte les croyances populaires , touchant un grand nombre de Saints , et les miracles qu'on leur attribuait , soit pendant leur vie , soit après leur mort.

Ajoutons à ces difficultés les chroniques locales, l'histoire de la fondation des églises , les portraits des fondateurs qui viennent à leur tour charger les tableaux , et nous comprendrons tout ce que l'explication des légendes exige de soins et d'études.

Nous devons ici nous contenter de donner quelques conseils qui aideront à vaincre les difficultés.

Toute personne qui veut étudier l'iconographie de nos antiques basiliques doit, pour rendre son étude plus facile et se garantir d'erreurs , savoir avant tout :

1°. Quel est le saint sous le vocable duquel l'église est placée ;

2°. Les chroniques locales qui concernent le saint dont il s'agit ;

3°. Autant que possible, les principaux détails de la fondation de l'édifice ;

4°. L'histoire des restaurations principales et des additions, car ces restaurations et ces additions ne sont que des fondations secondaires qui complètent l'édifice ;

5°. Les saints dont les reliques auraient été déposées dans cette église ;

6°. Enfin les pélerinages dont cette église aurait été le but ;

1°. Il est nécessaire de connaître le moindre saint sous le patronage duquel l'église est placée ; pourquoi? parce qu'ordinairement la vie de ce saint occupe une large place , soit dans les sculptures du portail, soit dans les vitraux qui décorent l'intérieur , soit dans quelques bas-reliefs des murs , soit encore dans les tapisseries ; en un mot, il ne faut pas perdre de vue le saint titulaire.

L'oubli de cette première règle , que nous indiquons , a entraîné les savants auteurs de l'Album du Nivernais, dans une fausse interprétation au sujet d'un bas-relief qui couvrait le tombeau du comte Guillaume de Nevers (1). Ce bas-relief est divisé en deux compartiments ; le compartiment supérieur présente Marie tenant son divin Enfant, auprès , un individu à genoux, les mains jointes, tandis qu'un autre, debout , lance contre lui une énorme pierre : cependant une main sort des nuages et suspend une couronne au-dessus de la tête de celui qui est agenouillé. Quand on se rappelle que l'église qui contenait ce bas-relief est sous le vocable de Marie et du premier Martyr , on reconnaît de suite les deux titulaires : la très-sainte Vierge et saint Etienne lapidé , tandis que Dieu tient toute prête la couronne due à la fidélité du saint martyr.

L'album se contente de dire : « Dans l'autre partie est la « Vierge, mère de Dieu , à ses pieds un homme prie avec « ardeur pour mériter la couronne céleste qui descend len- « tement sur sa tête ; dans le fond, s'agite un individu dont « les vêtements annoncent une nation proscrite , mais le « juif a beau lancer des pierres, le chrétien ne sent pas affai- « blir sa confiance. » Le tableau est décrit, mais il n'est pas expliqué.

Le second compartiment nous montre le comte Guillaume, fondateur de cette église, il est à genoux devant l'édifice au-dessous duquel on voit ses armes ; il tient la main droite étendue sur l'église en signe d'abandon et de protection , la gauche est étendue du côté de l'évêque consécrateur ; le comte , tournant la tête du même côté , semble dire à saint Yves de Chartres , car c'est lui qui est ici représenté , que son abandon est irrévocable ;

2°. Il est nécessaire de connaître les chroniques locales ;

1) Album du Nivernais, t. 1 , p. 116.

comment se rendre compte d'un bas-relief provenant d'une des églises de Décize, diocèse de Nevers, et qui nous montre un évêque étendu dans une barque, si on ignore que saint Aré, quatrième évêque de Nevers, avait choisi pour sa sépulture une chapelle construite à Décize, sous l'invocation de Marie ; sa légende dit qu'il ordonna qu'après sa mort son corps fût déposé dans une barque, et que cette barque rencontra d'elle-même la Loire, jusqu'à Décize où elle s'arrêta.

Beaucoup de personnes ont pu admirer les tapisseries magnifiques qu'on voyait, il y a quelques années, suspendues au-dessus des stalles de la cathédrale de Nevers. Elles représentaient le martyr de saint Cyr et de sainte Julitte, illustres patrons de cette église. A coup sûr, les plus habiles agiographes eussent été déroutés en considérant les détails de cette longue histoire, car ils n'avaient aucun rapport avec les actes authentiques de nos saints patrons. Mais le nuage se fût dissipé, si un chroniqueur du pays eût exposé, que, dans le principe, il y eut deux vies des saints dont il s'agit, l'une écrite par les catholiques, et l'autre remplie de fables et de grossières erreurs composées par les Manichéens ; qu'au Xe. siècle un nommé Tétérine, doyen de l'église de Nevers, écrivit la vie de saint Cyr et de sainte Julitte, sur ces histoires apochryphes, dont on fit les légendes qui se lisaient dans le bréviaire de Nevers, avant sa réforme, en 1727.

Marie d'Albret, comtesse de Nevers, aidée des dames de sa cour, travailla ces tapisseries et se guida naturellement sur les légendes du bréviaire, en sorte que les erreurs qui s'étaient propagées dans le Nivernais, touchant l'histoire de saint Cyr et de sainte Julitte, se reproduisirent sur la toile.

L'histoire raconte que la bonne comtesse ayant à se plaindre des chanoines de Nevers, saisit cette occasion pour satisfaire son ressentiment ; elle fit faire leurs portraits et les admit parmi les personnages qui composaient ces tapisseries ; ils y remplissaient le rôle de bourreaux. L'histoire ne nous dit pas si les chanoines s'en fâchèrent ; quoi qu'il en soit, on put admirer ces tapisseries jusqu'en l'an de grâce 1827, où les arrière-successeurs des chanoines que la comtesse avait suspendus aux murailles de la basilique, conçurent l'idée lumineuse de jeter aux gémonies et les martyrs et les bourreaux.

3°. Il est nécessaire, autant que possible, de connaître l'histoire de la fondation de l'édifice.

Ne sortons point encore de notre cathédrale de Nevers. Comment expliquer ces têtes de sanglier qu'on y rencontre? Dans une église dédiée à saint Germain d'Auxerre, elles seraient les trophées dont se plaisait à faire parade l'ardent chasseur qui devait devenir un des plus grands évêques de France, mais ici elles sont inexplicables pour celui qui ignore l'histoire de la fondation de cette église. Les armoiries du chapitre nous montrent l'animal entier surmonté d'un enfant au naturel, nimbé, dans un champ de gueules, au chef d'azur parsemé de fleurs-de-lis.

Un chapiteau qu'on remarque dans la grande nef, nous montre de nouveau le sanglier avec l'enfant nimbé ; auprès, un prince, armé d'un glaive, cherche à blesser le sauvage animal; un des vitraux de Saint-Saulge, diocèse de Nevers, reproduit le même sujet.

La légende de saint Jérôme, évêque de Nevers, va nous donner l'explication de cette scène, en nous exposant l'histoire de la fondation de cette cathédrale.

Saint Jérôme avait une dévotion particulière aux saints martyrs d'Yonne ; il avait déjà fait construire une chapelle en leur honneur. L'ancienne cathédrale, qui était sous le vocable de saint Gervais et de saint Protais, tombait sans doute en ruines quand notre saint entreprît d'en construire une autre qu'il désirait dédier à saint Cyr et à sainte Julitte, sa mère. Tandis qu'il méditait ce projet, il fut obligé de se rendre à Paris à une assemblée d'évêques réunis à la demande de Charlemagne (1).

Après l'assemblée, l'empereur Charlemagne fit part aux évêques d'un songe qu'il avait eu la nuit précédente : il se trouvait à la chasse, quand tout-à-coup, au moment où il était seul au milieu d'une forêt, il aperçut un sanglier furieux qui allait se jeter sur lui. A la vue de ce pressant danger, la première pensée du prince fut de se mettre à genoux et d'implorer le secours du ciel ; en même-temps il vit auprès de lui un enfant nu qui lui promit de le délivrer, s'il voulait lui donner un voile pour le couvrir. L'empereur ne balança pas à se rendre à sa demande, et aussitôt l'enfant enfourcha le sanglier et le tenant, par les défenses, il le conduisit à Charlemagne qui le perça de son épée et le tua.

Chacun des évêques faisait ses réflexions sur le songe effrayant du prince, lorsque saint Jérôme, croyant la circonstance favorable à ses pieux desseins, se chargea d'en donner l'explication. Il exposa donc à Charlemagne « qu'en son église « cathédrale, il y avait une chapelle dédiée au nom de saint « Cyr, martyr ; que l'enfant qui lui avait apparu était ledit « saint Cyr, et que le voile qu'il lui demandait était la répa- « ration et l'amplification de ladite chapelle, et la restitution « du bien et patrimoine de ladicte église. »

Charlemagne se rendit aux désirs du saint évêque ; il fit restituer les biens dont l'église de Nevers avait été dépouillée

(1) Guy Coquille et Michel Cotignon attribuent ce songe à Charles-le-Chauve et le font cependant interpréter par saint Jérôme. On voit de suite qu'il y a une erreur manifeste. Saint Jérôme mourut en 816 et Charles-le-Chauve ne monta sur le trône qu'en 840.

et donna à saint Jérôme les moyens de construire sa nouvelle cathédrale.

Il est facile maintenant d'expliquer et le vitrail de St.-Saulge, et le chapiteau dont nous avons parlé, et le sceau du chapitre. Les fleurs-de-lis qu'il porte en chef rappellent en même-temps la munificence royale de Charlemagne, et les circonstances dans lesquelles il l'exerça (1).

4°. Dans les constructions ajoutées postérieurement au reste de l'édifice, il est rare que les fondateurs n'aient pas laissé quelque signe ou quelque tableau commémoratif. Ici ce sont leurs portraits, leurs armoiries, ailleurs ce sont les légendes de leurs propres patrons.

On sait qu'au XIV°. siècle on flanqua les nefs de chapelles, car jusqu'à cette époque les chapelles se voyaient seulement autour du sanctuaire et du chœur. Les différents corps de métiers voulurent dès lors avoir leurs chapelles et se chargèrent de les orner. Le règne des chapiteaux historiés était passé, il fallut reporter toute l'ornementation sur les vitraux; c'est, en effet, sur les vitraux qu'on voit chaque état représenté avec ses instruments et ses insignes, au bas des sujets qui ont été choisis pour l'ornement de la verrière.

5°. Nous avons ajouté qu'il était important de connaître les saints dont les reliques auraient été déposées dans l'église qu'on étudie, parce que souvent les légendes de ces saints se réunissent à la légende du patron.

6°. Enfin les pèlerinages dont cette église aurait été le but sont parfois représentés ou indiqués. Les échevins de Nevers, pour obtenir la cessation de la peste qui ravageait cette cité,

---

(1) Charlemagne avait fait rendre à l'église de Nevers les trois châteaux de Premery, d'Urzy et de Pazzy, c'est pourquoi les armes de l'évêché sont de gueules à trois châteaux d'or, au chef d'azur, semé de France.

firent de nombreux pèlerinages à St.-Verain-en-Puysaie ;
dans une de ces processions, ils portèrent et déposèrent dans
cette église le vrai portrait de leur ville.

CHAPITRE 52.

Symbolisme animal. — Animaux réels.—Monstres et animaux fantastiques.—Logogriphes
et Rébus.

Nous ne saurions nous dissimuler les difficultés que présente l'étude des animaux réels et fantastiques, que les deux
dernières époques de la période romano-byzantine ont admis
quelquefois avec tant de profusion dans l'ornementation de
nos édifices religieux , et que la période ogivale a adoptés à
son tour. Jusqu'à présent, on a osé à peine aborder cette
partie de notre Iconographie sacrée.

Ces formes d'animaux , ces figures bizarres accrochées aux
chapiteaux , encadrées dans les modillons du portail, s'allongeant en médaillons ou suspendus en pendentifs , ne seront-
elles à nos yeux que de capricieux produits de l'imagination
des artistes et de pures fantaisies qu'on tenterait vainement
d'expliquer ; ou bien devons-nous admettre ici un sens caché
et reconnaître de nouveaux symboles ? Nous n'avons pas la
prétention de résoudre la question : un jour viendra sans
doute où cette branche intéressante des hiéroglyphes du
moyen-âge aura aussi son explication ; mais attendons qu'une
main habile ait soulevé le voile.

Qu'il nous soit permis cependant d'exposer quelques-unes
de nos observations ; le symbolisme des siècles de foi nous
autorise à le faire. Nous éviterons de nous jeter inconsidérément dans un système exclusif ; c'est le moyen de ne pas
trop nous écarter de la vérité.

Si, jusqu'à présent, nous avons été forcés de reconnaître dans nos imagiers les propagateurs de la tradition catholique, pourquoi ne considérerions-nous ici qu'un simple jeu de leur imagination? C'est dans les Saintes-Ecritures et dans les ouvrages des Pères qu'ils ont puisé les admirables conceptions, dont nous avons déjà étudié les détails.

En remontant aux mêmes sources, nous verrons peut-être nos doutes se dissiper.

Il suffit d'ouvrir nos Livres Saints pour nous convaincre que les auteurs sacrés se sont souvent servis des animaux comme symboles des vertus ou des vices. Le sage engage le paresseux à jeter les yeux sur la prévoyante fourmi; David demande les ailes de la colombe afin de s'envoler jusque dans le sein de Dieu et de s'y reposer. Pour indiquer au juste qu'il n'a rien à craindre de la ruse ni de la force de ses ennemis, il lui annonce qu'il marchera sur l'aspic et sur le basilic, et qu'il écrasera le lion et le dragon; Isaïe voulant

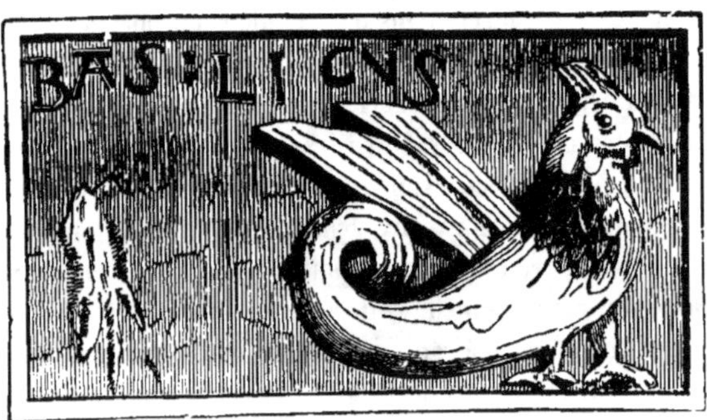

exprimer la douceur et la patience du Sauveur, le représente comme un tendre agneau devant celui qui le tond; il n'ouvre pas même la bouche pour se plaindre. L'Evangile consacre les mêmes symboles. Jésus-Christ recommande à ses Disciples la prudence du serpent et la simplicité de la colombe ; il leur déclare qu'il les envoie comme des agneaux innocents au milieu des loups cruels ; et quand il nous parle de sa tendresse, il se compare à la poule inquiète qui veut réunir ses poussins sous ses ailes.

Maintenant consultons les Pères : Tertulien, saint Basile, saint Ambroise, saint Augustin, saint Grégoire, et en général tous ceux qui ont écrit sur les œuvres de la création admettent les mêmes symboles et les développent, non point d'une manière arbitraire, mais d'après des règles déterminées. « Je connais les lois des allégories, *dit* « *saint Basile,* en exposant le symbolisme animal, ce « n'est pas moi qui les ai établies, mais je parle d'après « ceux qui nous les ont transmises après les avoir médi- « tées (1). »

En lisant l'Hexaméron de saint Ambroise, on croit avoir entre les mains l'Hexaméron de saint Basile.

On dirait que le saint archevêque de Milan n'est que le copiste servile du pieux évêque de Césarée. Il devait en être ainsi, puisque le symbolisme avait ses lois. Les mœurs et la nature même des animaux, adoptés comme symboles, avaient donné naissance à ces lois, l'Ecriture les avait consacrées et la Tradition les a développées.

Dans le grand livre de la nature, commenté par les Pères, les Chrétiens purent reconnaître non seulement les admirables perfections du Créateur, mais encore les Vertus qu'ils avaient à pratiquer pour lui être agréable.

La prévoyance de l'abeille et de la fourmi, la soumission

____

(1) Novi leges allegoriarum et si non a me inventas ab aliis tamen elaboratas teneo. Div. Bas. Hexamer., hom. 9.

du chameau, la sobriété de l'âne, l'hospitalité exercée par la corneille, la piété filiale de la cigogne, la reconnaissance et la fidélité du chien, la vigilance de l'oie et du coq, la confiance de l'alcyon, l'humble travail du bœuf, la discipline de la grue, la douceur et la patience de l'agneau, l'innocence, la candeur et la simplicité de la colombe, la vigilance maternelle du rossignol, la force de l'éléphant, le courage du lion, l'amour généreux qu'éprouvent pour leurs petits l'hirondelle, la poule, l'ours et le tigre lui-même, furent pour l'ame fidèle de continuels sujets de méditation.

Le cerf, emblême de l'amitié constante, et qui se réfugie sur les montagnes élevées (1) pour éviter les traits du chasseur, apprit au chrétien à élever dans les dangers ses pensées vers le ciel.

Le phénix qui renaît de ses cendres (2) et le paon qui se revêt de plumes nouvelles, furent les emblêmes de la résurrection et de l'immortalité.

L'aigle qui va poser son nid aux lieux les plus élevés et qui établit sa demeure dans les rochers, fut le symbole de la vie contemplative que les orages du monde ne sauraient troubler (3).

Les animaux vils ou malfaisants devaient aussi faire partie de ce grand cours de morale ; après avoir exalté la vertu, il fallait stigmatiser le vice. Le taureau représente l'orgueil, le renard la fraude, la perdrix la ruse, le scorpion et la couleuvre la malice, le loup la cruauté, et le léopard la constance dans le mal (4).

(1) Montes excelsi cervis.

(2) Florebit enim sicut phœnix, id est de morte de funere. Ter. de resurrect.

(3) Div. Gregorius moral. lib. 31, cap. 22.

(4) Si mutabit ethiops pellem suam et pardus varietatem. Jerem.

Le hibou, qui ne peut ouvrir les yeux à la lumière, devint l'image de l'incrédule qui a des yeux pour ne pas voir.

Le porc, animal familier des démons (1), fut considéré comme l'emblème de l'impureté, ainsi que le corbeau qui se jette avec avidité sur les corps morts, et se nourrit de viandes immondes; le crapeau et les autres reptiles rappelèrent la même pensée.

Nous avons déjà pu admirer avec quelle habileté les Pères développaient les symboles dans leurs instructions; saint Grégoire, en parlant de l'autruche, dit qu'elle est la figure de la synagogue; ses ailes ne lui servent qu'à se traîner avec rapidité sur la terre, mais ne lui sont d'aucun secours pour s'élever dans les airs. La synagogue a les ailes de la loi, mais elle a un cœur rampant et tout terrestre, elle ne peut s'élever vers le ciel.

L'autruche dépose ses œufs dans la poussière et les abandonne; ainsi fait la Synagogue, elle ne sait point inspirer de désirs célestes à ceux qu'elle a engendrés. Elle a cependant donné la vie aux Apôtres, mais il a fallu que Dieu lui-même réchauffât les œufs qu'elle avait déposés dans la poussière et qu'il en fit sortir ces hommes généreux qui ont parcouru les nations pour les éclairer (2). Saint Basile nous représente le fabuleux basilic comme l'image de la femme débauchée; le basilic, ajoute ce père, corrompt par son seul regard ceux qui le voient (3).

Avec le secours de ce dictionnaire, qui leur était familier, nos artistes composèrent des phrases. Voulaient-ils rappeler

(1) Familiare id dæmonum pecus. Tert. de pudicitià.
(2) Div. Greg. moral. lib. 23, cap. 22 et lib. 31, cap. 9.
(3) In cap. 3, Isaiæ prop.

la lutte incessante de la nature contre la grâce ? ils représentaient un aigle aux ailes déployées, déchirant un serpent
enroulé autour de lui. D'autrefois, à l'exemple des anciens
romains et des peuples orientaux, pour donner à leurs tableaux une teinte plus vigoureuse, ils inventèrent des
monstres et des animaux fantastiques.

Dans la colombe, qui se termine par une queue de serpent,
sujet souvent reproduit au XIIe. siècle, nous voyons un emblême de l'ame fidèle ornée des deux Vertus que le Sauveur
recommandait à ses disciples avec tant d'instance, la Simpli-

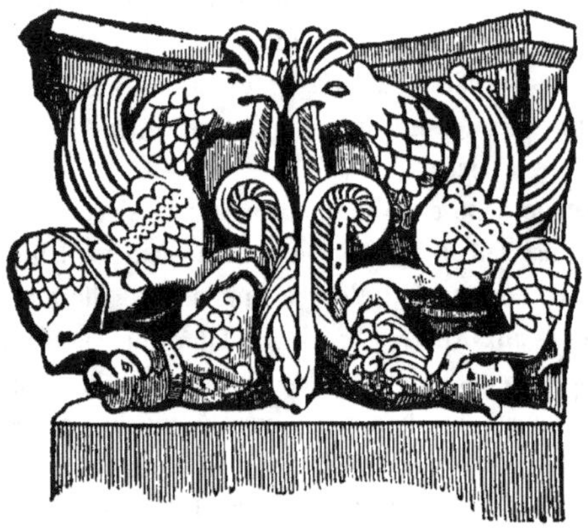

cité et la Prudence. Quelquefois un œil est placé à l'extrémité
de cette queue de serpent, pour rappeler une autre Vertu
gardienne des deux premières, la vigilance, qui semble se
confondre avec la prudence chrétienne, ou plutôt qui est la
fille aînée de sa nombreuse famille. Lorsque ces mystérieux
oiseaux s'abreuvent dans un calice, leur tête est ornée d'une

riche aigrette ; il est impossible de ne pas reconnaître ici les

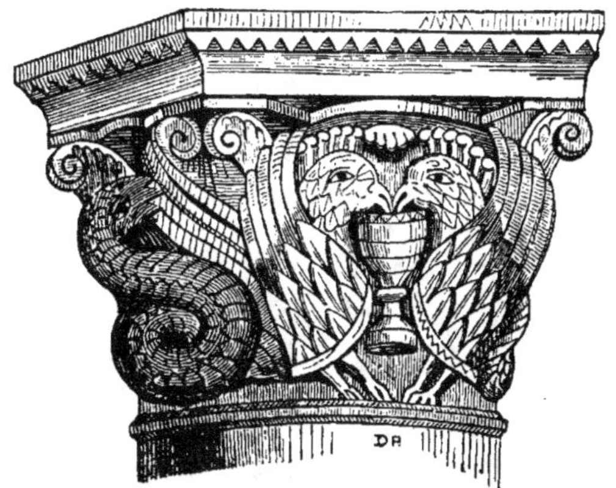

dispositions nécessaires pour approcher dignement du banquet Eucharistique et les fruits précieux qu'en retire l'ame fidèle. C'est, en effet, dans la communion que le chrétien trouve le germe de l'immortalité, et qu'il s'assure la couronne de gloire indiquée par l'aigrette déployée, qui surmonte, comme un magnifique diadême, la tête de ces colombes.

D'autres fois, au lieu de colombes, ce sont des aigles, symboles de la générosité, qui boivent au calice, c'est là qu'ils puisent la force qui leur est nécessaire pour s'élever ensuite jusque dans les cieux.

Qui nous empêcherait de reconnaître dans ces oiseaux à tête humaine l'ame qui a revêtu les ailes de la colombe pour s'élever jusqu'à son Dieu (1) ?

Un homme ayant sur la tête une espèce de bonnet carré et une large banderole autour du cou, est monté sur un oiseau fantastique assez semblable au basilic, mais avec une tête humaine et une couronne princière. Le cavalier tient

(1) Quis dabit mihi pennas sicut columbæ et volabo et requiescam.

d'une main la queue , et de l'autre la tête par la barbe. Ne
faudrait-il pas voir ici l'histoire du moyen-âge ; l'ascendant
de l'église sur la société ; ayant pour appui la classe moyenne
dont elle prépare l'affranchissement et dont elle défend la
liberté , elle lutte contre les abus du pouvoir et dirige en
même-temps les classes inférieures.

Dans ce quadrupède , ayant aussi une tête humaine , on

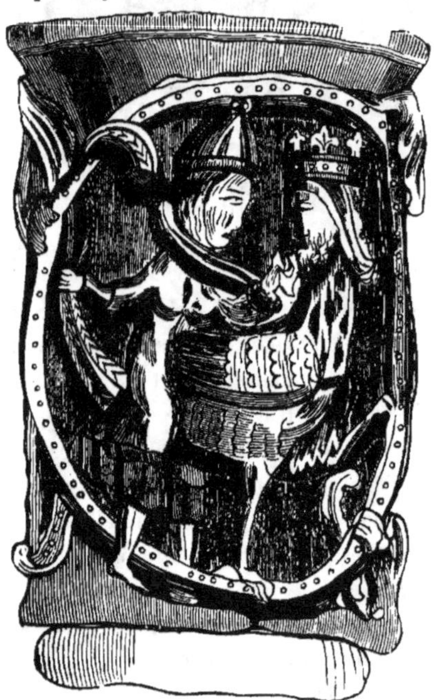

pourrait reconnaître l'union des deux natures dans l'homme
et l'autorité que l'ame doit exercer sur le corps.

Ces Sirènes, si multipliées à toutes les époques, sont peut-
être des emblêmes de l'ame chrétienne régénérée par les
eaux du baptême.

Cependant la Sirène est généralement admise comme un

emblème de l'impureté. Saint Basile regarde les Sirènes et les centaures comme des images du démon (1). Au grand por-

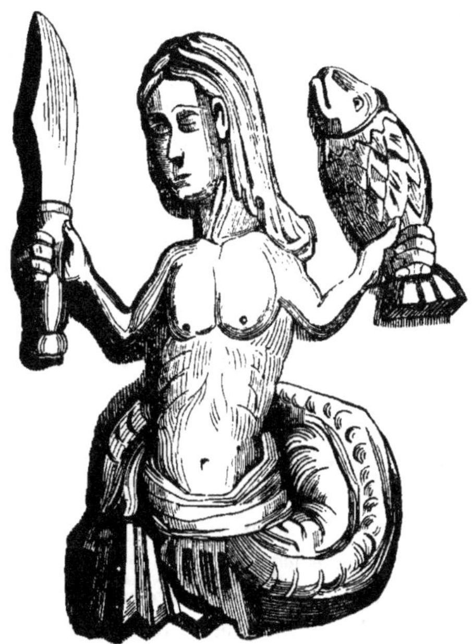

tail de St.-Etienne d'Auxerre, on voit une Sirène allaitant son enfant emmaillotté. Comme elle est placée auprès de l'impureté, symbolisée par une femme dont deux dragons dévorent les seins, il faut reconnaître une certaine affinité entre ces deux figures. La Sirène serait donc ici l'ame régénérée d'abord par les eaux du baptême et dégradée ensuite par le vice. Saint Grégoire nous autorise à admettre les deux

(1) In cap. 14, Isaiæ.

interprétations et à envisager une même figure tout à la fois comme emblême du Vice et comme emblême de la Vertu ; il considère lui-même le cheval sous ce double rapport (Moral. lib. 31. chap. X).

Dans ces aigles qui ont une face humaine et dont le corps se termine par un serpent qui se dresse et darde contre la tête sa langue envenimée , nous avons cru reconnaître les continuelles révoltes de la chair contre l'esprit.

Dans ces chevaux vigoureux , ayant une tête de chèvre , n'aurait-on pas voulu indiquer ces hommes lâches et timides auxquels il ne reste plus que le souvenir de leur ancienne vigueur ; il serait impossible de représenter d'une manière plus énergique la dégradation d'un homme qui a laissé asservir l'ame par le corps. C'est peut-être aussi une critique dirigée contre ceux qui , chargés de conduire les autres , n'ont pas le courage de remplir leurs obligations.

Quelques écrivains ont prétendu que le christianisme, en accolant aux parois de ses temples ces monstres et ces figures grossières , a voulu mettre sous les yeux du chrétien l'état d'abrutissement dans lequel l'homme était tombé avant que la lumière de l'Evangile n'eût éclairé ceux qui gémissaient assis à l'ombre de la mort ; comme les anciens triomphateurs , l'église aurait attelé à son char ses ennemis vaincus et étalé avec pompe ses trophées, gages de nouvelles victoires qu'elle a droit d'espérer dans de nouveaux combats.

Nous sommes loin de combattre une semblable pensée ; elle est digne de nos artistes du moyen-âge et elle ne détruit en aucune manière ce que nous avons avancé. Nous croyons aussi , avec saint Basile , que plusieurs de ces monstres sont les images du démon : *Sirenes , dæmonia , onocentauri et ericii* (1).

____

(1) In psalm. 44.

Dans certaines figures monstrueuses, il faut peut-être reconnaître encore la critique des mœurs du temps.

En général, nous devons admettre un sens caché dans les figures fantastiques, toutes les fois que le même sujet est reproduit souvent et dans différentes contrées ; c'est sous ce point de vue qu'il nous faut considérer les singes, les ânes et les porcs qui tiennent des instruments de musique. On a cru que ces animaux étaient ici les symboles de l'orgueil qui porte l'homme à s'élever au-dessus de la position dans laquelle la divine Providence l'a placé.

On pourrait nous objecter que saint Bernard devait connaître les idées qui dominaient son siècle, et qu'il n'eût point condamné ces sortes de représentations si elles

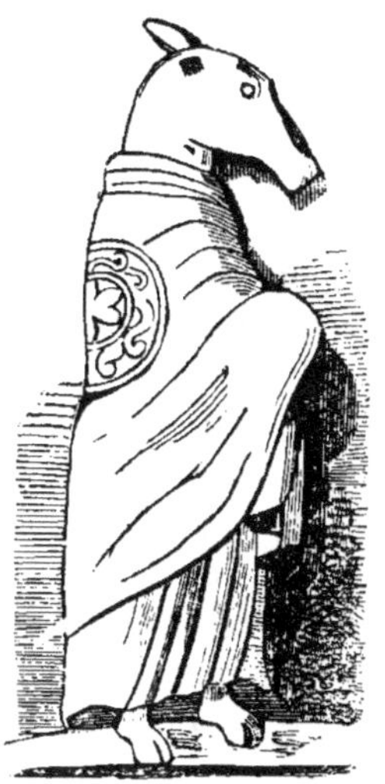

eussent eu un sens mystérieux. Nous répondrons que saint Bernard ne les a pas condamnées d'une manière absolue. Il blâme le luxe des églises de Cluny et les excessives dépenses que les moines de cet ordre fameux faisaient pour les orner, et en même temps il déclare qu'il les tolère dans les cathédrales et dans les églises paroissiales, parce que, dit-il, le peuple doit être pris par les sens (1). Quant aux églises monacales, il veut qu'on y remarque la pauvreté évangélique. En effet, les moines habitués à de sérieuses méditations, n'ont pas besoin de ces moyens extérieurs pour se rappeler les devoirs qu'ils ont à remplir.

(1) Sanctus Bernardus, apol. de vita Monach. cap. XI.

Nous ne terminerons pas ce chapitre sans faire observer que nos bons aïeux se permettaient quelquefois les logogriphes et les rébus.

Sur une pierre provenant d'une ancienne église de St.-Quentin, en Picardie, on lisait ; Si tu veux connaître mon âge, prends une tête de *Mouton* , quatre têtes de *Cheval* , une queue de *vcaV* et IIII pattes de *Chat* (1).

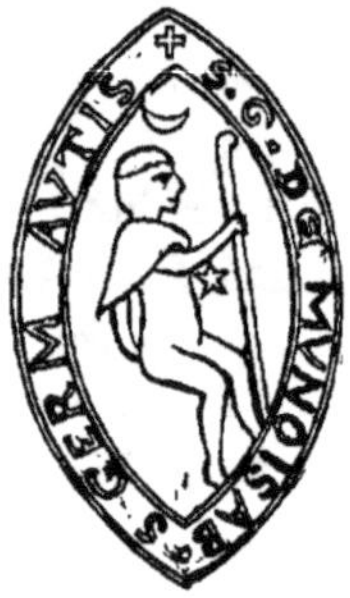

Guy de Munois , abbé de St.-Germain d'Auxerre , avait fait graver sur son sceau *un singe avec un capuchon ; d'une main il tenait un bâton abba-tial , de l'autre il se serrait le bas des reins : il paraissait suspendu dans l'air,* indiqué par la lune et une étoile. *Abbé de singe air main dos. serre* (2).

CHAPITRE 33.

Décadence de l'art chrétien. — St.-Michel de Dijon. — St.-Florentin d'Amboise. — Traces des anciennes traditions. — Sully-la-Tour. — Catéchisme royal.

En lisant ce que nous avons dit dans notre premier chapitre sur la renaissance et sur la dernière époque de la période ogivale, quelques personnes nous auront peut-être accusé d'exagération, ou du moins d'une sévérité trop grande ; il nous eût été facile d'éviter ce reproche en motivant le jugement que nous avons porté ; mais nous avions à craindre

(1 MCCCCVIIII ; nous ne donnons ici que le sens de cette inscription; le texte ne nous est pas assez présent.

(2) Guy de Munois , célèbre par sa science et sa piété , fut abbé de St.-Germain depuis 1285 jusqu'en 1309.

d'entraver la marche de l'histoire de l'iconographie, que nous avions entrepris d'esquisser dans ce chapitre. Ce que nous n'avons pas fait alors, nous devons le faire ici.

Nous ne sommes pas les premiers à nous plaindre du sensualisme qu'on remarque dans les œuvres que le XVe. siècle a produites, et de cette hardiesse peu théologique qu'affectaient les artistes de cette époque, nous pourrions invoquer le témoignage de tous ceux qui ont étudié l'iconographie d'une manière sérieuse, si nous n'avions pas un témoignage plus puissant encore, celui de Gerson. Dès le commencement du XVe. siècle, l'illustre chancelier ne craignait pas d'attaquer publiquement des abus qui déjà devenaient trop communs parmi nos imagiers; il se choquait, avec raison, de les voir s'éloigner du vrai pour ne suivre que les caprices de leur imagination, et il supportait avec peine ces représentations contraires au bon goût et à la véritable dévotion, capables d'induire le peuple en erreur et d'affaiblir en lui les sentiments de piété (1).

Cependant le XVe. siècle n'avait pas répudié entièrement les types catholiques, il les avait seulement altérés et n'avait pas toujours marché d'accord avec la saine Théologie. A la renaissance était réservée la triste gloire de rompre avec les traditions et d'oublier les convenances; aux beautés enfantées par le christianisme elle préféra les beautés profanes de Rome et d'Athènes; le caprice de chacun devint la règle du goût dans l'ornementation, et souvent les basiliques chrétiennes furent métamorphosées et devinrent de véritables Panthéons.

Quels sentiments religieux peut inspirer la vue du portail occidental de l'église de St.-Michel de Dijon et la décoration toute payenne des murailles intérieures de ses portiques? on y voit, il est vrai, la figure du Sauveur, mais comme dans

____

(1) Gerson, tome IV, f°. 47.

le Lararium d'Alexandre-Sévère , elle semble compléter la collection de tous les dieux de la terre. Non loin de Jésus-Christ , apparaissant à Madeleine , on rencontre Vénus et l'Amour ; Apollon , chasseur , puis pinçant de la harpe , se trouve en compagnie de Judith et d'Holopherne, de Salomon et de saint Roch ; Moïse , David , Ezéchiel , Isaïe , Baruch et Daniel ont au-dessus de leurs têtes , dans une frise, Hercule terrassant le dragon de Crète et étouffant le lion de Némée. Ailleurs c'est l'Amour monté sur un centaure , c'est le signe de Léda et l'aigle de Ganimède ; puis on voit les Néréides sacrifiant à Neptune ; Jason , combattant le dragon de la Colchide , Hercule s'emparant des bœufs de Géryon , des scènes de satyres, etc. ; le combat de David avec Goliath, fait pendant à Lucrèce se donnant la mort ; en un mot on rencontre ici partout un pêle-mêle dégoutant du sacré et du profane (1).

L'art avait rétrogradé jusqu'aux siècles payens , lorsqu'on déifiait les vices pour anéantir les remords qu'ils faisaient naître. L'église de Saint-Florentin , d'Amboise , renferme un magnifique groupe : c'est une descente de Croix exécutée, dit-on , par les ordres de François Ier. Le prince lui-même s'est fait représenter sous le costume de Joseph d'Arimathie , et les Saintes-Femmes myrrophores ne sont que les trois maîtresses du trop galant Roi-Chevalier. Il faut avouer qu'il est impossible de pousser plus loin le dévergondage (2).

Si nous mettons à part l'église de St.-Michel, de Dijon , dont nous venons de parler , nous pouvons dire qu'en Bourgogne l'iconographie chrétienne a eu moins à souffrir des ra-

---

(1) Ce portrait fut terminé en 1537 ; il n'est pas nécessaire pour l'étudier de se munir de la légende dorée ; un dictionnaire de la fable suffira.

(2) Au-dessus de l'autel de la chapelle du château d'Amboise , un singe embouche la trompette ; nous n'osons dire comment ce sale musicien tire les sons de son instrument.

vages de la renaissance que d'autres contrées architectoniques. Les architectes et les sculpteurs des bords de la Loire y ont fait peu d'adeptes , et les anciennes traditions , plus long-temps conservées parmi nous , ont empêché l'ornementation des châteaux de s'introduire dans nos églises. Nous pourrions citer un grand nombre de nos monuments religieux de cette époque, dans lesquels rien ne choque , où tout est digne et rappelle encore une vie de foi.

Nous rencontrons même , parfois , sur ces monuments, un symbolisme dont les beaux siècles du christianisme n'auraient pas dédaigné les détails.

A six kilomètres environ de Donzy , diocèse de Nevers , sur un plateau qui domine les prairies arrosées par le Noain , et qui voit à sa base l'église , le château et les forges de Vergers (1) , s'élève la charmante église de Sully-la-Tour. Quoique construite dans le cours du XVIe. siècle , elle conserve , comme un grand nombre d'églises voisines, tous les caractères du XVe. , si on en excepte la tour.

Cette tour est surtout remarquable par ses ornements grecs adaptés à l'architecture chrétienne, et malgré nos répugnances pour les lignes purement géométriques dans la construction de nos édifices sacrés , nous pardonnerions volontiers aux amateurs de l'art payen de s'inspirer en contemplant les détails de la tour de Sully. Les nombreuses niches superposées étalent toutes les richesses des trois ordres de l'architecture grecque à laquelle on a su donner une teinte religieuse. Malheureusement les ressources de la commune ne permettent pas de faire les réparations urgentes que réclame la conservation de cet édifice. Hâtons-nous donc de contempler ses sculptures emblématiques avant que le temps n'ait effacé jus-

(1) Vergers est un ancien domaine de St.-Germain d'Auxerre ; le saint évêque l'avait légué par testament à son église cathédrale.

qu'à la dernière ligne l'histoire de sa fondation écrite sur le portail.

Cette histoire se découvre à travers les mascarons, les fleurons et les arabesques qui ornent les caissons dont sont garnis les piédroits et le cintre du portail. Au-dessus du socle sont, d'un côté, une tête de mort et de l'autre un sarcophage. Le seigneur de Sully avait été tué à la bataille de Cerisoles ; Mlle. de Sully, sa fille, fit élever ce monument en mémoire de son père et pour le repos de son âme. C'est donc la mort qui a jeté, en quelque sorte, les fondements de cette église ; c'est aussi ce que nous indiquent les premiers caissons.

Au-dessus du sarcophage on voit un petit temple ouvert, avec cette inscription : *Spes mea Deus.* Dieu est mon espérance. La foi annonce à cette pieuse fille que c'est au pied des autels qu'un cœur désolé peut puiser des consolations qu'il chercherait en vain ailleurs. Elle a sans doute voulu aussi exprimer par ces paroles les sentiments dont son père était animé au moment où la mort vint le frapper. Puis paraissent des têtes d'Anges à figures rayonnantes, qui semblent dire que la terre seule est une vallée de larmes et que celui qui semera dans les pleurs moissonnera dans la joie. Deux de ces Anges portent une espèce de cartel avec le chiffre de la construction, 1545. Les bonnes actions comme les prières sont portées par les Anges devant le trône de Dieu.

Mais le nom du juste ne doit pas périr, et la modestie ne s'oppose pas à ce que la fille inscrive son nom à côté de celui de son père, sur ce monument, élevé par la piété filiale. Les deux noms s'y trouvent en effet : cet écusson chargé de trois ours rappelle le seigneur de Sully, et en regard se voit l'écusson en losange que les lois héraldiques donnent aux filles et aux veuves. L'histoire est complète, et partout on retrouve le sentiment chrétien.

Le catholicisme, nous l'avons dit, lutta contre les invasions de l'art payen, et s'opposa aux productions nouvelles qui s'éloignaient des types traditionnels. Après les décrets du St.-Concile de Trente, on vit paraître, en 1570, les traités iconographiques de Jean Molan; en 1628, la défense d'Urbain VIII, de représenter la Trinité sous une forme insolite, et, en 1745, les décisions de Benoist XIV, sur le même objet. Sans ces généreux efforts nous aurions peut-être à déplorer l'anéantissement complet de notre iconographie chrétienne.

En 1646, Jean Hénault offrit à Louis XIV, encore enfant, un album qu'il intitula Catéchisme Royal. C'était un cours complet de religion, en estampes, avec des symboles et des allégories; en 1647 on y ajouta des explications faites par le P. Amable Bonnefond, de la compagnie de Jésus. On y voit le symbole des Apôtres, l'Oraison Dominicale, la Salutation Angélique, les Commandements de Dieu et ceux de l'Eglise, les trois Conseils Evangéliques, les trois OEuvres Chrétiennes, les sept Sacrements, les huit Béatitudes, les sept OEuvres de Miséricorde corporelle, les sept OEuvres de Miséricorde spirituelle, les sept Péchés Capitaux, les Péchés qu'on commet en la personne d'autrui, les Péchés qui crient vengeance, et enfin les Quatre-Fins de l'homme; en tout quatre-vingt-quinze images.

Nous avons parcouru cet ouvrage avec bonheur, car partout nous y avons retrouvé les types catholiques et le symbolisme du moyen-âge. On dirait que les sujets ont été copiés sur les portails de nos vieilles basiliques; nous nous contenterons de donner pour exemple le jugement et l'enfer.

Le Sauveur assis sur l'arc-en-ciel a pour marchepied le globe terrestre; il prononce la sentence irrévocable. Du nimbe glorieux qui environne sa tête partent, à droite, une branche de lis, à gauche, un glaive à deux tranchants. Marie et Jean-Baptiste sont agenouillés à ses pieds et deux Anges sonnent de la trompette. Au-dessous, à droite, un Ange conduit les élus ; à gauche, un horrible démon pousse ses victimes vers l'abîme. Comme on a voulu grouper tous les détails de cette terrible scène, on voit sur le plan inférieur les morts sortir de leurs tombeaux.

L'enfer est représenté comme au XIIe. siècle. C'est une tête de baleine à gueule enflammée, des jets de flammes sortent des nazeaux du monstre. C'est dans ce gouffre affreux qu'un démon torture les damnés.

Nous ne reviendrons pas sur ce que nous avons dit de l'iconographie chrétienne pendant le cours du XVIIIe. siècle et les commencements du XIXe. Notre but, dans ce chapitre, était de développer notre pensée sur la Renaissance et sur l'influence qu'elle a exercée.

CHAPITRE 34.

L'iconographie et le catéchisme de persévérance. — Vitrail de Notre-Dame de Brou. — Conclusion.

Il y a quinze ans environ, quelques hommes, animés par le feu sacré de la science et épris des œuvres merveilleuses que les siècles passés avaient produites, gémissaient encore sur l'indifférence avec laquelle, depuis long-temps, on traitait l'art chrétien ; réunissant leurs généreux efforts pour relever tant de ruines que les révolutions, l'impiété et l'ignorance avaient amoncelées, ils se mirent à prêcher une croisade tout à la fois artistique et religieuse ; leur voix fut entendue et bientôt ils groupèrent autour d'eux tous ceux qui retrouvaient dans leur cœur quelqu'étincelle de ce feu qu'ils désiraient raviver.

Ils ne pouvaient rien contre les révolutions passées, mais il

leur sembla que le Ciel leur avait confié la mission de dissiper l'ignorance, sœur de l'impiété et son seul soutien ; ils se
mirent à l'œuvre.

Leurs efforts furent couronnés de brillants succès , leurs
phalanges se grossirent, et en même-temps ils surent inspirer
à ceux qui ne se sentaient pas le courage de marcher sous la
même bannière, le respect pour ce qui restait du précieux
héritage que nous ont légué nos pères.

Vers le même temps, un prêtre gémissait dans le secret de
son cabinet, sur l'indifférence religieuse qui avait amoncelé
tant de ruines morales ; son cœur s'émut , il pensa que lui
aussi avait reçu mission de travailler à reconstituer ces édifices
spirituels. Il avait le même plan à suivre ; combattre l'ignorance et par là laisser l'impiété sans force et sans appui. Il
grava sur sa bannière cette immortelle devise : *J. C. heri
et hodie et in secula* , Jésus-Christ était hier , il est aujour-
d'hui et il sera dans tous les siècles ; et il mit la main à
l'œuvre.

En général , on ne connaissait même plus le plan de l'im-
posant édifice dont Dieu lui-même avait jeté les premiers
fondements et que sa sagesse avait élevé ; il entreprit de le
reconstituer. Il présenta Jésus-Christ comme la clef qui unis-
sait et soutenait les deux segments de l'arc , qui ne faisait
qu'une seule et même famille du monde ancien et du monde
nouveau. Après nous avoir montré le peuple juif soupirant
après l'objet de ses espérances et la terre tout entière attendant avec impatience le moment où elle devait enfanter son
Sauveur; après nous avoir découvert les éternels secrets de la
Providence qui dirigeait les destinées des nations et les préparait à la venue du Messie , il nous parlait de Jésus-Christ
venu et des preuves de sa divine mission ; il déroulait devant
nos yeux les étonnants témoignages de sa charité, les secours
de tout genre qu'il avait mis à la disposition des hommes .

puis il nous montrait cette foule de Saints de tout âge et de toute condition, marchant à la suite du nouvel Adam, et jetant dans le sein d'une société, souvent ingrate, le germe de la plus parfaite civilisation. Et, en suivant ses simples, mais sublimes leçons, on s'écriait : oui, Jésus-Christ était hier, il est aujourd'hui et il sera dans tous les siècles.

C'était là le cri de ralliement de nos iconographes du moyen-âge ; et nous ne diminuerons en rien la gloire et le mérite du pieux et savant auteur du *catéchisme de persévérance* (1), en disant qu'il n'a été que le traducteur fidèle de leurs œuvres. Il s'est emparé du même cadre qu'il a rempli avec les mêmes tableaux. Pour eux comme pour lui Jésus-Christ était la pierre angulaire qui soutenait tout l'édifice ; les Patriarches, les Prophètes, les Justes de l'Ancienne Loi, les Sages, les Devins des Nations, tous les Peuples de la Terre, portaient vers lui leurs regards et leurs espérances, comme aussi tous les Saints que la lumière évangélique a éclairés, les Vertus, les Sciences et les Arts qu'elle a fait naître et qu'elle a développés, ne font que proclamer les triomphes de son inénarrable charité.

Un des vitraux de l'église de Brou résume toute la pensée de nos artistes des siècles de foi ; c'est une longue et magnifique procession qui se dirige vers la céleste patrie. A la tête marchent Adam et Eve dans leur nudité primitive, voilés seulement par la feuille de figuier qui rappelle leur péché.

On voit à leur suite les anciens Patriarches, parmi lesquels, après le juste Abel, on distingue Noë, Abraham, Isaac, Moïse, les principaux Juges, quelques Rois, les Prophètes, la mère des Machabées accompagnée de ses sept enfants, les Sibylles, députées des nations, etc. La plupart regardent en arrière pour considérer celui qui était l'objet de leurs vœux et de leurs espérances.

(1) M. l'abbé Gaume, vicaire-général de Nevers.

Vient ensuite le char qui porte le triomphateur ; il est traîné par les quatre symboles évangéliques ; un Pape, un Cardinal, un Evêque et un Abbé, poussent, de concert, les quatre roues de ce char. Il est facile de reconnaître ici les Saints Docteurs qui ont soutenu la foi par leurs écrits ; ils sont représentés par saint Grégoire, saint Jérôme, saint Augustin et saint Bernard ; au milieu, le Sauveur rayonnant de gloire, est assis sur la boule du monde qui lui sert de trône. Puis on voit s'avancer saint Jean-Baptiste, les Apôtres, les Martyrs, les Docteurs, Charlemagne et saint Roch, représentant les Saints de toute condition qui forment le cortége du Christ, les différents ordres religieux, et enfin une foule immense qui se presse et ferme cette marche triomphale. Dans les compartiments de la verrière formée par la ramification des meneaux, des Anges, les uns avec des instruments, les autres avec des cahiers de musique, célèbrent la gloire du Sau veur. Le sujet de ce vitrail, qui est facile à reconnaître, est indiqué par une inscription latine.

TRIOMPHATOREM MORTIS CHRISTUM, ÆTERNA PACE TERRIS RESTITUTA, CŒLIQUE JANUA OMNIBUS BONIS ADAPERTA, TANTI BENEFICII MEMORES, DEDUCENTES DIVI CANUNT ANGELI.

« Jésus-Christ vainqueur de la mort, après avoir procuré à la terre une paix éternelle, et ouvert aux bons la porte du Ciel, est conduit en triomphe par les Anges, au milieu des chants de la reconnaissance. »

Sur le point de jeter dans la boue leur sublime cachet, les artistes voulurent en laisser l'empreinte sur cette dernière page de leur catéchisme. On y peut lire encore :

J. C. heri et hodiè et in sæcula.

Amen.

VOCABULAIRE

———

On sait que les symboles et les attributs remontent à la plus haute antiquité ; les Hébreux, les Egyptiens, les Phéniciens, les Grecs, les Romains et les Celtes eux-mêmes en faisaient usage. Pour s'en convaincre, on n'a qu'à jeter un regard sur les anciens monuments ou sur les monnaies de ces peuples. Les signes et les figures qu'ils employaient n'avaient pas été pris au hasard et adoptés sans discernement ; ils étaient l'expression du caractère de chaque nation, de ses mœurs, de son industrie, ou bien ils indiquaient les productions de la contrée.

Les habitants de la Sicile, l'ancienne *Trinacria*, rappelaient leur triple promontoire par trois jambes réunies par la partie supérieure et trois épis de blé, emblême de la fertilité de leur pays. Nos Eduens, dont les montagnes couvertes de vastes forêts, étaient favorables aux exercices de la chasse, prenaient le sanglier pour attribut. Les Bourguignons entrant dans les Gaules faisaient porter devant eux sur leurs étendards l'image du chat, emblême du pillage et de la liberté.

Notre but n'est point d'étudier le symbolisme payen, mais de compléter ce que nous avons dit sur les symboles et sur les attributs. Nous avons pensé qu'on nous saurait gré d'adjoindre à notre travail un vocabulaire explicatif des symboles et des attributs qui se rencontrent le plus fréquemment sur nos monuments religieux.

ABEILLES. — Saint Ambroise est souvent représenté ayant auprès de lui une ruche d'abeilles, pour rappeler l'essaim qui vint voltiger autour de son berceau lorsqu'il était enfant. On crut y voir un présage de la force et de la douceur que plus tard fit paraître le saint docteur dans ses prédications.

AGNEAU. — Symbole de la douceur.

Jésus-Christ est quelquefois représenté sous la forme d'un agneau placé sur un tertre, duquel sortent quatre fleuves. *Scène des catacombes.*

D'autres fois, c'est un agneau portant sur la tête une petite croix ou un nimbe crucifère, et environné d'autres agneaux.

L'Agneau pascal est ordinairement armé d'une croix triomphale.

L'Agneau immolé est étendu, transpercé d'un glaive, ou couché sur une Croix transversale appuyée sur le livre des sept sceaux.

On trouve aussi, au moyen-âge, l'agneau à sept cornes et à sept yeux.

L'Agneau se rencontre fréquemment dans les scènes des sacrifices, dans le sacrifice d'Abel, dans celui d'Abraham, etc.

Saint Jean-Baptiste porte un agneau ou bien est accompagné d'un Agneau pascal.

Sainte Agnès porte un agneau, attribut que son nom sans doute lui aura fait donner.

Sainte Reine a pour attribut un agneau qui se dresse contre elle.

Sainte Geneviève et sainte Solange sont environnées d'agneaux ou de moutons qu'elles gardent.

AIGLE. — Symbole de l'autorité, de la puissance, de la générosité ; saint Grégoire regarde l'aigle comme l'emblème de la vie contemplative ; cet oiseau, nous dit-il, va poser son nid dans les rochers et aux lieux les plus élevés, se mettant ainsi à l'abri des orages.

L'aigle est l'attribut de saint Jean l'Evangéliste.

Aigles buvant dans un calice, emblêmes de la force que puise le chrétien dans la divine Eucharistie.

On rencontre souvent des aigles combattant contre des serpents ; on a sans doute voulu rappeler par là la lutte qui existe entre la nature et la grâce. La même lutte est aussi représentée par ces aigles dont le corps se termine par un serpent qui se dresse contre la tête.

ALÈNES. — Saint Bénigne, de Dijon, est représenté avec des alènes plantées dans les doigts.

ANCRE. — Symbole de l'espérance, se voit sur les premiers monuments chrétiens. — Attribut de l'espérance personnifiée.

ANE. — Symbole de la sobriété.

Attribut d'Issachar, rappelant la prophétie de Jacob mourant.

Cet animal figure, sur quelques monuments chrétiens, comme emblême de la nation juive ; il sert aussi de monture à la synagogue personnifiée, elle porte en croupe plusieurs têtes de porcs.

On voit l'âne dans les tableaux de Balaam ; on le retrouve à la naissance du Sauveur, lors de la fuite en Egypte et de son entrée triomphante dans Jérusalem.

L'âne sert d'attribut à saint Antoine de Padoue ; à sainte Austreberte et à saint Philibert.

ANIMAUX HYBRIDES. — On donne ce nom aux animaux composés de deux espèces différentes ; par extension on l'a appliqué aux monstres et aux animaux fantastiques si communs au moyen-âge, surtout au XIIe. siècle.

Souvent on voit une tête humaine sur un corps d'oiseau, de quadrupède, de dragon, etc. ; une tête de chèvre sur un corps de cheval ; des colombes dont le corps se termine en queue de serpent ; des aigles avec des queues de dragon, etc. Il ne faut pas toujours chercher des symboles dans ces figures ; mais lorsqu'on les rencontre dans des pays différents, qu'elles paraissent copiées les unes sur les autres, il est difficile de ne pas y reconnaître une pensée cachée. Le caprice ne s'allie pas avec l'uniformité.

ARBRE. — L'arbre de la science du bien et du mal, dans les tableaux du paradis terrestre.

L'arbre de Jessé , dont le tronc sort de la poitrine, de la bouche ou de la tête du saint patriarche , se rencontre déjà à la fin du XIVe. siècle, mais il se voit plus fréquemment au XVe. et surtout au XVIe.

L'arbre de vie que saint Jean vit au milieu de la céleste Jérusalem , planté sur les bords du fleuve mystérieux qui sortait du trône de Dieu , se trouve au portail principal de Vézelay.

Le bon arbre et le mauvais arbre de l'Evangile se voient au grand portail de la cathédrale d'Amiens ; l'un à droite, est couvert de feuilles et de fruits, des lampes sont suspendues à ses branches ; l'autre, à gauche, est desséché et déjà frappé de la hache.

L'arbre auquel saint Germain d'Auxerre suspendait les têtes des animaux qu'il avait abattus à la chasse , se voit à Auxerre, au portail latéral de l'église de Saint-Germain , ainsi qu'à la cathédrale, et en général, toutes les fois qu'on a représenté les principaux détails de la vie du saint évêque.

Arbre sous lequel saint Martin consentit à se placer au moment où les idolâtres l'abattaient, se voit sur un des chapiteaux de Vézelay.

Arbre abattu par un évêque, légende de saint Boniface. Homme suspendu à un arbre , Judas, Absalon.

Saint Sébastien est attaché à un arbre et percé de flèches.

ARC. — Voyez *flèches, centaures.* Au portail de St.-Agnan-de-Cosne, on voit un homme un genou en terre, armé d'un arc, et décochant une flèche contre un porc, emblème de l'Impureté ; il semble par sa posture suppliante dire avec le prophète : *Non enim in arcu meo sperabo.*

ASPIC. — L'aspic se voit souvent sous les pieds du Sauveur, ainsi que le basilic dont nous parlerons bientôt ; on le met aussi sous les pieds du chrétien fidèle, qui doit, comme son divin maître, marcher sur l'aspic et le basilic : *Super aspidem et basiliscum ambulabis.* On donne à l'aspic différentes formes, tantôt c'est un reptile court, sans pattes, avec une large tête ; tantôt c'est un quadrupède avec des pattes courtes et terminé par une queue de serpent, se rapprochant de la forme du lézard.

AURÉOLE. — Gloire dont les sculpteurs et les peintres environnent les personnes divines. L'auréole est circulaire ou ovoïde ; elle est réservée à Dieu, cependant on l'accorde à Marie ; l'ame des Saints est souvent représentée au milieu d'une auréole, c'est ainsi qu'on voit l'ame de Lazare, à St.-Sernin de Toulouse, et ailleurs. Jamais le corps d'un saint n'est orné de l'auréole.

AUTEL. — Saint Etienne, pape, et saint Thomas Béket, sont immolés devant un autel.

Saint Canut, roi, est couché devant un autel.

Saint Grégoire, pape, est devant un autel offrant le saint sacrifice.

Saint Charles Borromée est à genoux, la corde au cou, devant un autel.

AUTRUCHE. — On remarque l'autruche parmi les animaux variés qui ornent le grand portail de St.-Etienne de Sens. Saint Grégoire dit que l'autruche est l'emblème de la synagogue, parce que ses ailes ne lui servent qu'à se traîner sur la terre, et qu'elle ne peut s'en servir pour s'élever vers le ciel : la synagogue a un cœur rampant et tout terrestre ; elle a les ailes de la loi, mais ces ailes sont impuissantes. L'autruche dépose ses œufs dans la poussière et les abandonne ; ainsi fait la synagogue qui ne sait inspirer de désirs célestes à un cœur qu'elle a engendré.

BALANCE. — Attribut de la justice personnifiée.

Dans les scènes du jugement, la main de la justice divine tient une balance; le plus souvent, c'est l'archange saint Michel qui tient la balance.

BALEINE. — L'enfer est représenté par une tête de baleine, vomissant des flammes qui enveloppent les réprouvés.

Histoire de Jonas.

BARQUE. — Attribut de Zabulon, qui, d'après la prophétie de Jacob, devait habiter les rivages de la mer.

Différentes scènes de la vie de saint Pierre.

Saint couché dans une barque; saint Aré, évêque de Nevers.

Saint debout dans une barque; saint Antonin.

On trouve souvent une barque gravée sur les tombeaux des premiers chrétiens, ou imprimée sur les murs des catacombes.

BASILIC. — Espèce de coq se terminant par une queue de dragon. Les monuments du XIIe. siècle le reproduisent souvent; il est l'emblème du génie du mal.

Saint Basile nous représente le fabuleux basilic comme l'image de la femme débauchée, parce que le basilic, par son seul regard, corrompt ceux qui le voient, ajoute ce père.

BATON. — Attribut de l'architecture personnifiée; on le voit sur les tombeaux des architectes.

Lazare, à la porte du mauvais riche, est appuyé sur le bâton du pauvre.

Jésus, pèlerin, porte le bâton du voyageur.

Moïse frappe le rocher avec son bâton.

BÊCHE. — Jésus apparaissant à Madelaine, après sa résurrection, est souvent appuyé sur une bêche.

Attribut de saint Fiacre.

On donne le même attribut à Tobie, qui ensevelissait les morts.

BÉLIER. — L'Agneau divin a souvent la forme du bélier. Sacrifice d'Abraham.

BÉNITIER. — Sainte Marguerite tient un bénitier et un goupillon.

On trouve quelquefois saint Pierre aux funérailles de Marie, avec un bénitier et un goupillon.

BERCEAU. — Moïse enfant est exposé sur un fleuve dans un berceau.

La sibylle de Cumes, qui a prophétisé la naissance du Sauveur, a pour attribut un berceau ou une crèche.

BICHE. — Symbole de la timidité.

Attribut de saint Gilles, de saint Leu, de sainte Geneviève de Brabant.

BILLOT. — Saint Fabien est représenté à genoux auprès du billot sur lequel il fut décapité.

BLÉ. — Epi de blé, symbole eucharistique.

Dieu donne à Adam, après son péché, une gerbe de blé, en le condamnant à manger son pain à la sueur de son front; on voit cette scène au grand portail de St.-Etienne de Bourges.

Sainte Fare tient à la main un épi de blé; son nom, sans doute, a engagé les iconographes à lui donner cet attribut.

On voit encore des gerbes de blé dans l'histoire de Joseph lorsqu'il s'agit de son songe mystérieux.

BOEUF. — Symbole de la force.

Attribut de saint Luc; quelquefois il remplace l'évangéliste, et alors il est toujours nimbé.

Un des animaux qui composent le tétramorphe.

On voit le bœuf auprès de l'âne à la naissance du Sauveur.

BOUC. — Symbole de l'Impureté.

On voit le démon sous cette forme auprès de saint Antoine.

BOURDON. — Jésus, pélerin, porte le Bourdon.

Attribut de saint Jacques-le-Majeur et de saint Roch.

BOURSE. — Ouverte, symbole de la Charité.

Fermée, symbole de l'Avarice.

BOUTEILLE. — Saint Côme et saint Damien, médecins, sont représentés avec une bouteille à la main.

L'Intempérance est quelquefois représentée avec une bouteille d'une main et une coupe de l'autre.

BRANCHE D'ARBRE. — Chargée de feuilles et de fruits, attribut d'Azer et de Nephtali, rappelant la prophétie de Jacob mourant. Au portail septentrional de St.-Etienne de Sens, ils sont représentés l'un et l'autre tenant cette branche à la main.

BREBIS. — Symbole de la douceur et de la charité; elle donne sans se plaindre sa laine et sa toison.

Le bon Pasteur portant sa brebis sur ses épaules, se voyait sur les calices du temps de Tertulien; la même scène se rencontre aux différents âges de l'église.

Le bon Pasteur au milieu de ses brebis; *scènes des catacombes.*

Jésus-Christ présente à Eve, après son péché, une brebis dont elle doit filer la laine; tableau des catacombes, qu'on retrouve encore sur plusieurs monuments du moyen-âge.

CADENAS. — Saint Jean Népomucène, martyr du sceau de la confession, est représenté avec un cadenas à la bouche, ou un doigt sur les lèvres.

CALICE. — Symbole eucharistique.

Attribut de la foi personnifiée.

Saint Jean l'Evangéliste tient un calice duquel sort la mort sous la figure d'un dragon ailé.

Saint Richard est à genoux devant un calice.

Saint Thomas d'Aquin et sainte Barbe ont pour attribut un calice surmonté d'une hostie.

Le sicle d'argent des Hébreux est timbré d'un calice rempli de manne.

Le calice , sur un tombeau , indique la dignité sacerdotale dont était revêtu celui dont les dépouilles mortelles sont déposées dans ce tombeau.

Melchisédech porte ordinairement un calice.

CAMP. — On voit quelquefois Issachar auprès d'un camp ou d'une phalange armée , pour rappeler la prophétie de Jacob mourant.

CARDINAL. — Saint Jérôme porte souvent le costume de cardinal ; un lion est à ses pieds.

Saint Charles Borromée porte le même costume.

CARRÉ. — Symbole de la terre, d'après Pythagore ; les artistes du moyen-âge ont adopté cette idée , c'est pourquoi ils donnent aux êtres vivants le nimbe carré.

CENTAURE. — Symbole de la force brute et de la vengeance. On rencontre souvent des centaures sur nos monuments du XII⁰. siècle ; tantôt ils sont seuls , tantôt armés d'un arc : ils poursuivent un cerf.

Saint Basile place les centaures parmi les monstres qu'on peut considérer comme images du démon *sirenes dæmonia onocentauri et ericii.* On trouve les centaures dans les catacombes.

CERCLE. — D'après Pythagore , le cercle est l'image du Ciel , c'est pourquoi les artistes du moyen-âge donnent aux saints déjà glorifiés le nimbe circulaire.

CERF. — Attribut de Nephtali ; il est représenté sur le portail septentrional de Sens , accompagné d'un cerf : *cervus emissus* , dit la prophétie de Jacob.

Le cerf crucifère est l'attribut de saint Hubert.

Dans les catacombes et dans les baptistères des églises basilicales on a souvent représenté un cerf se désaltérant à une fontaine.

Les Pères considéraient le cerf comme l'emblème du chrétien fidèle, qui dans les dangers doit élever ses pensées vers le Ciel ; le cerf, pour éviter les traits du chasseur, se réfugie sur les montagnes élevées : *montes excelsi cervis.*

CHAÎNES. — Saint Pierre ès-liens est chargé de chaînes dans sa prison.

Saint Léonard a des chaînes brisées à ses pieds.

La Sibylle, qui a prédit la descente de Jésus-Christ aux enfers, tient à la main des chaînes brisées.

CHAMEAU. — Symbole de l'obéissance.

Il se rencontre dans différentes scènes de l'Ancien Testament, on le retrouve aux tableaux de l'Adoration des Mages.

CHAPELET. — Un des attributs de saint Dominique.

Saint Antoine, et en général les ermites et les religieuses portent le chapelet à la ceinture.

CHAUDIÈRE. — Saint Jean devant la Porte-Latine est dans une chaudière.

Sainte Afre est représentée de même.

D'après une légende attribuée aux Manichéens, saint Cyr et sainte Julitte ont enduré le même supplice ; on les représente quelquefois dans une chaudière au-dessous de laquelle les bourreaux attisent le feu.

Au grand portail de St.-Etienne de Bourges, l'enfer est représenté par une énorme chaudière dans laquelle les démons précipitent leur victime.

On voit aussi Jérémie devant une chaudière : c'est la chaudière enflammée que Dieu lui montra dans une vision.

CHÊNE. — Symbole de la force.

Evêque abattant un chêne ; saint Boniface.

Homme suspendu à un chêne par les cheveux ; Absalon.

CHEVAL. — Emblème de la générosité et du courage. Quelquefois le cheval est pris en mauvaise part et il indique la luxure ; il n'est pas rare de rencontrer, soit dans les Saintes Ecritures, soit dans les Pères, le même animal tout à la fois comme emblème de la vertu et comme emblème du vice : tous les animaux ont leur bon et leur mauvais côté.

Dans les catacombes le cheval indique la rapidité de la vie ; on y voit quelquefois une palme au-dessus de sa tête pour rappeler que la palme de la victoire n'appartient qu'à celui qui aura fourni sa course.

On le retrouve dans les scènes apocalyptiques ; par exemple, dans les cryptes de St.-Etienne d'Auxerre.

Saint Martin, saint Maurice, saint Georges, saint Victor, sont représentés à cheval.

Saint Léon en habits pontificaux est à cheval, bénissant le peuple.

Saint Anastase est attaché à la queue d'un cheval indompté.

A saint Jean de Lyon, les rois-mages sont à cheval, tandis que d'ordinaire ils sont montés sur des chameaux.

CHEVALET. — Saint Vincent est étendu sur un chevalet.

Saint Barthélemy, à Auch, est étendu sur un chevalet où on l'écorche.

Saint Luc est souvent devant un chevalet de peintre, soutenant un portrait de la Vierge.

CHIEN. — En repos, symbole de la fidélité, de la paix, de la justice.

Chien grinçant des dents, emblème de l'envie.

Dans les catacombes, le chien accompagne le bon Pasteur.

Attribut de saint Roch et de saint Blaise.

Attribut de saint Dominique, quand il est armé d'une torche enflammée et qu'il court sur un globe.

Les chiens lèchent les plaies du pauvre Lazare.

CHIMÈRE. — Symbole de la ruse.

Animal fantastique admis fréquemment, au XIe. siècle et au XIIe. sur les modillons et les chapiteaux ; on le retrouve au XVe. siècle et au XVIe., à travers les feuilles déchiquetées.

CHOUETTE. — On trouve cet animal portant une croix

sur la tête. Plusieurs auteurs le considèrent dans cette circonstance comme un symbole du Sauveur : *Sicut nycticorax in domicilio.*

CIERGE. — La sainte Vierge, au jour de sa Présentation, monte au temple tenant un cierge allumé ; quelquefois, on voit dans le lointain de jeunes Vierges qui la suivent portant aussi un cierge à la main.

La sibylle Libyque porte ordinairement un cierge.

Souvent sainte Geneviève est représentée avec un cierge allumé, qu'un démon cherche à éteindre.

CIGOGNE. — Saint Basile et saint Ambroise regardent la cigogne comme l'emblème de la piété filiale.

Au grand portail d'Amiens et à celui d'Autun, la fable du loup et de la cigogne est représentée.

CLEF. — Attribut de saint Pierre ; quelquefois il ne porte qu'une seule clef, mais le plus souvent il en a deux. Dans la peinture une de ces clefs est en or, et l'autre en argent. Deux clefs en sautoir sont les attributs de la papauté. Les monastères de la dépendance de Cluny, ont presque toujours une ou deux clefs dans leurs armoiries.

COCHON. — Voyez *Porc.*

CŒUR. — Saint Augustin tient en main un cœur enflammé. Ce cœur est quelquefois placé dans une gloire au-dessus de sa tête.

Plusieurs saintes, entre autres sainte Thérèse et sainte Françoise de Chantal, ont le même attribut.

Le cœur enflammé est un symbole de la Charité.

COLIMAÇON. — On trouve le colimaçon sur un des sarcophages des premiers siècles de l'église. Quelle en est la signification ? nous l'ignorons. Peut-être est-ce un symbole de la prudence chrétienne.

Le colimaçon fut introduit plus tard sur plusieurs de nos monuments religieux, plutôt comme ornement que comme symbole.

COLOMBE. — Symbole de l'innocence , de la douceur , de la simplicité chrétienne.

La troisième personne divine fut souvent représentée sous la forme d'une colombe , au nimbe crucifère.

Sept colombes en cercle indiquent les sept dons du Saint-Esprit.

On voit le Saint-Esprit sous cette forme planer sur les eaux avant la création ; se reposer sur Jésus-Christ au jour de son baptême ; on le voit encore au-dessus de Marie quand l'Ange lui annonce le mystère qui doit s'opérer en elle.

Souvent il paraît inspirer les docteurs de l'église , entre autres saint Grégoire et le pape saint Fabien.

Les ames des justes ont quelquefois la forme d'une colombe.

Il n'est pas rare, au XII⁣ᵉ. siècle, de rencontrer des chapiteaux ornés de deux colombes buvant dans un calice ou becquetant des grappes de raisin ; il est facile de reconnaître ici l'ame fidèle se fortifiant au banquet eucharistique , et les dispositions nécessaires pour en approcher dignement , la charité , la simplicité , la douceur et l'innocence. Quelquefois ces colombes ont une queue de serpent , et on remarque un œil à l'extrémité de cette queue ; c'est le chrétien réunissant la prudence du serpent à la simplicité de la colombe et à la vigilance chrétienne.

COLONNE. — Attribut de la force personnifiée.

Saint Siméon Stylite est représenté au haut d'une colonne.

Lors de la flagellation , Jésus-Christ est attaché à une colonne.

COQ. — Symbole de la vigilance chrétienne.

Attribut de saint Pierre.

CORBEAU. — Attribut de saint Paul , ermite.

On voit au grand portail de la cathédrale d'Amiens la fable du renard et du corbeau.

CORDONNIERS. — Deux saints travaillant à cet état ; saint Crépin et saint Crépinien.

CORNE. — Symbole de la force.

Moïse porte sur la tête deux cornes lumineuses.

COULEUVRE. — Attribut de Dan ; rappelant la prophétie de Jacob, mourant.

COUPE. — Attribut de la Tempérance personnifiée.

Les vieillards de l'Apocalypse tiennent en main des coupes d'or et des instruments de musique.

Dans la scène de Lazare et du mauvais riche , on voit quelquefois auprès de la table du riche un serviteur qui lui présente une coupe.

Dans l'église de St.-Denis d'Amboise , l'intempérant est représenté avec une coupe à la main , dans laquelle il vide la liqueur contenue dans une bouteille.

COURONNE DE FLEURS. — Symbole de la victoire.

Plusieurs Sibylles sont couronnées de fleurs.

Sainte Elisabeth de Hongrie est quelquefois représentée avec trois couronnes de fleurs, pour indiquer la triple récompense qu'elle a méritée comme vierge , comme épouse et comme veuve.

Souvent la tête des Vierges chrétiennes est ceinte d'une couronne de fleurs.

Sainte Ursule et ses compagnes , sainte Rose de Lima, sont couronnées de roses.

COURONNE ROYALE. — Attribut de la puissance.

Dieu le père, au XVe. siècle, porte quelquefois une couronne royale ; Jésus-Christ juge , au portail de St.-Trophime d'Arles , a la tête ceinte d'une couronne royale.

Marie arrivant au Ciel reçoit de son fils une couronne royale. Sur la terre, on la trouve aussi avec une semblable couronne , surtout lorsqu'elle tient entre ses bras son divin enfant.

21

Sur un des vitraux de Bourges, les élus, qu'un Ange introduit dans le Ciel, ont une couronne royale.

Les vingt-quatre vieillards de l'Apocalypse ont tantôt leur couronne en tête, tantôt ils la tiennent déposée devant eux. A Autun et à Vézelay les quatre fleuves du paradis terrestre personnifiés portent la couronne royale.

La bête à sept têtes de l'Apocalypse, a un diadème sur chacune de ses têtes.

On trouve aussi le démon avec une couronne princière, pour indiquer l'empire qu'il exerce sur ses victimes. C'est ainsi qu'on le voit auprès de l'avare au portail de l'église de Lescure, proche Alby.

La couronne royale est aussi l'attribut de la Persévérance personnifiée.

COUTEAU. — Saint Barthélemy porte le large couteau avec lequel il fut écorché.

Au cloître de St.-Aubin d'Angers, on voit une Sirène tenant d'une main un poisson et de l'autre un couteau.

CRAPAUD. — Emblème de l'impureté.

Au portail de Moissac, la femme aux reptiles est rongée aux parties sexuelles par un énorme crapaud, et le démon qui l'accompagne vomit un semblable reptile.

CRÈCHE. — Voyez *berceau.*

CROSSE. — Volute tournée en dehors, attribut des évêques.

Volute tournée en dedans, attribut des abbés.

CROIX. — En tau, attribut de saint Antoine et de saint Philippe, apôtre.

Triomphale, attribut de saint Barthélemy.

Pascale, attribut de saint Jean-Baptiste et de la Sibylle Hélespontique.

En sautoir, attribut de saint André.

On donne souvent à saint Bénigne de Dijon la croix de

saint André ; c'est à tort, ses véritables attributs sont deux lances croisées.

Croix de passion, attribut de sainte Hélène.

Croix à deux traverses, attribut des archevêques.

Croix à trois traverses, attribut de la papauté.

DAUPHIN. — Le dauphin se voit sur les sarcophages des premiers chrétiens, pour rappeler sans doute qu'ils ont pris naissance dans les eaux du baptême. Au moyen-âge on le retrouve sur des cuves baptismales.

DÉMON. — On voit le démon auprès d'un grand nombre de Saints parmi lesquels on distingue saint Antoine, sainte Geneviève, saint Martin, sainte Gudule, etc. Nous avons consacré dans l'Iconographie un chapitre entier à exposer les différentes fonctions du démon et les formes variées sous lesquelles il se présente.

DENTS. — Sainte à laquelle on arrache ou on brise les dents. Sainte Apolline.

DRAGON. — Le dragon est l'emblème du démon qu'on a souvent représenté sous cette forme.

On le voit sous les pieds de l'Archange saint Michel, de sainte Marthe, de sainte Marguerite, de saint Georges. Au portail de Saint-Gilles, le dragon souffle la jalousie dans le cœur de Caïn, et après son crime il lui enfonce dans la tête ses redoutables griffes.

On le voit sous les pieds du Sauveur et du chrétien fidèle ainsi que le lion, car ils ont reçu le pouvoir de les écraser l'un et l'autre : *conculcabis leonem et draconem*. A St.-Agnan-de-Cosne, à Saint-Denis d'Amboise et sur un grand nombre d'autres monuments du XIIe. siècle, la lutte du bien et du mal, ou plutôt la victoire que la vertu remporte est représentée par un homme qui étrangle le dragon.

Saint Jean l'Evangéliste tient un calice, duquel sort un dragon ailé.

Le dragon de l'Apocalypse se voit souvent sur les fresques et sur les miniatures.

ÉGLISE. — Attribut qu'on donne aux fondateurs d'ordres.

On donne le même attribut aux architectes et à ceux qui ont fondé une église.

On voit à Sens, au portail septentrional, Benjamin portant une église.

ÉLÉPHANT. — Symbole de la force.

ENCLUME. — Attribut de saint Eloi.

ENFANT. — Outre les différentes scènes qui rappellent l'enfance du Sauveur, on le reconnaît à son nimbe timbré d'une croix entre les bras du saint vieillard Siméon et de saint Antoine de Padoue.

Saint Dominique et saint Bernard sont souvent représentés à genoux devant Jésus, enfant, que Marie leur présente.

Enfant saisi par un soldat armé d'un glaive. — Jugement de Salomon.

Enfants égorgés par des soldats. — Massacre des Innocents. Enfant sur les bras d'un evêque. — Légende de saint Brice.

Trois enfants dans une cuve auprès d'un évêque. —Légende de saint Nicolas.

ÉPÉE. — Voyez *glaive*.

ÉPINES. — On représente quelquefois saint Marc traîné à travers les épines.

La Sibylle Delphique porte souvent une couronne d'épines à la main.

ÉQUERRE. — Attribut de saint Thomas, apôtre, patron des architectes ; on trouve aussi, mais rarement, saint Mathieu avec le même attribut.

ESCALIER. — Saint Alexis est couché sur ou sous un escalier.

FLÈCHE. — Saint Sébastien et sainte Christine sont percés de flèches.

FLEURS. — Emblêmes de la vertu par la bonne odeur qu'elles répandent.

Au grand portail de St.-Etienne de Sens, des Anges tiennent en main des disques timbrés d'une fleur ; c'est le nimbe réservé aux élus, et la vertu qui seule peut le leur procurer.

Sainte Dorothée, martyre, tient d'une main une fleur et de l'autre une épée, instrument de son supplice.

La Sibylle Cimérienne est quelquefois couronnée de fleurs.

FLEUVE. — Saint debout, dans une barque, voguant sur un fleuve ; saint Antonin.

Evêque couché dans une barque sur un fleuve. — Saint Aré, évêque de Nevers.

Les quatre fleuves du paradis terrestre sortent sous les pieds du Sauveur. — Tableau des catacombes.

Ces fleuves personnifiés, appuyés sur des urnes, se voient souvent au XIIᵉ. siècle.

FOUET. — Attribut de saint Ambroise.

Un des attributs de la passion.

FUSEAU. — Voyez *quenouille*.

GANT. — Attribut qu'on donne quelquefois à la Sibylle Tiburtine, qui a prédit les soufflets que Jésus-Christ devait recevoir.

GÉANT. — Traversant un fleuve avec un enfant sur ses épaules ; saint Christophe.

GLAIVE. — Attribut de la Force et de la Justice personnifiées.

Attribut de la Sibylle Europa. — On donne aussi quelquefois le même attribut à la Sibylle Erythrée.

La Peur est représentée fuyant et jetant son glaive.

Le Désespoir se perce d'un glaive.

GLOBE. — Le globe du monde se trouve non-seulement entre les mains des deux premières personnes divines, mais encore quelquefois entre celles de saint Michel.

Sur quelques monnaies de la première race de nos rois, on voit une victoire portant le globe surmonté d'une Croix.

Un chien armé d'une torche enflammée courant sur le globe, est l'attribut de saint Dominique.

GOUPILLON. — Sainte Marguerite tient en main un goupillon.

Saint Pierre, aux funérailles de la sainte Vierge, tient quelquefois un goupillon.

GRENOUILLES. — On les trouve dans les scènes apocalyptiques (Apocaly. cap. 16).

GRIFFON. — Le griffon, animal hybride, ayant une tête d'aigle et un corps de lion, est considéré comme le symbole de la ruse.

On le trouve dans les catacombes ; les artistes du XIe. et du XIIe. siècle l'ont reproduit sur les chapiteaux et les archivoltes ; la renaissance l'a aussi adopté dans son ornementation.

GRIL. — Attribut de saint Laurent, rappelant son martyre.

GUERRIER. — Outre les saints qui ont été engagés dans le service militaire, tels que saint Maurice, saint Martin, saint Georges, saint Victor ; on représente souvent saint Michel, comme chef de l'armée céleste, avec le costume d'un guerrier.

Il en est de même de Gad, qui, d'après la prophétie de Jacob : *accinctus prœliabitur ante eum.*

HACHETTE. — Attribut de saint Mathieu, instrument de son supplice.

HARPE. — Attribut de David et de sainte Cécile.

Les vingt-quatre vieillards de l'Apocalypse tiennent à la main des harpes ou des espèces de guitares.

HÉLIOTROPE. — M. Didron a reproduit une miniature qui représente saint Jean l'Évangéliste avec une héliotrope sur la tête. Cette fleur convient bien à l'ami de Jésus dont toutes les pensées étaient continuellement dirigées vers ce soleil de justice.

HIBOU. — Les Pères considèrent le hibou comme symbole de l'incrédule, qui a des yeux et qui refuse de les ouvrir à la lumière.

HYBRIDES. — Voyez *animaux*.

IDOLES RENVERSÉES. — Dans les tableaux de la fuite en Egypte, on voit souvent les idoles renversées, au passage du Sauveur. Cette scène se trouve au portail de Moissac et à N.-D. de Paris les idoles tombent du haut des murailles d'une ville.

LAMPE. — Sainte Gudule est auprès d'une lampe qu'un démon veut éteindre.

Lampe droite et allumée, attribut des Vierges sages.

Lampe renversée, attribut des Vierges folles.

Au portail d'Amiens, deux lampes sont suspendues aux branches du bon arbre.

A Saint-Etienne de Sens, au portail, deux lampes sont suspendues au-dessus de la Charité personnifiée.

La lampe allumée est le symbole des bonnes œuvres.

LANCE. — Attribut de saint Thomas, de saint Mathieu, de saint Longin.

Lances croisées, attributs de saint Bénigne de Dijon.

LANTERNE. — On donne cet attribut à saint Hugues et à sainte Gudule. La Sibylle Persique porte aussi une lanterne.

LAURIER. — Symbole de la victoire.

Le laurier est un des symboles employés sur les anciens sarcophages chrétiens.

Sainte Gudule porte une couronne de laurier.

Souvent on donne une couronne de laurier à la Sibylle libyque et à la Sibylle Erythrée.

LÉOPARD. — On représente sous cette forme la bête à sept têtes de l'Apocalypse. Comme cette bête a reçu *la force et la grande puissance* du dragon, on orne quelquefois ses six têtes du nimbe; quant à la septième, qui est *blessée à mort*, elle est sans nimbe.

Les Pères considèrent le léopard comme le symbole de la persévérance dans le mal; ils s'appuient sur le passage de Jérémie où il est dit : « L'Ethiopien peut-il changer la couleur de sa peau et le léopard les taches qui le couvrent? »

LICORNE. — Symbole de la puissance et de la virginité. Attribut de sainte Justine.

LION. — Symbole de la force et du courage. Nous ferons sur le lion la même observation que nous avons faite sur le cheval ; le lion est tantôt emblême de la vertu, tantôt emblême du crime.

Attribut de Ruben et de Juda.

Au portail septentrional de Sens, Dan déchire la gueule d'un lion, soit pour indiquer le pouvoir de la justice dont Jacob, mourant, l'avait établi dépositaire, soit pour rappeler que Samson était de la tribu de Dan.

Sur un des chapiteaux provenant de l'ancienne église de St.-Sauveur de Nevers et sur un grand nombre de chapiteaux du XIIe. siècle, on voit Samson enfourchant un lion et lui déchirant la mâchoire. C'est la figure du véritable Samson qui devait détruire le règne de la force pour y substituer celui de la Charité.

Les lions ornent souvent les chapiteaux de l'époque de transition. A la même époque on voit aussi des lions servant de soubassement aux colonnes. (Voyez l'explication que nous avons donnée dans l'Iconographie.) A St.-Gilles, à Moissac et ailleurs, les Apôtres ont des lions sous leurs pieds.

Jésus-Christ, qui est appelé le lion de la tribu de Juda, est quelquefois représenté sous la forme d'un lion au nimbe crucifère.

Le lion est l'attribut de saint Marc, de saint Jérôme, de saint Agapet.

Dès les premiers siècles de l'église on rencontre Daniel dans la fosse aux lions ; le même sujet a été souvent reproduit par les artistes du XIIe. siècle.

Au XIIe. siècle, quelquefois les chapiteaux sont ornés de lions buvant dans un calice ; on trouve ce sujet au portail de St.-Agnan-de-Cosne : on a voulu sans doute exprimer ainsi le passage de saint Jean Chrysostôme, qui nous montre le chrétien au sortir du banquet eucharistique comme un lion redoutable au démon lui-même.

LIS. — Symbole de la pureté et de l'innocence ; on le rencontre souvent dans les catacombes sur le tombeau des Vierges chrétiennes.

Sur le sicle d'argent des Hébreux on voit un lis épanoui.

Lorsque l'Ange Gabriel annonce à Marie le mystère qui doit s'opérer en elle, il porte ordinairement une tige de cette fleur. Souvent aussi dans cette circonstance on voit auprès de la Vierge, en prière, un vase duquel s'élève un lis.

Saint Joseph tient à la main une branche de lis.

Dans les emblêmes de Marie on voit le lis de la vallée, le lis au milieu des épines.

La Sibylle qui a annoncé le mystère de l'Incarnation tient ordinairement une tige de lis.

Dans plusieurs tableaux du jugement dernier, un lis sort à droite de la bouche du Sauveur, et un glaive sort à gauche du côté des réprouvés.

LIT. — Deux médecins auprès d'un malade couché dans un lit : saint Côme et saint Damien.

Le lit du juste mourant est simple et annonce le calme dont il jouit.

Le lit du pécheur mourant est orné, mais souvent en désordre.

Jean Molan condamne l'usage de réprésenter la sainte Vierge couchée dans un lit, au moment de la naissance du Sauveur.

Marie, mourante, doit être représentée assise sur une chaise d'après la légende ; quand on la trouve étendue sur un lit, ce n'est plus le moment de sa mort, ce sont les préparatifs des funérailles.

LIVRE. — Attribut des Apôtres, des Evangélistes et des Docteurs.

Les Evêques et les Abbés tiennent souvent un livre.

Au moyen-âge on met presque toujours un livre entre les mains de Jésus-Christ, même enfant, c'est le livre de la sagesse qu'on donne aussi au St.-Esprit quand il a la forme humaine.

Le livre carré est le symbole de la loi nouvelle.

Le livre arrondi au sommet est le symbole de la loi ancienne.

Sainte Anne fait lire la sainte Vierge, debout ou agenouillée devant sa Mère.

La Pédagogie personnifiée tient un livre et fait lire des enfants.

LOUP. — Symbole de la cruauté. — Emblême du démon. Attribut de Benjamin qui est appelé loup ravissant.

La fable du loup et de la cigogne se voit à la cathédrale d'Amiens et à celle d'Autun.

LUNE. — La lune se voit au moment de la création, sur le calvaire et dans les tableaux du jugement dernier ; souvent, dans ces deux circonstances, son disque est porté par un buste de femme ou par un Ange.

On voit aussi souvent sous les pieds de Marie la lune échancrée.

LYRE. — Dans les catacombes on trouve Orphée avec sa lyre.

La lyre est gravée sur les tombeaux des premiers chrétiens.

Attribut de sainte Cécile.

MAIN. — Main coupée. — Saint Cyriaque.

Aux funérailles de Marie on voit souvent deux mains attachées à son cercueil. (Voyez l'explication dans le chapitre de l'Iconographie consacré à Marie.)

La Sibylle Tiburtine a pour attribut une main ou un gant.

MAMELLE. — Dans un plat ou sur un linge, attribut de sainte Agathe.

MARTEAU. — Attribut de saint Eloi.

MASSE DE FOULON. — Attribut de saint Jacques-le-Mineur.

MASSUE. —Attribut qu'on donne quelquefois à saint Bénigne.

MÉDAILLE. — Saint Germain remet une médaille à sainte Geneviève.

Sainte Geneviève porte à son cou la médaille crucifère.

MITRE. — Attribut des évêques et des abbés.

MOUTON. — Voyez *agneau*, *brebis*, *bélier*.

Au portail de Saint-Gilles et à celui de Saint-Trophime on voit des moutons dévorés par des lions.

NAVIRE. — Symbole souvent employé dans les premiers siècles de l'église, pour indiquer la vie du chrétien qui doit lutter contre les tempêtes avant d'arriver au port.

Attribut de Zabulon. Voyez *barque*.

NIMBE. — Gloire qui environne la tête de Dieu, des Anges, des Saints et même des personnes constituées en dignité.

Lorsqu'il est triangulaire ou bitriangulaire, c'est l'attribut de la Trinité.

Au XVᵉ. siècle, en Grèce et en Italie, on en fait l'attribut du Père.

Le nimbe circulaire timbré d'une croix est réservé aux personnes divines.

Nous avons dit pourquoi, à St.-Sernin de Toulouse, le pauvre Lazare porte le nimbe crucifère.

Le nimbe circulaire sans croix indique un Ange ou un saint, ou la puissance de celui qui le porte, c'est pourquoi on donne quelquefois le nimbe au démon.

Le nimbe carré indique une personne vivante.

Le nimbe carré se voit aussi sur une tête divine , mais alors il est posé en lozange.

OEIL. — Placé à l'extrémité d'une queue de serpent uni au corps d'une colombe, est le symbole de la vigilance chrétienne , jointe à la prudence du serpent et à la simplicité de la colombe.

Les Egyptiens représentaient la Providence par un œil placé au sommet d'un sceptre.

Sainte Lucie porte ordinairement deux yeux sur un plat, soit à cause de son nom, soit pour rappeler son martyre.

OIE. — Symbole de la vigilance ; cet oiseau se voit parmi les animaux qui ornent le grand portail de Sens.

OLIVIER. — Symbole de la paix. Souvent on le rencontre sur les anciens sarcophages chrétiens.

Colombe rentrant dans l'arche avec un rameau d'olivier.

ORGUES. — Attribut de sainte Cécile.

OSTENSOIR. — Attribut de saint Norbert et de sainte Claire.

OURS. — Attribut de saint Eustache.

On voit à Saint-Gilles des ours qui servent de soubassement aux colonnes du portail.

Les Pères , entr'autres saint Basile et saint Ambroise , considèrent l'ours comme l'emblême de la tendresse maternelle.

PAIN. — Sainte Gertrude tient un pain à la main.

Saint Jean l'Aumônier porte un pain et un rosaire.

On met quelquefois un pain à la main de la Sibylle Phrygienne.

A Chitry , c'est Erythrée qui porte le pain.

PALMIER. — Symbole de la victoire ; attribut des martyrs.

Souvent les tombeaux des premiers chrétiens sont ornés de branches de palmier.

Saint Paul, Ermite, est au pied d'un palmier.

L'ange Gabriel venant annoncer à Marie qu'elle va quitter la terre, lui remet une branche de palmier. Aux funérailles de Marie, saint Jean porte la branche de palmier.

Le palmier est aussi considéré comme symbole de la justice chrétienne : *justus ut palma florebit.*

PANIER. — Sainte Dorothée porte des fruits et des fleurs dans un panier.

Homme suspendu à une tour dans un panier. — Une des scènes du fabliau de Virgile.

PANETIÈRE. — Jésus, pélerin, porte la panetière.

Attribut de saint Jacques-le-Majeur et de saint Roch.

PAON. — Symbole de l'immortalité ; il se dépouille de son plumage pour en reprendre un plus brillant.

Le paon becquetant des raisins, sujet souvent représenté sur les sarcophages chrétiens, indique que c'est dans l'Eucharistie que le fidèle trouve le gage de la vie éternelle.

PARFUMS. — Les trois Maries portent des vases de parfums.

A Saint-Gilles on les voit dans l'atelier d'un pharmacien qui pèse les parfums.

Sainte Madelaine à genoux, a devant elle un vase de parfums.

Un des Rois Mages tient un vase de parfums ou un encensoir.

PEIGNE. — de cardeur, attribut de saint Blaise.

PELICAN. — Symbole de la Charité.

Ou le trouve sur les premiers monuments chrétiens ; il a été conservé depuis, et se rencontre à toutes les époques.

PELLE. — Attribut de saint Honoré.

PHÉNIX. — Symbole de l'immortalité. Du temps de Tertulien il était considéré comme tel ; *florebit enim sicut phœnix id est de morte, de funere.* (Tert. de resurr. carnis).

PIERRE. — Souvent saint Etienne tient en main une pierre

pour rappeler son glorieux martyre.

On met aussi une pierre entre les mains de saint Thomas, patron des architectes.

La folie personnifiée est représentée marchant sur des pierres roulantes et dévorant une pierre.

PLAT. — Mamelle sur un plat, attribut de sainte Agathe.

Yeux sur un plat, attribut de sainte Lucie.

Tête sur un plat, décollation de saint Jean-Baptiste.

POISSON. — Emblème du Sauveur et du chrétien qui a pris naissance dans les eaux. Cet emblème se trouve dans les catacombes et s'est conservé pendant toute la période romano-byzantine : il est rare après cette époque.

On donne quelquefois à saint Simon, apôtre, le poisson pour attribut.

Dans le cloître de Saint-Aubin d'Angers, une Sirène tient d'une main un poisson et de l'autre un couteau ; souvent, au XIIe. siècle, on voit des poissons auprès des Sirènes qui ornent les chapiteaux.

POMMIER. — Le serpent au pied de la Croix ou bien écrasé par Marie, tient presque toujours dans sa gueule une branche de pommier avec son fruit.

PORC. — Emblème de la gourmandise et de l'impureté.

A Sémelay, diocèse de Nevers, il remplace la tête de baleine et devient l'enfer des impudiques.

La Synagogue montée sur un âne, porte en croupe des têtes de porcs.

Attribut de saint Antoine.

Homme qui tue un porc ; tableau correspondant au mois de décembre, dans les signes du zodiaque.

PORC-ÉPIC. — Le porc-épic que Louis XII avait adopté pour ses armes, se rencontre sur la plupart des monuments construits sous le règne de ce prince.

QUENOUILLE. — Sainte Geneviève et sainte Solange sont

souvent représentées tenant une quenouille et filant en gardant leurs moutons.

RATS. — On représente quelquefois sainte Gertrude environnée de rats, parce qu'on prétend qu'en aspergeant les maisons avec l'eau d'une fontaine qui porte son nom, on les délivre de ces animaux incommodes.

RENARD. — Symbole de la fourberie.

La fable du renard et du corbeau est représentée au portail d'Amiens.

Renard prêchant les poules, fabliau du moyen-âge reproduit sur un grand nombre de monuments.

ROSAIRE. — Attribut de saint Dominique et de saint Jean l'Aumônier.

ROSE. — Symbole de la générosité du martyre.

La rose en tige et en couronne se rencontre souvent dans les catacombes.

On donne cette fleur pour attribut à Marie qui est appelée la rose mystique.

La rose est l'attribut des saintes qui portent ce nom, et entre autres, de sainte Rose de Lima.

Sainte Elisabeth de Hongrie et sainte Elisabeth de Portugal ont aussi cette fleur pour attribut.

Sainte Ursule et ses compagnes sont couronnées de roses.

La Sibylle Hellespontique tient souvent une branche de roses épanouies.

ROSEAU. — Le Sauveur a un roseau pour sceptre dans les scènes de la Passion.

La Sibylle Delphique, qui a annoncé les humiliations de l'Homme-Dieu, porte un roseau et une couronne d'épines à la main.

ROUE. — Armée de dents aiguës, attribut de sainte Catherine; souvent, au lieu d'une roue, on en voit plusieurs et elles sont brisées.

SALAMANDRE. — François Ier. avait joint la salamandre à ses armes; on trouve cet animal sur un grand nombre de monuments élevés sous le règne de ce prince.

SARRAZIN. — Sous les pieds de saint Pancrace.

SAUTERELLES. — Scène de l'Apocalypse (Ch. 16).

SCEPTRE. — Attribut de la royauté.

On donne cet attribut à Judas, qui devait conserver le sceptre jusqu'à la venue du Messie.

Les Egyptiens représentaient la Providence par un sceptre au haut duquel était un œil.

SCIE. — Attribut de saint Simon, apôtre.

On donne le même attribut à Isaïe, qui fut scié par les ordres de Manassès.

SCORPION. — Symbole de la malice et de la perfidie.

Attribut de la Synagogue; on le remarque quelquefois sur l'étendart qu'elle porte.

Scène de l'Apocalypse.

SERPENT. — Symbole de la ruse et de la perfidie, d'autres fois de la prudence.

Attribut de la Médecine personnifiée.

Attribut de sainte Cécile, de sainte Euphémie et de saint Pélerin, 1er. évêque d'Auxerre.

Saint Patrice, d'Irlande, écrase des serpents; on prétend qu'il éloigne ces animaux vénimeux du pays qu'il a évangélisé.

Le serpent en cerle et se mordant la queue, est un symbole de l'éternité.

Le serpent joue un grand rôle dans l'Iconographie chrétienne; ce rôle commence dans le paradis terrestre.

Le serpent d'airain entoure la croix-potence.

Sur d'anciens monuments chrétiens le serpent est attaché à la Croix, depuis on s'est contenté de lui faire entourer le pied de la Croix.

On le voit encore sous les pieds de Marie.

Serpents qui mordent les seins d'une femme (voyez ce que nous en avons dit au chapitre des péchés capitaux).

SINGE. — Symbole de la malice et de la ruse.

Le démon est souvent représenté sous cette forme.

SIRÈNE. — Monstre fabuleux, moitié femme, moitié poisson.

La sirène à une seule queue ou à deux queues se rencontre à toutes les époques, mais surtout au XIIe. siècle; on a cru y reconnaître les deux vies du chrétien, sa vie spirituelle et sa vie naturelle, ainsi que sa régénération dans les eaux du baptême.

Cependant les Pères l'ont considérée autrement ; saint Basile nous dit que la Sirène est l'image du démon *Sirenes dœmonia* (in psal. 44). La Sirène serait l'emblême de la volupté. Au grand portail de Saint-Etienne d'Auxerre on voit une Sirène allaitant son petit emmaillotté et faisant pendant à la femme aux reptiles.

SOLEIL. — Le soleil paraît dans les tableaux de la création; on le voit sur le calvaire, où quelquefois son disque est soutenu par un buste d'homme ; on le retrouve au jugement dernier, où souvent son disque est porté par un Ange.

Il orne la tête de Marie.

TARASQUE. — Dragon qu'on voit sous les pieds de sainte Marthe.

TAUREAU. — Symbole de l'orgueil, d'après les Pères.

Taureau ailé, attribut de saint Luc.

Saint Saturnin est traîné par un taureau indompté.

TÊTE. — Tête de saint Jean-Baptiste dans un plat.

Saint Piat, saint Denis, saint Alban, sainte Solange portent souvent leur tête entre leurs mains.

TÊTE DE MORT. — Au pied de la Croix, pour indiquer la victoire que Jésus-Christ a remportée sur la mort.

Sainte Madelaine, saint Jérôme et les saints solitaires sont en méditation devant une tête de mort.   22

A Auch et à Clamecy, une des Sibylles tient une tête de mort.

TIARE. — Attribut de la papauté.

On trouve quelquefois, au XVe. siècle et au XVIe., Dieu le père et Jésus-Christ avec la tiare.

TORCHE. — Au portail de Saint-Sernin de Toulouse, dans le tableau du jugement dernier, deux Anges tiennent des torches renversées.

La Sibylle Libyque tient une torche enflammée ; ailleurs c'est la Phrygienne qui porte cet attribut.

TOUR. — Attribut de sainte Barbe.

Homme suspendu à une tour dans un panier (voyez panier).

TRIANGLE. — On trouve quelquefois les trois personnes divines sous la forme humaine, portant la main aux extrémités d'un triangle.

Le nimbe triangulaire désigne la Trinité, cependant au XVe. siècle, en Grèce et en Italie, on a donné à Dieu le père le nimbe triangulaire.

VERGE. — La verge d'Aaron garnie de fleurs.

La verge de saint Joseph fleurit tandis que celles des autres prétendants à la main de Marie restent sèches.

Jérémie vit une verge droite ; on le représente quelquefois avec une verge, ou un faisceau de verges devant lui.

VERGES. — Faisceau de verges, attribut de sainte Foi, martyre d'Agen ; attribut de la Sibylle Tiburtine qui a prédit la flagellation du Sauveur. A Auch, c'est la sibylle Agrippine qui porte les verges.

A Vézelay, un démon tient au-dessus de la tête d'une jeune fille un faisceau de verges, et lui souffle le mot : *time.*

VIEILLARD. — Servant de monture à une femme, et bridé comme un cheval. — Fabliau d'Aristote qu'on rencontre sur plusieurs monuments ; à Saint-Jean-de-Lyon, à St.-Etienne de Sens, sur la grosse tour du château d'Amboise, etc. Sur ce dernier monument on a voulu embellir le fabliau , la belle Indienne fustige sa monture d'une manière peu décente. C'est du XVIe. siècle pur-sang.

VIGNE. — Symbole eucharistique qui se rencontre à toutes les époques.

Dès les premiers siècles nous voyons des colombes et des paons becquetant des grappes de raisin.

VOLUMEN. — On donne ce nom à un rouleau contenant ou destiné à contenir quelqu'inscription.

Le volumen est le symbole de la Loi Ancienne : on le met ordinairement entre les mains des Prophètes. Nous avons fait remarquer que le volumen se donne quelquefois aux Apôtres , comme aussi on trouve le livre de la science entre les mains des Prophètes.

Il y a sans doute d'autres attributs et d'autres symboles, mais nous avons dû nous en tenir à ceux qu'on rencontre le plus souvent.

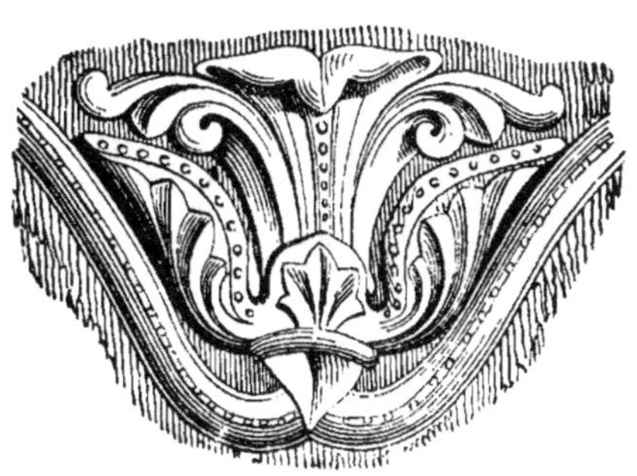

ERRATA.

—

Page 257 , (1) omnis immunditius aut avarus non habet hæreditatem in regno ; lisez: omnis *immundus* aut avarus non
habet hæreditatem in regno *Christi.*

Id.   (3) omne quod est in mundo concupiscentia carnis est et
oculorum et superbia vitæ. 1 Joan. 2—66 ; lisez : et
concupiscentia oculorum et superbia vitæ. 1 Joan.
2—16.

Page 259 , (1) au **XIX**ᵉ. siècle ; lisez ; *au XIV*ᵉ. siècle.

Page 262 , ligne **13**ᵉ. , de gloire ovoïde ; lisez : *d'une* gloire ovoïde

Page 263 , ligne **20**ᵉ., nous nous sommes demandés ; lisez : *demandé.*

Id.   ligne **24**ᵉ., nous nous sommes rappelés ; lisez : *rappelé.*

Page 264 , titre du **28**ᵉ. chap. chez les Romains ; lisez : *latins.*

Page 265 , ligne **4**ᵉ. , doit s'enjoindre ; lisez : *s'adjoindre.*

Id.   ligne **11** et **12** , les Hisemare… les Albon ; lisez : les
Hincmar… les *Abbon.*

Page 266 , chap. **29** , ligne **2**ᵉ., leur hifrom Janus ; lisez : *bifrons*
Janua.

Page 267 , ligne **17**ᵉ., le bifrom ; lisez : *bifrons.*

Id.   ligne **4**ᵉ., quoiqu'elle est un germe ; lisez : quoiqu'elle *ait.*

Page 268 , dernière ligne , maio sunt somes ; lisez : *fomes.*

Page 269 , 1ʳᵉ. ligne , Dat Junius ferra ; lisez : *fena.*

Id.   ligne **11**ᵉ. La vie humaine composée de ces fractions de
temps à elle-même, ses différentes phases ; lisez : la vie
humaine composée de ces fractions de temps , *a* elle-
même ses différentes phases.

Page 270 , ligne **21**ᵉ. Les jours de pélerinage; lisez : de *mon* pélerinage.

Page 271 , ligne **13**ᵉ. Il est revêtu d'une chappe ; lisez *chape.*

Page 272 , Saint Agapit ; lisez : *St. Agapet.*

Page 279 , St. Renci ; lisez : *St. Rémi.*

Page 281 , ligne **27**ᵉ. Le moindre saint ; lisez : le *nom du* saint.

Page 282 , ligne **6**. Un individu à genoux ; lisez : un individu *est* à.

Page 8.   ligne **8**. Rencontra ; lisez : *remonta.*

Id.   ligne **22**. Tétérine ; lisez : *Téterius.*

Page 284 , ligne **30**. D'Yonne ; lisez : *d'Icone.*

Page 286 , (1) Pazzy ; lisez : *Parzy.*

Page 287 , ligne **3**ᵉ. Vrai portrai ; lisez : *vrai portraict.*

Id.   chap. **32**, ligne **9**ᵉ. Encadrée dans les modillons du portail,
s'allongeant en médaillons ; lisez : encadrée dans les
médaillons du portail , s'allongeant en *modillons.*

TABLE DES MATIÈRES.

* 9 7 8 2 3 2 9 4 6 2 9 7 4 *